참된 구원의 확신
- 나는 정말 거듭났는가 -

THE CHRISTIAN'S GREAT INTEREST

by William Guthrie

그리스도인들은 그 책의 사람들, 바로 성경의 사람들입니다. 성경에만 권위를 두고, 성경대로 살며, 성경에
자신을 계시하신 삼위 하나님만을 예배하고 사랑합니다. 이에 **그 책의 사람들**은 하나님께만 영광 돌리고,
하나님의 나라와 교회의 번영과 행복을 위해 성경에 충실한 도서들만을 독자들에게 전하겠습니다.

참된 구원의 확신

― 나는 정말 거듭났는가 ―

윌리엄 거스리 지음 | 오현미 옮김

차 례

1부 구원에 이를 만큼 그리스도와 관계를 맺고 있는지 시험해 보기

2부 구원에 이를 만큼 그리스도와 관계를 맺는 방법

책머리에

그리스도인을 자처하는 이들에게 이 감탄스러운 책에서 주요 논제로 삼고 있는 것보다 더 중요한 주제나 과제는 별로 없을 것입니다. 그 과제는 바로 자기를 살피는 일입니다. 그러나 자기를 돌아본다는 건 매우 어려운 일이고, 따라서 그리스도인임을 자처하면서도 이 일을 회피하거나 아예 거부하는 이들이 상당히 많습니다. 자기 내면보다는 외부에 있는 걸 바라보는 게 우리 마음의 습관적 묵상 스타일입니다. 자기 마음 판을 읽는 것보다는 글로 기록된 서신을 읽는 것이, 그리하여 그것이 정말 그리스도 예수 우리 주님의 생생한 서신이라 확신하는 게 훨씬 편한 것이지요. 인간 정신에는 뭔가 아주 공허하고 덧없는 측면이 있습니다. 뚜렷함, 명백함이 부족한 게 인간 정신의 다양한 특성 중 하나로서, 뚜렷하지도 않고 명백하지도 않은 그런 생각과 충동과 감정이 서로 앞뒤가 맞지 않는 상태로 경황없이 소용돌이와 혼동을 일으키며 속사람 한가운데를 연이어 흘러지나갑니다. 그래서 인간은 마치 미로 한가운데서 길을 잃은 것처럼, 내면의 세상을 모든 신비 가운데 가장 절망적이고 도저히 빠져지나갈 수 없는 곳으로 생각하지요. 인간은 많은 것을 고찰하고 생각하고 사색하지만, 그 내용을 포착하려는 노력을 좌절시키기로는 인간 내면에 똬리를 틀고 앉아 있는, 더욱이 사람의 심중 깊고 익숙한 곳에 자리잡고 앉아 분주히 움직이는 이 법칙에 비할 게 없습니다.

마음에 희미하게 새겨져 있을 뿐인 어떤 특성이나 윤곽을 탐색하는 경우엔 자기 마음을 알기가 훨씬 어려워집니다. 우리가 찾는 게 아주 어렴풋하거나 혹은 아주 미세해서 거의 분별이 안 될 경우엔 마음을 안다는 게 훨씬 피곤한 일이 됩니다. 어쩌면 아무 결실이 없는 일이 될 수도 있습니다. 개인적 신앙의 특색이 아직 빈약하거나 모호하게 형성되어 있을 때는 더 집중적으로 치밀하게 따지고 들어가야 비로소 그 특색을 알아차릴 수 있습니다. 하나님께 대한 우리의 사랑이 활발하지 않더라도, 순종하려는 의지가 박약하더라도, 신앙의 절조를 지키지 못하고 떨며 우유부단하더라도, 마음이 유약하거나 흔들려 이생을 더 좋아할 것인지 내세를 더 좋아할 것인지 결정하지 못한다 하더라도 놀라지 맙시다. 거듭남의 이런 씨앗과 요소들이 우리 안에 다 숨겨져 있을지라도, 옛사람의 격렬한 몸부림 가운데 아직 집요하게 남아 있는 부패한 본성이 그 치명타에 굴복하지 않고 똑같은 힘으로 되받아쳐 우리 육신을 비참한 상태로 만든다 해도 놀라지 맙시다. 이런 상황에서, 마음 탐구가 힘들다 하여 많은 이들이 단념하며, 몇 달 혹은 몇 년 동안 성실하게 신앙생활을 했는데도 신자가 마치 자기 성품에 대해 눈을 가리고 있는 듯 여전히 자기 자신을 모른다 해도, 혹은 많은 어려움을 감지하고 문턱에서 발목 잡혀 자기 점검 작업에 아직 들어가지 못하고 있다 하더라도 말입니다.

자기 점검에는 이처럼 어둡고 불가해한 성질이 있어서, 그것이 부지중 강력한 힘으로 작용해 그 작업을 제한시킵니다. 그럼에도 이 훈련을 시작할 수 있도록 용기를 북돋아 주는 사실은, 만약 이 일을 좀더 실천가

능한 훈련의 빛 아래서 본다면 정말 성공적으로 진행할 수 있을 거라는 점입니다. 이는 마치 창문이 일부 닫힌 방에서 바닥에 떨어진 미세한 물건을 찾는 일하고 똑같습니다. 지루하고 소망 없는 일이지만, 해가 높이 떠오르고 덧문이 완전히 열려 방 안으로 빛이 최대한 들어오면 상황이 달라집니다. 기분 좋은 기대감으로 민첩하게 움직일 수 있기 때문에 물건을 찾는 작업에 활력이 생깁니다. 일이 수월해진 만큼 하기 싫은 마음도 줄어듭니다. 물건을 찾으려고 이제 온 방바닥을 끈기 있게 탐색할 수 있는 것은, 빛이 쏟아져 들어와 사물이 훨씬 환하게 보이기 때문입니다.

이리하여 우리는 한 가지 인식에 이르는데, 이는 자기 점검이라는 과제를 위한 단순한 사전준비이지만 그럼에도 우리는 그 인식을 실천적인 면에서 아주 중요한 사항 중 하나로 여깁니다. 즉, 지금 이 순간 우리 마음이 제아무리 수수께끼 같을지라도, 그런 우리 마음에 새겨진 우리 신앙의 표지와 특성이 제아무리 희미한 윤곽으로만 보일지라도, 그럴 때조차도 내면 탐색은 시작되어야 하고, 이 작업이 자주 갱신되어야 하며, 날마다 꾸준히 계속되어야 한다는 것입니다. 그런 한편, 탐색을 수월하게 하기 위해서는 어두운 방에서 작은 물건을 찾을 때 했던 바로 그대로 해야 합니다. 어두운 방에서 작은 물건을 찾기 위해서는 밖에서 최대한 많은 빛이 쏟아져 들어와야 합니다. 우리 안에 있는 은혜가 희미하게 윤곽만 보일 경우, 그 윤곽을 좀더 명료하고 뚜렷하게 밝혀 주는 효과를 내서 발견 작업을 좀더 수월하게 해주는 조치를 즉각 취해야 합니다. 신자의 마음은 사랑·기쁨·구주의 뜻에 감사히 헌신하는 행위로 생기를 얻는데, 이런 사랑과 기쁨과 헌신을 확인하려고 해도 좀체 잘 분간이 되지 않는다면, 그것이 바로 지체 없이 그 모든 직접적 방편들을 다 동원해 그 사랑을 불러일으키고, 그 기쁨을 환기시키며, 그 감사의 헌신이 가슴에 자리잡게 해야 할 이유입니다. 지금 우리는 그 사랑과 기쁨과 헌신을 아무 성과도 없이 탐색하고 있고, 설령 그 사랑과 기쁨과 헌신이 존재하기는 한다 해도 크기가 많이 줄어들어 있거나 혹은 불명료함에 덮여 있어, 신자가 우연히 찾아낸다 하더라도 그것을 추구하려는 그의 모든 노력을 교묘하게 피해 왔습니다. 이제 내면을 계속 골똘히 탐구해서는 우리 고유의 성품이라는 판에 큰 광채를 비출 수 없습니다. 이는 가만히 앉아 방바닥에 흩어진 물건들을 향해 눈을 부릅뜨기만 해서는 방을 환하게 할 수 없는 것과 마찬가지 이치입니다. 물건을 찾는 경우, 우리는 창문의 도움을 받습니다. 창문을 통해 자연의 빛이 방으로 들어오게 하는 것이지요. 이는 우리가 해야 할 탐색 작업을 빛이 대신하게 하려는 것이 아니라 태양의 도움으로 격려를 얻어 물건을 찾는 작업을 해나가려는 것입니다. 마음 탐색의 경우, 우리 마음의 눈이 밖으로 시선을 돌려 위로부터 오는 그 계시의 차양을 통해 들어와 떠 있는 그 발광체를 자주 쳐다본다면 내면을 살피는 일이 훨씬 수월해질 것입니다. 우리는 신앙의 문을 확 열어젖혀야 합니다. 그렇게 해야 체험이라는 방에 빛이 들어올 수 있습니다. 명백한 사랑, 명백한 충성, 명백한 마음의 성결이 결핍되어 있는데, 우리는 속사람의 애매모호함 가운데서 헛되이 그 사랑과 충성과 성결을 탐색해 왔습니다. 우리는 이 신비의 영역 전체를 의의 태양의 영향 앞에 드러내야 하며, 신자의 눈으로 그 태양을 응시하는 게 그 방법입니다. 하나님께서 그리스도 안에서 우리를 사랑하신 그 사랑을 바라봄으로써 전에 냉랭하고 활기 없던 마음이 깨어나 그 사랑에 다시 반응하게 됩니다. 그 사랑을 바라봄으로써 우리 마음을 읽기가 더 수월해지고 우리의 성품 또한 좀더 판독하기 쉬운 상태가 됩니다. 그 사랑을 바라봄으로써 우리 심중의 신앙이 명쾌하게 반사되어 드러나며, 모든 것이 말씀에 기록된 신앙 앞에 활짝 펼쳐져 보일 것입니다. 내면에서 발견되는 게 모두 혼란이요 짙은 안개뿐이라 자기 점검 작업에서 아무 유익도 이끌어 내지 못한다면, 외부에 있는 진리를 향해 나갑시다. 그러면 빛의 물결이 영혼의 미로와 그 복잡함 안으로 쏟아져 들어올 것이며, 전에는 도저히 해낼 수 없었던 그 자기 점검 작업이 쉬워질 것입니다. 내면을 바라보면 마음에 무엇이 있는지 알아낼 수 있습니다. 그건 확실합니다. 그러나 내면에 있는 것의 특징에 빛을 비춰 드러나게 하여 그것을 분간할 수 있기 위해서는 외부를 바라봐야 합니다. 내면에 잠들어 있어서 전에는 느끼지 못했던 감사, 우리의 범죄 때문에 십자가에 높이 달리신 그분을 바라봄으로써 그 감사를 잠에서 깨웁시다. 바라보면 감사하게 될 것입니다. 하늘에 계신 우리 아버지께 대해 우리가 자녀로서 갖는 사랑이 전에는 죽었었으나 자신을 은혜로운 모습으로 드러내신 그분을 바라봄으로써 그 사랑을 일깨워 넉넉하고 민감하게 그 사랑을 느끼도록 합시다. 그러면 이제 자기를 돌아보고 살필 때 그 사랑을 찾아낼 수 있을 것입니다. 우리에게 임할 생명, 죄책에 따른 절망이 우리 영혼 안에서 완전히 소멸시켜 버린 그 생명을 되살리기 위해, 믿는 마음으로 복음의 약속을 주시합시다. 그러면 그 생명이 다시 회복될 것이며, 그 생명이 회복되면 우리에게 이생의 행복은 내세에 대한 소망보다 덜 귀하다는 것을 좀더 쉽게 확인하게 될 것입니다. 이렇게 외부에 있는 것을 묵상함으로써 우리는 내면의 의식을 밝게 합니다. 그리고 계시에 속한 일들이 신앙의 눈에 명백하게 보이면 보일수록 경험에 속한 일도 우리 의식의 눈에 더 명백하게 보일 것입니다. 기록된 말씀 속에서 그리스도의 편지를 더 명료히 볼 수 있으면 우리 육의 마음 판에 펜과 잉크가 아니라 성령으로 쓰인 그 편지에서(고후 3:3),

비슷하기는 하나 진짜가 아닌 것이 그만큼 더 잘 분별될 것입니다. 마찬가지로 믿음의 역사는 대용품으로 제시하는 게 아니라 가장 신속한 도움으로 제시해야 하는 것으로서, 자기를 살피는 일을 시작하는 최선의 준비입니다.

자기 믿음의 증거를 추구하는 게 율법주의적이라 생각하는 이들의 경계심을 완화시켜 줄 수 있다면 좋겠지만, 구원과 관계된 어떤 일들을 훈련할 때 이것을 단순히 이론적이고 사색적인 문제가 아니라 실천적 문제로 인도해 갈 수 있다면 더 좋을 것입니다.

첫째, 염려하는 이들에게 우리는 이렇게 말할 수 있습니다. 자기를 살피는 일은 신앙을 무시하는 행동이기는커녕, 자기를 살피는 작업에 온갖 소재를 대주고 그 소재에 빛을 비춰서 양심의 눈에 잘 보일 수 있게 해주는 게 바로 신앙이라고 말입니다. 신앙이 없다면 살피고 조사할 열매도 없습니다. 찾아낼 게 아무것도 없는 곳에서 뭔가를 찾는다는 건 아무 소용없는 일입니다. 곤고한 죄인에게 우리는 복음이 말하는 용서를 펼쳐 보입니다. 그리고 예수님을 바라보라고 말하지요, 그분이 기뻐하실 거라고 말입니다. 어둠 속에서 뭔가를 찾는 이에게도 똑같은 말을 해줄 수밖에 없을 것입니다. 설령 그 어둠이 그 사람 자신의 마음 판에 모여 쌓인 어둠으로서, 그 마음 판에 있는 선하고 은혜로운 것들을 자신도 보지 못하게 한다 해도 말입니다. 우리 마음의 눈이 내면에서 증거를 찾으나 그 증거를 식별해 내지 못할 때는 외부로 시선을 돌려 약속을 바라보라고 명해야 합니다. 그것이 바로 영혼에 명료하고도 만족스러운 빛이 비치게 하는 방법입니다. 방바닥에 떨어진 작은 물건을 힘들게 꼼꼼히 찾을 때 방 안의 창문을 다 열어 자연의 햇빛이 들어오게 하는 것처럼, 우리는 믿음으로써 속사람의 방문을 모두 다 열어 의의 태양이신 분의 빛이 들어오게 해야 합니다. 내면에 있는 영적 작품, 그 자취를 탐색하는 단초가 되는 것이 바로 외부에 있는 진리이며, 그 탐색 작업의 불명료함이 바로 영혼이 언제나 관심과 믿음으로써 외부의 진리와 소통하는 걸 목표로 삼아야 할 이유입니다. 자기 내면을 살필 때 마음 판에 쓰인 특성을 읽을 줄 몰라 당혹스러울 경우, 오직 믿음만이 거기 쓰인 내용을 좀더 읽기 쉽게 해줄 수 있습니다. 사람은 외부에서 계속 빛과 능력이 들어오지 않으면 절대 자기 마음의 중심을 알게 되지 못합니다. 그러므로 자기를 살피는 작업을 할 때 뭔가 어려움이 느껴지기 시작하면 다시 한 번 계시의 수원(水源)으로 갑시다. 그래서 거기서 느껴질 어떤 감각 속으로 들어가, '우리 영혼에게 그 생김새를 인식시켜 주는 것이 예수님 안에 있는 진리의 참된 성향'이라는 개념으로, 차갑고 흐릿해진 우리 영혼의 윤곽을 생생하게 합시다. 우리가 과연 믿음 안에 있는지 우리 자신을 살펴서 영적으로 건강해지려면 우리에게 믿음이 있어야 합니다. 날마다 습관적으로 믿음을 발휘해야 합니다. 그런 습관이 믿음을 더 강화시켜 줄 것입니다. 외부에 있는 진리와 친숙해지면 내면의 자취를 알아보는 어려움이 줄어들 것입니다. 외부에서 오는 광선을 더 많이 바라볼수록 우리의 묵상은 더 밝게 달아오를 것입니다. 그리고 자기를 살피고 믿음을 훈련하는 일에 반감은커녕 반드시 있어야 할 일치, 가장 중요하고 아름다운 조화를 이루게 될 것입니다.

둘째, 자기를 살피는 일에 어떤 어려움이 있든, 지금이라도 우리는 그 일을 시작해야 합니다. 적어도 시도는 해야 합니다. 성공하지 못하면 하고 또 해봐야 합니다. 어떤 과제가 정해졌을 때 그렇게 하듯 정식으로 착수를 해야 합니다. 날마다 시간을 정해 두고 이를 실천하는 것도 좋습니다. 실행불가능하다고 말하기 전에 적어도 한 달 정도 정직하고 참을성 있게 실천을 해봅시다. 하루 내내 믿음의 삶을 살면 살수록 우리 개인 역사 기록의 그 또 한 페이지는 더 뚜렷해지고 더 읽기 쉬워질 것이며, 그래서 저녁이면 그 페이지를 어렵지 않게 읽어 내려가게 될 것입니다. 자기를 살피는 이 일에 제아무리 속도가 붙지 않는다 하더라도 이 일은 우리를 격려하든지 혹은 꾸짖든지 하여 내일은 좀더 노력하고 좀더 경계하게 해줄 것입니다. 하루하루 과제를 이행하고 마지막에 그것을 평가하고 정리하는 내용이 있게 될 것입니다. 매일 밤 이렇게 마무리하는 시간을 가지면 지난 시간의 오류를 교정하게 될 수도 있고 이 과정에서 우리에게 활력을 주어 도덕적·영적 탁월함의 고지를 향해 더 분별 있게 올라가는 데 도움이 될 수도 있습니다. 이렇게 우리는 성화의 일을 이뤄가게 될 것입니다. 우리는 오늘날 많은 신자들의 신앙이 모호하고 어두컴컴하고 전적으로 비현실적이지 않을까 염려하는데, 위와 같은 연습을 통해 이 신앙은 견고하고 현실적인 습득의 문제가 될 것이며, 그 각각의 신앙은 조만간 가시적 실체를 지니게 될 것이고, 천국의 보화에 추가됨으로써 내세에도 분명히 이익을 얻게 될 것입니다.

　종류가 무엇이든 뭔가 새로운 것을 연습할 때 우리는 쉬운 것부터 시작해서 점점 더 힘든 것으로 나아갑니다. 자기를 살피는 일에도 난이도가 있습니다. 그래서 아마 처음에는 비교적 낮은 단계에서 시작하는 게 좋을 것입니다. 그래야 너무 높은 수준에서 시도하다가 도저히 그 단계에는 도달할 수 없다는 것을 알고 아예 흥미를 잃어버리는 일이 없을 것입니다.

이 문제에서 우리 자신을 올바로 이끌어 가기 위해서는, 눈에 보이는 우리 개인의 역사 속 명백한 행위들은 그 행위를 유발시키는 마음속 감정에 비해 자기를 살피는 시선 앞에 훨씬 더 두드러져 보인다는 점을 주목해야 할 것입니다. 그러므로 아직 속사람의 의지를 읽지 못하겠다면 먼저 겉사람의 행위를 읽어 보려는 노력을 합시다. "우리가 그의 계명을 지키면 이로써 우리가 그를 아는 줄로 알 것이요"(요일 2:3). 손이나 입, 발걸음, 그 외 어느 신체 기관에만 연관시켜 말한다면 이는 진행과정과 결과를 확연히 알 수 있는 테스트입니다. 그리고 이에 관한 일련의 질문은 자기를 돌아보는 작업을 시작할 수 있는 훌륭한 요소들입니다. 오늘 하루 동안 우리는 불경한 말, 남을 멸시하는 말, 비방하는 말을 하지는 않았습니까? 심판 날 해명해야 할 허탄한 말로 여겨질 그런 어리석은 일들을 입에 올리지는 않았습니까? 친구에게 자기 생각을 말할 때 초조해하거나 짜증나는 말투로 하지는 않았습니까? 안식일에 공예배에 빠지지는 않았습니까? 읽고, 묵상하고, 성결에 속한 일들을 신실하게 연습하는 게 아니라 세상 일과 세상 모임에 시간을 쓰지는 않았습니까? 부모님이나 스승, 혹은 어떤 부류든 우리의 윗사람에게 무례를 범하거나 이분들을 소홀히 대하는 죄를 짓지는 않았습니까? 미워하는 사람에게 해를 끼치거나 보복하는 행위를 하지는 않았습니까? 정욕에 불을 붙일 만한, 혹은 음탕함이라는 효과를 낼 만한 일에 의도적으로 눈길을 주지는 않았습니까? 폭력으로 이웃의 재산을 취하지는 않았습니까? 사소한 경쟁이나 교환 협상, 혹은 장터에서 이웃에게 부당한 이득을 취했다면 이웃에게 얼마나 큰 죄를 저지른 것입니까? 노골적인 거짓말은 아닐지라도, 상대를 기만할 생각으로 어조나 말하는 방식 혹은 꾸밈없어 보이는 태도 등으로 교묘하게 말을 지어내서 하지는 않았습니까? 술에 취해 제정신을 잃었든, 음식을 너무 많이 먹어서 행동이 둔해지고 숨이 가빠졌든, 어떤 과도한 무절제 행위에 빠져들지는 않았습니까? 오늘 하루 어떤 선행을 했습니까? 친절과 사랑을 베푸는 일에 얼마나 관심을 쏟았습니까? 그리스도인으로서 남에게 유익을 끼치는 일에 얼마나 노력했고 얼마나 희생했습니까? 가난한 사람에게 얼마나 많이 자선을 베풀었습니까? 무지한 사람들의 거처에서든 가족들과 함께 있는 곳에서든 경건을 위해 얼마나 힘썼습니까? 이런 일들은 우리 의식의 시선 앞에 모두 명백히, 그리고 분별가능하게 드러납니다. 이런 행동들을 일컬어 우리는 자기 반성이라는 판 위에 알아보기 쉽게 새겨진 큰 글씨라고 할 수 있습니다. 이런 행동들은, 말하자면 이 가장 중요한 학문의 초급독본 혹은 알파벳을 이룹니다. 위와 같은 질문 목록을 만들어 두고 매일 저녁 차분히 앉아 그날 하루 행동을 대상으로 이 질문을 던져 보고 신속하고 명쾌하게 답변을 해보는 건 별로 어려운 일이 아닙니다. 마찬가지로 그날 하루 우리가 누구를 찾아갔었고, 어떤 사람들과 대화를 나눴으며, 어떤 길을 갔고, 어떤 계약을 맺었는지 이야기해 볼 수도 있습니다. 적어도 이 자기 점검 과정에는 그 어떤 난해함이나 신비도 없습니다. 즉각 이 과정에 들어감으로써 우리는 좀더 심오한 영적 훈련을 할 수 있는 자격을 마침내 갖추게 될 것이며, 그 훈련으로 우리 마음의 은밀한 부분을 엄밀히 조사하여 지금은 숨겨져 있는 마음속 깊은 부분을 익히 알 수 있게 될 것입니다.

다소 거칠고 초보적인 이 자기 점검 과정에서도 많은 것을 모아들일 수 있습니다. 우리 구주께서는 "그들의 열매로 그들을 알리라"(마 7:20)고 말씀하십니다. 그리고 우리 정서의 종착점인 행위에서 우리 정서의 진짜 특성에 대해 많은 것을 알 수 있습니다. 농사짓는 사람은 수확물을 보고 그게 무슨 작물인지 판단할 수 있습니다. 생리학의 비밀을 파고들어간 다거나 해부학과 식물조직을 이해한다거나 적절한 관찰의 시선으로 뿌리가 얼마나 견실한지 그 뿌리에서 올라오는 수액이 얼마나 건강하게 순환하고 있는지 다 알 필요는 없습니다. 식물 내부의 유기적 질서가 식물 건강의 가장 중요한 요소를 이루는 게 분명합니다. 그런데 많은 농부들의 경우, 이 사실이 깊디깊은 신비 가운데 감춰져 있다 해도 자기 눈 앞에 펼쳐져 있는 광경을 보며 감사하게도 자신의 수고에 대해 정말 풍성한 대가를 받았다고 선포할 수 있습니다. 농부는 씨가 튼튼하고 풍성하게 자란 것을 압니다. 복음서에 등장하는 비유의 의도는 바로 이 사실, 즉 농부는 "어떻게 그리 되는지를 알지 못하느니라"(막 4:27)는 점을 설명하려는 것이긴 하지만 말입니다. 영적 농업에서도 마찬가지입니다. 어떤 사람이 윤리학을 깊이 알지 못할 수도 있습니다. 속사람의 그 불가사의 가운데서 길을 못 찾아나갈 수도 있습니다. 자연에서 자기 영혼의 신비보다 더 수수께끼 같은 건 없을 수도 있습니다. 자기 나름의 생각과 자기 나름의 계획으로 가득 차 있는 마음보다 더 어둡거나 더 헤아리기 힘든 건 없을 수도 있습니다. 그러나 그 마음의 풍성함을 바탕으로 입은 말을 합니다. 그리고 말은 귀로 들을 수 있습니다. 그 마음에서 생명의 근원이 나옵니다(잠 4:23). 우리의 삶, 우리 개인의 역사를 이루는 행위들은 우리 눈에 보입니다. 마음이 유발시키므로 손이 행합니다. 우리 눈으로 식별할 수 있는 표현들은 이런 식으로 밖으로 드러납니다. 무엇이 어디에 있는지 헤아릴 수 없는 그 깊은 동굴, 우리가 한 번 들어가 그 깊고 후미진 곳을 두드려 본 적도 없고 심상(心像)이라는 은밀한 방에 새겨진 문자들을 읽어 본 적도 없는 그 동굴에서부터 말입니다. 그렇게 깊이 있게 들어갈 수 없다면 소박하게라도 해봅시다. 샘이 감춰져 있다면 그 샘에서 흘러나오는 시냇물을 찾아봅시다. 마음의 의도를 판단하지 못하겠거든 적어도 행위에 대해 질문하는 과정이라도 마련해 봅시다. 영혼에 새겨진 은혜의 표를 찾고 찾았건만 지치고 고단하기만 할 뿐 헛수고였다면, 몸이란 영혼의 도구요 영혼을 담는 수단이라는 사실을 기억합시다. 그러면 적어도 그 몸의 모든 움직임이 십계명에 일치되는지에 대해 우리 자신을 살필 수 있을 것입니다.

그러므로 자기를 살피는 이 일에 부지런히 임합시다. 많이 어렵기로 소문나 있지만 우리가 할 수 있는 부분이라도 즉시 행합시다. 그러다 보면 지금은 못하는 일을 할 수 있는 수준에 마침내 이를 것입니다. 저녁마다 그날 하루 동안 있었던 일을 돌아봅시다. 심중 깊은 곳을 파고들어가지 못한다 하더라도 밖으로 드러난 일은 알아볼 수 있을 것입니다. 순종의 신비로운 생명력을 이루는 정서를 아직 분석할 수는 없을지라도 순종이라는 말의 문자 그대로의 뜻은 알 수 있을 것입니다. 경솔한 말로 타인의 감정에 상처를 낸 것, 예를 들어 잔치에서 흥을 돋운다면서 그 자리에 없는 사람을 험담하며 익살을 피웠다거나 집안에서 뭔가 성가신 일이 생겼을 때 화가 난 어조 혹은 고압적 어투로 말한 것, 왁자지껄한 교제의 자리에서 남의 불행을 지나치게 고소해하는 모습을 드러낸 것, 하기 싫어서, 게을러서 혹은 세상 일에 바빠서 기도와 성경 읽기를 소홀히 한 것 등 우리 눈에 확실히 보이는 것은 이 외에도 많습니다. 이런 행동들을 기억해서 떠올린 뒤 평범한 그리스도인이라면 누구에게나 있는 도덕 감각으로 이를 꾸짖을 수 있습니다. 하루를 접을 무렵 이런 작업을 하면 그다음 날의 행보가 좀더 신중해지고 좀더 양심적인 발걸음이 될 수 있을 것입니다.

우리가 해야 할 일은, 자기를 살피는 작업을 지금 시작하는 것입니다. 이제 실제로 그 작업에 착수해야 하며, 우리의 학식과 능력이 허용하는 한 최선을 다해 지체 없이 이 일에 임해야 합니다. 작은 일의 날이라고 멸시해서는 안 되고(슥 4:10), 우리에게 지금은 없는 어떤 감각, 정신, 혹은 예민함이 마치 영감에 의해 생겨나기라도 할 것처럼 그때까지 게으르게 그 일을 미뤄 둬서도 안 됩니다. 내면의 움직임이 너무 희미하고 일시적이어서 알아차리기가 어렵다면, 최소한 외적인 태도는 파악하도록 합시다. 외적인 태도를 충실하게 반성하고 개혁함으로써 마침내 우리의 감각이 발휘되어 선과 악을 분별할 수 있게 될 것입니다. 우리가 영혼의 습관에서 몰아내야 할 것은, 둔하고 소극적인 사색이라는 일종의 정적주의입니다. 무의미한 정통신앙 관행이 듣기 좋은 말로 어를 경우 이 사색은 "허리에 띠를 띠고 등불을 켜"(눅 12:35) 가지 못하고, 다가올 영광과 죽지 아니함과 존귀히 됨을 그저 꿈꾸기만 할 뿐 참을성 있게 덕행을 계속하면서 그것을 추구하지 못합니다. 우리는 열심히 우리 신앙을 우리의 본분으로 삼아야 하며, 우리 손이 찾아낸 일을 부지런히 행해야 합니다. 더 깊은 체험의 신비가 지금은 아주 멀어 보이고 다가갈 수 없을 것처럼 보여 도무지 파악할 수 없을지라도, 최소한 우리가 일상 속에서 행하는 일들에 대해서는 지극히 엄격하게 자문하도록 합시다. 모든 진리를 계시하시는 것이 성령님의 직분이므로 그 성령님의 인도 아래서 우리는 마침내 그보다 더 큰 일들을 할 수 있도록 훈련받게 될 것입니다.

자기를 점검하는 작업을 할 때는 자신의 영적 상태를 탐구하는 일을 올바로 안내받는 게 중요합니다. 내가 알기로 정직한 탐구를 할 수 있도록 도움을 주기에 적합한 책으로 윌리엄 거스리의 이 저서보다 더 좋은 책은 별로 없습니다. 이 책은 '구원에 이를 만큼 그리스도와 관계를 맺고 있는지 시험해 보기', '구원에 이를 만큼 그리스도와 관계를 맺는 방법' 두 부분으로 나뉘어져 있는데, 정직한 마음으로 성실하고 성의있게 이 책을 읽는다면 자신의 영적 상태에 대해 알찬 결론에 이르지 않을 수 없다고 생각합니다. 윌리엄 거스리는 성령의 역사와 성령의 참 열매에 대해 경험적 지식을 지니고 있고 인간 마음의 작용에 대해서도 깊이 알고 있기 때문에, 오류가 없는 진리를 시금석으로 해서 우리의 정신적 태도가 어떠한지 규명하는 데 도움을 주고, 위선자들의 거짓 소망을 폭로하고 일소하며, 천하태평인 그리스도인으로 하여금 자신의 경건이 왜 내리막길인지 그 원인을 조사하게 하고 자신이 과연 믿음 안에 있는지를 새로이 검토해 보게 하며, 인간이 자기 영혼의 상태와 관련해 자신을 상대로 어떤 허위와 기만을 행하는지 간파하고 드러내는 일을 하기에 적격인 사람입니다. 윌리엄 거스리는 인간 마음의 기만성 그 교활한 성질을 정확히 폭로합니다. 그 교활함이 사람들을 속여 거짓된 안도감에 빠지게 만들지만 이들의 신앙은 무심하고 알맹이 없는 고백에 지나지 않으며, 그래서 이들은 "살았다 하는 이름은 가졌으나 죽은 자"(계 3:1)들에게 선언되는 두려운 정죄 앞에 서게 됩니다.

거스리는 은혜의 섭리를 명쾌하고도 성경적으로 설명해 주는데, 이 또한 겸손한 탐구자를 구원의 길로 안내해 주기에 부족함이 없습니다. 그리스도의 충성스러운 대사로서 거스리는 거침없고 스스럼없이 그리스도의 죽음과 순종을 통해 죄인들에게 죄사함과 화목을 제시합니다. 또한 복음이 주장하는 내용을 진술하고 단언해서 어떤 상황에도 위축되지 않는 포괄적 순종을 이끌어 내고, 또한 복음의 주장들이 마음과 정서보다 당연히 우위에 있음을 밝히는 데도 그에 못지않게 충실합니다. 성실한 그리스도인이 영적 삶을 가꿔 나가는 것을 돕기 위해 거스리는 성령의 인도, 성령께서 넌지시 알려 주시는 것들을 무조건 따르라고 절박하게 명령합니다. 하나님의 말씀 전체에 대한 따뜻하고 진정 어린 믿음은 성령의 역사를 통해 사람의 영혼에서 유효하게 작용할 수 있습니다. 성령의 영적 조명으로 진리는 우리를 성결케 하고 우리를 구원하는 도구가 됩니다. 성령의 빛·위로·새롭게 하시는 능력을 내적으로 경험하고, 그 경험이 우리 성품 안에서 외적이고 가시적으로 자라나는 의의 열매와 어우러짐으로써 우리는 자신이 구원에 이를 만큼 그리스도와 관계를 맺고 있다는 가장 확실하고 가장 훌륭한 증거를 얻습니다.

거스리가 영적 활력으로, 그리고 복음의 독특한 교리를 명쾌하고 다감하고 진지하게 풀어 설명하여 보여 주는 내용들을 친밀히 알게 되면 이 책은 성실한 그리스도인에게 소중한 동반자가 될 것입니다. 또한 인식(認識)에 대한 그의 강력하고도 절박한 호소는 성경이 그토록 무한한 중요성을 부여하는 문제들에 관심을 일깨우기에 특히 적합합니다. 그리하여 기만행위를 계속할 가능성을 본격적으로 피하게 해주고, 사람이 다른 무엇보다도 올바르게 확신해야 할 문제들에 대해 완전한 확신을 추구하지 않을 수 없게 해줍니다.

1825년 1월, 세인트 앤드류스에서
에든버러 대학교 신학과 교수 토머스 차머스

윌리엄 거스리 목사를 추억하며

호기심은 늘 분주합니다. 우리에게 어떤 대상의 근원을 추적해 보기를 종용하고, 철학자와 역사가에게는 자연 세계와 도덕 세계에서 그들 앞에 제시된 다양한 현상을 설명해 보라고 재촉합니다. 장대한 강줄기가 대양으로 흘러들어가고, 각 나라에서 갖가지 자원을 실어나르는 배들이 그 위를 떠다니며, 그 광대한 물길이 제 스스로 만들어 낸 해안으로 밀어닥치는 광경 앞에서 우리는 자연스레 우리 앞에 있는 대상 그 너머로 생각을 확장시켜, 끊이지 않는 물길 그 거대한 흐름이 어디에서부터 시작되는지 상상 속에서 추적하며, 뽀글뽀글 물이 솟아오르는 그 물웅덩이에서부터 시작하여 구불구불한 물길을 따라 마치 이생이 내세 속으로 잠겨들어가는 광경을 연상시키는 그 지점까지 짚어 내려옵니다. 도중에 우연히 낯선 사람을 만났는데 한 마디 한 마디 자기 감상을 말할 때마다 비범함이 번득이고 대화를 나눠 보니 체계적이고 참된 지식의 견실함과 깊이가 묻어나오면서 사방을 진보시키고 지혜롭게 한다면, 우리는 속으로 이렇게 묻습니다. '어떻게 이럴 수 있지? 어떤 단계를 밟았기에 지적으로 저렇게 진보할 수 있으며, 얼마나 분별력 있는 가르침을 받았기에 저렇게 올바른 사고를 할 수 있고 저렇게 폭넓은 식견을 지닐 수 있을까?' 그가 어디에서 났고, 부모는 누구이며, 누구에게 배웠고, 무엇을 추구하며 무엇을 좋아하는지 아무도 말해 주지 않습니다. 어디서 그 사람의 어린 시절 이야기를 좀 들을 수 없을까요? 그러면 그 지성(知性)의 기원과 발전에 관해 뭔가 실마리를 얻을 수 있지 않을까요? 어떻게 해서 그렇게 활기차게 살아 움직이는 능력을 갖게 되었으며 어떻게 해서 그렇게 다양하고 풍성한 지식을 쌓을 수 있었는지 말입니다. 어쩌다 매우 관심이 가는 책을 한 권 얻게 되면 우리는 서문과 머리말을 펼쳐 저자에 대해 말한 부분이 있는지를 찾아봅니다. 우리에게 그렇게 합리적이고 견실한 기쁨을 준그 사람에 대해 뭔가 알 수 있게 될까 해서 말입니다.

지금 우리의 경우엔 다행히 그 건전한 호기심을 충족시킬 수 있습니다. 이 책을 주의 깊게 읽는 사람이라면 저자에 대해 뭔가 알고 싶지 않을 수 없을 것입니다. 그런 사람들을 위해 다음과 같이 짤막한 회상의 글을 싣습니다.

윌리엄 거스리는 1620년 스코틀랜드 앵거스셔(Angus-shire)의 피트포시(Pitforthy)에서 태어났습니다. 아버지는 덕망 있는 거스리 집안의 자제로, 피트포시 지역 지주였습니다. 어머니는 이스터 오글(Easter-Ogle) 가의 딸로, 이 집안은 뛰어난 인물들로 이뤄진 유구한 가계도를 보여 주고 있습니다.

윌리엄은 대가족의 장남으로, 누이가 셋에 형제가 넷이었습니다. 형제 중 셋은 하나님을 섬기는 일에 헌신하여 복음을 설교하는 사람이 되었습니다. 동생 로버트는 기질적으로 너무 섬세한 사람이어서 그리스도의 성실한 대사로서 그 시대의 어려움과 난관을 오래 견뎌 내지 못했습니다. 목회자 자격은 얻었으나 지역교회 목사가 되지는 못한 채 이른 나이에 무덤에 묻혔습니다. 알렉산더는 1645년 무렵 고향에서 브레친 노회의 스트리카스로(Strickathrow) 교회의 목사가 되었습니다. 이 교회는 이 신실한 목회자의 혜택을 오래 누리지 못했습니다. 우리가 알기로 그는 1661년에 세상을 떠났으니 말입니다. 막내 동생 존은 에어셔(Ayrshire)의 토볼튼(Torbolton) 교회에서 목회하다가 왕정복고 때 비국교도 신앙 때문에 목회직에서 쫓겨났습니다. 천성적으로 여린 사람이었던 그에게 이는 너무 심각한 타격이었고, 쫓겨난 후의 여러 가지 고초를 오래 견디지 못한 그는 1669년에 세상을 떠나고 말았습니다.

이로 볼 때 이 회상록의 주인공은 아주 존경할 만하고 자존심 강하고 경건한 형제들의 영향이 하나의 성품으로 녹아들었다는 걸 알 수 있지만, 재능과 성실성은 누구에게서 물려받아 그렇게 빛을 발했는지 거의 알려져 있지 않습니다.

윌리엄 거스리는 라틴어와 헬라어를 신속히 습득하는 모습으로 일찌감치 지적 능력과 비범한 재능의 싹을 보였습니다. 하나님의 섭리는 가난하다고 무시당하거나 게으른 부모의 소홀함 때문에 그 능력이 자라나는 게 가로막힐 염려가 없는 상황에서 이 어린 지성(知性)을 요람처럼 부드럽게 품으셨습니다. 이 식물은 안정성 있게 자라 확실하게 열매를 맺을 수 있도록 더할 나위 없는 관심으로 보살핌받고 교육받으며 자랐습니다. 어떤 사람의 인생에서 처음 십 년 사이의 일은 별로 알려지지 않습니다. 대체로 이 시기에 성품의 토대가 놓이기는 하지만 말입니다. 어떤 사람을 볼 때 첫인상은 아주 오래가기도 하고 그 사람이 추구하는 일과 성향에 편견을 지니게 만듭니다. 하지만 유감스럽게도 그 사람의 생애 전반을 살펴보다 보면 그 첫인상이 그대로 유지되는 경우가 드뭅니다. 성품이 형성되는 점진적 단계는 한 문장으로 요약되고, 부족한 부분은 상상력이 메워줘야 합니다. 거스리의 경우가 바로 그러합니다. 대학 진학전 이 소년이 어떤 일과에 따라 교육받았는지에 대해서는 길게 설명할 내용이 별로 없습니다. 윌리엄 거스리의 소년 시절에는 그의 재능이 발전하는 데 영향을 끼치거나 그의 생각과 그가 추구하는 일에 방향을 제시해 줄 수 있을 만큼 중요한 일이 하나도 없었다는 것을 알기에, 세인트 앤드류스 대학교 학생 시절로 바로 들어가겠습니다.

세인트 앤드류스 대학에서 그는 특별한 이점을 누렸습니다. 찰스 2세의 경솔함과 어리석음에 맨 처음 희생당한 사람 중 하나로 스코틀랜드의 위인 가운데 그 이름이 각인되어 있는, 기억에 남을 만한 인물 제임스 거스리(James Guthrie)가 당시 세인트 앤드류스 대학교 뉴 칼리지의 철학 교수로 있었습니다. 회상록의 주인공과 사촌 사이인 제임스는 즉시 그의 후견인 겸 지도교수가 되었습니다. 제임스는 교양과 웅변과 경건 못지않게 원칙에 단호하기로도 유명했는데, 윌리엄은 이 탁월한 인물 집에 하숙하면서 그의 주변 인물과 그의 직접적 감독의 모든 선한 영향을 한껏 누렸습니다. 젊은 거스리에게 그런 상황은 헤아릴 수 없이 큰 영향을 끼쳤습니다. 나쁜 친구들에게 물들 염려 없이 그리스도의 종의 편지를 눈앞에서 언제나 생생하게 볼 수 있었습니다. 윌리엄은 다양하고도 흥미로운 대화를 통해 중요한 가르침들을 얻었습니다. 인간이 자신에게 가장 이로운 삶을 살 수 있도록 행동 동기를 만들어 내고 행동을 안내하는 기독교 신앙의 영향력을 두 눈으로 보면서 그 신앙에 매력을 느꼈습니다. 본질상 품격 있고 학술적이며 인간을 온화하게 하고 고상하게 하기에 유익한 모든 학문과 문학을 열심히 공부하고 음미했습니다. 훗날 윌리엄이 특별히 뭇사람들에게 유익을 끼치는 존재가 된 것은 그의 독특한 성품 덕분이었는데, 우리는 그 성품이 바로 이 시기에 이런 유리한 조건에서 형성된 것으로 추적해 볼 수 있습니다. 윌리엄은 자신의 보호자 거스리 교수에게서 학문 연구를 돕는 유능한 스승뿐만 아니라 성인으로 자라가는 자신의 행실을 꼼꼼히 지켜보는 감독자의 모습을 보았습니다. 그가 여러 부분의 언어와 철학에 큰 진보를 보였다는 것은 이 시기에 그만이 독특하게 누릴 수 있었던 이런 혜택이 얼마나 귀한 것인지 충분히 알고 잘 활용했음을 보여 줍니다.

문학석사 학위를 취득한 그는 신학 공부를 시작해 꾸준하고 성실하게 전념했습니다. 과거에 어떤 계획이 있었든, 이제 그 계획은 복음 사역 쪽으로 단호히 방향을 튼 듯했습니다. 그는 상당한 재산을 상속받은 사람으로, 하나님의 섭리가 상속이라는 방식으로 그에게 허락한 그 신분에 어울리는 교육을 받았을 뿐이며, 그래서 대학을 다닌 게 다른 어떤 목표가 있어서였는지는 알 수 없습니다. 그러나 그가 저 유명한 새뮤얼 러더퍼드(Samuel Rutherford), 소박함과 천상적인 마음 자세가 그토록 생생하게 살아 숨쉬는 편지들을 남긴 그의 강의를 듣게 되면서부터 상황이 달라졌습니다. 당시 러더퍼드는 세인트 앤드류스의 대학의 신학교수였습니다. 윌리엄 거스리는 탁월한 그리스도의 종 러더퍼드의 지도 아래 신학을 공부했을 뿐만 아니라 그의 강단 사역에 감명받아 신앙에 대한 개념을 얻게 된 덕분에 마침내 주님을 섬기는 일에 전적으로 자신을 바치게 되었습니다. 사실 윌리엄은 언제나 성정이 경건했습니다. 교육에 대한 집안의 관심, 훌륭한 사촌 제임스 거스리의 철저한 보살핌 덕분에 청년기의 열정이 불러일으킬 수도 있는 변덕스러운 감정을 철저히 억제할 수 있었고, 고상하고 점잖은 행동거지로 사람들의 칭찬을 얻고 나무랄 데 없는 겉모습 저 아래 바닥에서 잠자고 있을 수도 있는 불경건한 정서에 무감각해지는 것을 막을 수 있었습니다. 그런데 이제 러더퍼드의 설교를 듣고 얼마나 각성되었던지 그는 두려운 동요 상태에 빠졌습니다. 거룩함이 "없이는 아무도 주를 보지 못하리라"(히 12:14)고 했는데, 그가 보기에 자신은 그 거룩함에서 너무 멀리 떨어져 있었습니다. 그는 죄 때문에 모든 인간에게 내려진 그 정죄선언의 정당성을 통감했습니다. 그리고 자기 자신을 생각하며 그 선언의 끔찍한 결과에 몸을 떨었습니다. 주님에 대한 두려움이 실로 그를 사로잡았습니다. 그러나 그 두려움은 평강의 복음의 영원한 위로를 그의 영혼 속에 마치 못을 박아넣듯 더욱 깊이 고정시키는 경향이 있었습니다. 자신이 그리스도 예수 안에서 하나님의 값없는 은혜에 크게 빚진 자라는 걸 절실히 깨달은 그는 자신을 그토록 사랑하신 분에게 자신의 전 존재를 바치되 그분을 위해 목숨까지도 내놓을 수 있어야 한다고 생각했습니다. 이 일을 좀더 효과적으로 이루기 위해, 그리고 그 결단의 진정성과 강도를 입증하기 위해 그는 형제 중 유일하게 사역자의 길에 들어서지 않은 동생에게 피트포시에 있는 자기 몫의 재산을 다 넘겼습니다. 이제 세속적으로 신경 써야 할 일에서 완전히 놓여난 그는 그리스도의 대사로서 본분을 이행하기 위해 엄숙히 준비하는 일에만 몰두했습니다. 그가 얼마나 한마음으로 헌신하며 이 일을 이행했는지는 이후 그의 삶이 잘 보여 줍니다. 언어, 철학, 신학의 다양한 시험을 뛰어난 능력으로 다 통과한 그는 1642년 스물두 살 나이로 복음을 설교할 수 있는 자격을 취득했습니다.

재능을 타고난 데다가 당시 세인트 앤드류스 대학에 광채를 더하고 있던 제임스 거스리와 새뮤얼 러더퍼드 같은 유능하고 탁월한 인물들 밑에서 도덕적·지적으로 발전할 수 있는 좋은 기회까지 누린 윌리엄은 사역자가 이행해야 할 여러 가지 본분에 아주 적임이었습니다. 깊은 경건, 힘 있는 지성이 설교할 때마다 확연히 드러났습니다. 그의 인기는 설득력 없이 겉만 번지르르하게 훈계하는 스타일이 아니라 자신이 다루는 모든 주제를 힘 있게 포괄하고 명료하게 설명해 줄 수 있는 폭넓은 사고에서 비롯되었습니다. 청중이 감동으로 몸을 떨게 하는 효과를 낳은 뜨거운 헌신, 뭇 영혼들을 설득시켜 그리스도를 따르게 만들려는 강한 열망으로 그는 단숨에 청중의 신뢰를 얻었으며, 이런 태도를 보고 청중은 이 사람이 자신들과 더불어 내세라는 중차대한 문제를 논할 사람으로 하나님께서 보내신 사람이라고 생각했습니다. 윌리엄과 동시대 사람으로 그를 잘 알고 있었던 트레인(Train)은 이렇게 말합니다. "그의 재능은 대단했다. 견실한 천부적 자질, 명석한 두뇌, 건전한 심성 등. 그의 목소리는 최고였고, 거기에 매력 있는 리듬과 억양을 갖춰 목소리를 구사했다. 웅변술도 이례적으로 뛰어나서, 이 웅변술 덕분에 그는 청중의 감정을 쥐락펴락하는 달인이 되었다. 설교 때의 동작도 평범하지 않았지만, 그 모든 동작이 다 품격 있고 잘 제어되었다. 나는 그가 이런 점에서 저 유명한 에식스(Essex) 주 데덤(Dedham)의 존 로저스(John Rogers)를 가장 많이 닮았다는 생각을 자주 했다. 이 인물에 대해서는 많은 이에게 들어 알고 있는데, 특히 그의 친척인 윌리엄 젠킨(William Jenkyn)에게 듣기로는 1684년 뉴게이트 교도소에서 그리스도의 죄수로 죽었다고 한다."

이제 그는 세인트 앤드류스를 떠나 당시 스코틀랜드 대법관이었던 루덴(Loudon) 백작의 맏아들 모클린(Mauchlin) 경 집안의 가정교사라는 중책을 맡습니다. 윌리엄이 대학을 떠날 때 교수들은 형식적이고 진부한 말이 아니라 친구 사이에서 볼 수 있는 친절과 공감이 뚜렷이 드러나는 말로 그의 집중력과 재능, 학문적 진보를 증언했습니다.

루덴 경 집안으로 들어간 지 일 년 뒤, 윌리엄은 어느 예비일 성찬식 거행 전에 칼스턴(Galston) 교회에서 설교했습니다. 펜윅(Fenwick) 교구에 갓 세워진 이 교회에는 목사가 없었습니다. 그 지역의 존경받는 주민 몇 사람이 그날 우연히 그 설교를 듣게 되었는데, 그의 설교에 크게 교화되고 깨우친 이들은 이웃들에게 거스리의 자질에 대해 말하며 자신들의 목회자로 딱 적임이라는 의견을 냈습니다. 그 뒤 펜윅 교구가 적정한 절차에 따라 청빙을 하고 조화롭게 이 과정이 이뤄진 결과 윌리엄은 이 지역에 정착하게 되었습니다. 그에 따라 노회가 1644년 11월 7일 그를 이 교회 목사로 안수했습니다.

이 교회는 그의 모든 재능과 경건과 현명함이 십분 발휘되게 해준 유익한 장소였습니다. 이때까지 대다수 교인들에게는 일반적인 교육 수단이나 신앙의 규례가 결여되어 있었습니다. 펜윅에 새 교회가 세워진 것도 오래되어 너무 커진 교구의 소외된 지역에 교회의 돌봄과 교육이 절실히 필요하다는 사실 때문이었습니다. 그래서 윌리엄이 봤을 때 이들은 도덕적 · 정신적 발전 면에서 아주 수준 낮은 상태에 있었습니다. 무지를 바탕으로 악이 온갖 거칠고 추한 모습을 키워 왔습니다. 시대가 그러했고 당시의 일반적 특징이 그러했기에, 사람의 마음을 온유하게 하는 복음의 영향력도 누리지 못하고 수준 높은 교양의 온화한 효과도 누리지 못한 사람들의 행동거지는 심각할 만큼 거칠고 고약했습니다. 그러나 토양이 딱딱한 만큼, 그리고 그 딱딱한 토양을 갈아엎기가 어려운 만큼, 그의 열정과 부지런함이 낳는 결과도 두드러져 보였습니다. 그는 교인들의 상태가 자신이 처음 수고하기 시작했던 몇 년 전의 전반적 경건 상태와 도덕 의식에 비교해 볼 때 뚜렷이 달라진 것을 확인했습니다. 몇 년 전의 그들은 안내자 없이 방황하고 있었고, 교육을 소홀히 해서 나타나는 모든 결과들을 확연히 보여 주고 있었습니다. 윌리엄은 그런 그들을 복음의 큰 우리 안으로 데려와, 자신이 마련한 강력하고도 신중한 수단을 모두 동원해 강단 안팎에서 그들을 깨우쳤습니다. 윌리엄은 사람들이 안식일 따위는 신경 쓰지 않는 모습을 봤습니다. 어떤 이들은 들판에서 빈둥거렸고, 어떤 이들은 이웃집에서 남의 험담을 했습니다. 안식일이 자신들의 불멸의 영혼을 진보시키는 데 얼마나 중요한 복을 안겨 주는지 생각하지 않고 거의 모든 주민이 이날을 그저 갖가지 즐거움을 누리는 날로 알고 지내고 있었습니다.[1] 윌리엄은 곧 이들로 하여금 복음의 모든 규례에 귀를 기울이게 만들었고, 주일을 특별히 거룩히 지키게 만들었다. 윌리엄은 이들이 가정예배를 거의 드리지 않는다는 서글픈 사실을 깨달았습니다. 하지만 그가 사역을 하는 중에는 이 엄숙하고 유익한 훈련을 빼먹는 교인 가정이 거의 없었습니다. 무심히 죄를 짓던 사람들이 그의 설교를 듣고 자기 죄를 깨닫고 자제한 사례도 많습니다. 그는 모두 구주를 영접하라고 쉼 없이 장황하게 이야기했으며, 사람들의 삶과 대화

---

1) 이 교구에는 위에서 개괄적으로 설명한 그런 행동에 가담하지 않고 윌리엄 거스리의 모든 수고와 그가 개선시킨 일들의 가치를 인정하고 지지하는 이들도 분명 있었을 것입니다. 그러나 이 당시 스코틀랜드 여러 지역을 널리 살펴볼 때, 한 교구가 관할하는 영역이 너무 넓어 주민들이 교회의 돌봄을 받지 못하는 경우가 많았다는 점을 생각하면, 목회자의 수고가 성공을 거두었음을 보여 주려고 그때 상황을 부당하게 과장 묘사했다고는 생각할 수 없습니다.

속에서 겸손하고 헌신적으로 구주를 따르는 제자의 모습을 목격하는 행복을 누렸습니다. 간단히 말해, 그의 사역으로 교인들 사이에 일어난 도덕적 변화는 하나님께서 엄선하사 도구로 쓰신 사람의 수고를 동반하는 하나님의 권능의 한 두드러진 예였습니다.

하나님께서 엄선하신 도구가 바로 윌리엄 거스리였습니다. 그는 강단에서 큰 능력을 발휘하는 사람이었습니다. 그의 설교는 타고난 활력과 힘, 문학적·신학적 학식이 고루 두드러져 보이는 정신의 보고(寶庫)로 풍요로웠습니다. 젊은 시절의 윌리엄은 열심히, 치밀하게 공부하는 학생이었으며, 이런 근면한 몰두 습관은 평생 그를 떠나지 않았습니다. 그의 설교에서 한 가지 특이한 매력은, 설교 전반에 배어 있는 복음의 정서와 정조의 그 선명함입니다. 적확하고 적합한 예화는 그가 설명하는 진리를 가장 쉽게 이해할 수 있게 해주었고, 추상적 진리라는 빈약한 형식으로 선포될 경우 흔히 반발을 불러일으키곤 하는 이 특이한 복음의 교리는 그의 설교 덕분에 사랑스럽고 매력적인 것이 되었습니다. 또한 그의 설교에는 인간 영혼의 작용에 대한 깊은 통찰이 있었습니다. 그래서 설교의 교훈을 아주 자기 반성적이고 힘 있게 삶에 적용할 수 있었습니다. 양심이 있는 사람이라면 그 누구도 영혼의 비밀을 날카롭게 꿰뚫는 그의 시선을 피할 수 없었을 것입니다. 또한 그는 양심에 그토록 치명적이며 속사람을 교활하게 지배하는 그 "거짓의 피난처"(사 28:17)를 어디에서 색출해야 하는지도 잘 알고 있었습니다. 그는 시온에 있는 안일한 죄인들(사 33:14)을 크게 자극하고 경성시키는 설교자로 손꼽혔지만, 적절한 영적 양식으로 하나님의 백성을 먹이는 일도 그에 못지않게 잘 해냈습니다. 이 양식은 이 백성들이 은혜와 거룩함에서 자라 가는 데도 꼭 필요하고, 모든 유혹 및 영적 게으름에 빠질 위험에서 이들을 지키는 데도 없어서는 안 될 양식이었습니다. 윌리엄은 자신의 다양하고 폭넓은 체험을 바탕으로 사람들의 상태를 명확히 읽어 냈습니다. 그는 두려워하며 걱정스러워하는 사람들에게 공감했습니다. 앞에서 살펴봤다시피 새뮤얼 러더퍼드의 설교를 들으면서 자기 영혼의 운명에 대한 지극한 염려와 불안에 따른 그 모든 고통과 몸부림을 자신도 겪은 적이 있기 때문입니다. 상처 입은 영혼에게 그는 자기 영혼의 아픔을 진정시키는 치료제였던 그 위로를 쏟아부어 줄 수 있었습니다. 예수님의 제자를 자처하는 많은 사람을 꼼짝 못하게 하며 그들의 양심을 달래고 얼러 깊은 잠에 빠지게 만드는 그 교묘한 감정과 생각을 그는 능히 폭로할 수 있었습니다. 얼마나 마음 깊이 자리 잡았든, "좌우에 날선 어떤 검보다도 예리"(히 4:12)한 그 도구의 능력에 탐지되지 않는 죄는 별로 없었습니다. 성경은 그의 주된 연구주제이자 기쁨이었습니다. 헬라어와 히브리어를 완벽히 알았기에 성경을 이들 원어로 읽을 수 있었고, 그 고결한 샘에서 멀찍이 떨어져 선 채 다른 사람들의 노력과 실력으로 자기 집 문 앞에까지 흘러온 그 시냇물로 만족할 수밖에 없었던 사람들에 비해 결정적인 우위에 있을 수 있었습니다. 그는 하나님의 말씀이라는 곳간에서 "새것과 옛것"(마 13:52)을 내왔고, 말씀으로 설득해야 할 사람들이 많은 만큼 그의 창조적 재능과 능력도 바닥을 드러낼 줄 모르는 것 같았습니다. 그래서 그가 설교자로 인기가 높았던 것도, 글래스고(Glasgow)와 해밀턴(Hamilton)과 라나크(Lanark)를 비롯해 먼 지역에서 많은 이가 거의 정기적으로 찾아와 그의 공예배 설교에서 유익을 누린 것도 이상할 게 없는 일이었습니다. 목소리가 우렁찬 데다가 생생하게 전달되는 그의 설교에는 힘이 넘쳤기에 많은 이가 문 밖에 서서도 만족스럽게 설교를 들을 수 있었습니다. 예배당

이 크긴 했지만, 늘 정원이 초과될 만큼 많은 사람으로 붐볐기 때문에 상당수 청중이 예배당 밖에서 설교를 들어야 했습니다. 하지만 설교를 전할 때 그의 기백은 온 청중을 다 덮었습니다. 설교할 때 그의 태도는 오로지 간절함뿐이었습니다. 자기 앞에 있는 청중을 보면서 그는 불멸의 영혼의 중요성과 가치를 늘 생각했습니다. 청중 앞에서 위엄 있게 말씀을 선포할 수 있는 자신의 위치에서 큰 동력을 느꼈습니다. 그리고 지각없고 무관심한 이들이 복음의 효용을 활용하지 않고 그냥 들어 넘길 우려와 위험에 대한 생각, 주님께서 자신에게 맡기신 그 메시지를 충실하게 전달해야 할 크나큰 책임감으로 가슴이 벅찼습니다. 이런 것들을 생각하면 두 눈에 눈물이 차올랐고, 늘 이런 생각을 하다 보니 그에게는 독특한 위엄이 생기면서 외모에 흥미로운 변화가 생겼는데, 이는 곧 사람들의 관심을 집중시키는 한편 지극히 무심하며 버림받은 이들에게 외경심을 안겼습니다.

윌리엄은 인간의 본성과 인간의 마음에 이르는 다양한 길을 너무 잘알고 있어서 자신의 목회를 강단 사역만으로 한정 지을 수가 없었습니다. 교리문답을 가르치고 집집마다 심방을 하는 것이 성경과 또 그의 신중한 성품이 교인들의 유익을 위해 명하는 교육의 수단이었습니다. 교회의 청빙 조건에는 이 문제에 관해 아무 언급이 없었지만 말입니다. "경건한 실력에 지칠 줄 모르는 근면함을 겸비한 그는 꾸밈없고 친숙한 태도로 가장 중요하고 장엄한 주제에 대해 설교할 수 있는 모든 기회, 특별한 상황이 요구하는 방식으로 모든 이의 양심에 신앙을 권면할 수 있는 기회를 놓치지 않는 법을 알고 있었다. 그가 특별히 신경 쓴 일은, 청년 교인들이 하나님의 길을 귀히 여길 수 있도록 하며, 마귀와 정욕이 청년들의 마음을 사로잡아 종으로 삼기 전에 영원한 세상에 대해 일찌감치 각인을 시키는 일이었다. 은혜의 씨, 인생의 봄철에 이렇게 뿌려진 그 씨앗은 하나님의 복으로 말미암아 많은 이들 안에 보존되었고, 세월이 지나많은 결실을 맺었다."

또한 그는 가정이라는 테두리 안에서는 엄숙하고 일반적인 공예배 설교가 아니라 친밀한 대화 중 오가는 기탄없고 솔직하고 예리한 말 한 마디 한 마디가 그 역할을 대신할 수 있으며, 그래서 가정은 사람의 마음에 감명을 끼치기에 특히 적합한 장소라는 걸 알고 있었습니다. 주위 상황 때문에 그 만남의 직접적 목적을 비껴가거나 그 목적을 해치는 일 없이 생각이 생각을 낳고 의견이 의견을 낳는 곳이 바로 가정이었습니다. 양심의 실상이 여지없이 속속들이 들춰내지고, 거기에 다정한 친구의 말투로 훈계나 위로가 양념처럼 곁들여지는 것이 이 신실한 목사가 교인들을 심방할 때 거의 언제나 동반되는 광경입니다. 이렇게 어떤 특정 사례를 향해 개인적으로 전하는 말은 강단 높은 곳에서 예의를 지켜 가며 아주 특별하게 적용해야 할 사항으로는 다루지 않습니다. 거스리의 태도는 이런 일에 아주 적격이었습니다. 진중하되 엄격하지 않고, 따뜻한 느낌과 친밀함으로, 그리고 편안하고 친숙하게 그는 사람들의 생각의 방 속으로 스며들어가 직관적 감각으로 그들 영혼의 상태를 파악했습니다. 예리하되 다정한 그 감찰의 시선 앞에 자기 자신을 열어보였다는 것을 사람들이 미처 깨닫기도 전에 말입니다. 그는 정기적으로 교인들 가정을 심방했으며, 모든 가정이 특별한 기쁨으로 그의 심방을 반겼습니다. 문간으로 그의 발자국 소리가 가까워지면 팔십 세 노인의 침침한 눈은 어린 손자의 눈빛으로 반짝였습니다. 행복한 얼굴로 둘러앉은 사람들을 위해 그 경건한 목소리가 은혜의 보좌로 들어올려지면 그 반짝이던 눈에 이내 눈물이 차오르지만, 그것은 마음이 감동과 기쁨으로 차고 넘칠 때 자연스레 흘러나오는 기쁨의 눈물이었습니다. 그럴 때 이들의 눈은 더 이상 침침하지 않습니다. 오! 이 눈물의 골짜기를 보면서 우리는 하늘을 향해 간절히 비는 마음으로, 고통으로 수척해진 사람에게 몸을 굽히는 하나님의 사람보다 더 인간미 넘치는 모습을 흥미롭게 드러내 보여 주는 건 없다는 걸 알게 됩니다. 내세의 문턱에서 조마조마해하고 있는 영혼을 위해, 쇠약하고 쓸쓸한 영혼에게 자비를 제시하면서 기운을 북돋아 주고, 죽을 수밖에 없는 본성을 지닌 그 파리한 얼굴에 소망과 확신의 빛이 발그레 퍼져나가게 하는 그 모습 말입니다.

병자를 심방할 때 윌리엄은 특히 자상했고 또 그 사역에 잘 들어맞았습니다. "하나님의 뜻 가운데서의 자신의 경험, 각성된 양심이 느끼는 깊은 고뇌와 슬픔, 의심과 두려움에 자신도 자주 빠져들었던 덕분에 그는 비슷한 형편에 있는 사람들을 돕고 위로하며 '약한 손을 강하게 하며 떨리는 무릎을 굳게'(사 35:3) 하기에 적합한 능력을 지니게 되었고, 가여운 영혼들에 대한 다정한 관심이 생겨나는 것을 놓칠 수가 없었으니, 그런 다정함과 연민의 심정은 영적 삶의 방식, 그리고 자기 심중과 삶에서 일어나는 성령의 역사를 친밀히 아는 사람 아니면 절대 지닐 수 없다. 질병이나 '공포의 왕'이 다가오는 상황(욥 18:13-14)을 당사자에게 유익이 되도록 활용하는 일에 이 사람이 얼마나 탁월한 재주가 있었는지는 어렵지 않게 설명할 수 있었다. 그래서 비록 임종의 자리에서 회개가 일어나는 경우가 드물고 정말 크게 미친 사람이 아닌 이상 영원한 결과를 낳는 그 일을 마지막 순간까지 미루지는 않는다 해도, 마지막 순간에라도 죄인을 개심시켜 하나님께로 부르려는 그의 노력에 하나님께서 복을 내려 주셨다는 증거가 없지 않았다."

　건강 상태상 그는 취미와 신체 활동에도 상당한 시간을 써야 했는데, 그는 그 시간마저도 타인에게 크게 유익이 되게 만드는 유쾌한 재주가 있었습니다. 낚시와 새 사냥이 그가 즐기던 여가 활동이었습니다. 들판이나 강가를 산책하다가 그는 교구 주민들 중 강단에서 설교하는 복음으로는 마음을 얻지 못하는 이들을 자주 만났습니다. 이들은 좀체 목사의 권면에는 귀를 기울이지 않았지만 수렵가 이야기는 즐겁게 들었습니다. 그런데 이 그리스도의 일꾼은 사냥꾼 복장 밑에 자신을 감춘 채, 찌푸린 얼굴로 교회를 향한 멸시를 드러내는 무지하고 무법한 자들의 마음을 얻어 예배와 규례에 규칙적으로 참예하는 이가 되게 만들었습니다. 송어를 낚아 올리고 자고새를 쏘아 떨어뜨리면서 말입니다. 그러나 그런 실험은 거스리 목사처럼 다른 모든 것에 우선하여 주님의 일을 염두에 두는 복음 사역자들만 해야 합니다. 사냥개와 낚시 바늘이 사람들의 영혼을 그리스도께로 데려가는 도구가 아니라 그보다 더 소중한 심취의 대상이 되어서는 안 되니까 말입니다.

　거스리 목사가 사냥꾼과 낚시꾼 복장을 한 채 자신의 양 떼 중 가장 무지하고 고집 센 사람들을 설득해 예배와 규례에 참석하게 만든 사례 중 두 가지 경우를 주목해 볼 만합니다. 다음은 『바이오그라피아 스코티카나』(*Biographia Scoticana*)에 실린 윌리엄 거스리의 생애에서 발췌한 내용입니다.

　윌리엄 거스리가 꼭 가정예배를 드리게 만들고 싶었던 어떤 특정한 인물이 있었다. 그 사람은 기도를 못한다고 했고 윌리엄 거스리는 그 이유를 물었다. 그러자 그는 이렇게 대꾸했다. "오 주님, 주님은 아시거니와 이 사람은 저에게 기도를 시키려 합니다. 하지만 주님이 또 아시거니와 저는 기도를 못합니다." 거스리는 그만하라고, 그걸로 충분하다고 말하고 나서 직접 기도를 하여 그 자리에 있던 사람들을 크게 놀라게 했다. 그러고 나서 그는 사람들에게 약속을 시켰다. 안식일에 교회에 가서, 교인들이 그 교회 목사를 어떻게 생각하는지 알아보기로 하겠다고. 약속대로 교회에 간 그들은 깜짝 놀랐다. 그곳까지 자신들을 꾀어들인 그 사람이 바로 그 교회 목사였던 것이다.

교구의 또 어떤 사람은 안식일에 새 사냥을 가느라 교회를 등한시하는 습관이 있었다. 그는 상당 시간 그런 행동을 계속했다. 거스리는 그렇게 행동하는 이유가 뭐냐고 그 사람에게 물었다. 그 사람은 대답하기를, 일주일 중 안식일이 가장 운 좋은 날이기 때문이라고 했다. 거스리는 다시 물었다. 안식일에 사냥하는 것으로 얻는 게 뭐냐고. 반 크로네를 번다고 그가 대답하자 거스리는 안식일에 교회에 나온다면 자신이 그만큼을 주겠다고 했고, 그렇게 해서 그의 약속을 받아냈다. 안식일이 되었고, 설교가 끝난 뒤 거스리는 그에게 물었다. 같은 액수를 주면 다음 안식일에 또 오겠느냐고. 남자는 그러마 했고, 그 뒤로 그는 절대 교회에 빠지는 일이 없었다. 그 뒤에 그는 그 교회 당회의 일원이 되었다.

능변과 날카로움, 노를 자제할 수 있는 능력, 타인의 마음과 성향을 간파하는 힘이 상냥한 태도와 폭넓은 지식과 어우러져 그를 교회 치리회의 탁월한 일원으로 만들어 주었습니다. 치리회에서 벌어지는 갖가지 논쟁과 사건에서 그는 상당한 몫을 해냈습니다. 1661년 4월에 열린 글래스고 대회(Synod of Glasgow) 때 스코틀랜드에서 교회의 특권과 신앙의 정결성을 확보하기 위해 의회에 보내는 연설문 초안을 만든 사람이 바로 윌리엄 거스리였습니다. 대회에서는 이 초안을 승인하면서 "예배·교리·권징·교회 정치에 관한 우리의 개혁 그 순결성에 대한 충실한 증언을 담고 있으며, 용어 면에서의 그 신중함과 담대함 또한 주목할 만하다"고 말했습니다. 그러나 시대가 워낙 불안했던 터라 이 연설문은 의회에 전달되지 못했습니다.

상회(上會)에서 발군의 재능과 학식을 발휘한 것처럼 당회에서는 그의 솔직함과 겸손함이 두드러져 보였습니다. 그가 사역하는 동안 당회 때 불쑥 아주 사소한 논쟁이라도 벌어진 일은 단 한 번도 없었습니다. 그와 장로들 사이에는 언제나 완벽한 신뢰가 자리잡고 있었습니다. 그래서 교인들에 대한 치리는 효력 있게, 그리고 완벽한 의견일치로 수행되었습니다.

펜윅 교구를 책임진 사람은 바로 그런 사람이었고, 그는 그런 재능과 태도로 자신의 본분을 이행했습니다.

거스리 목사는 펜윅에서 목회를 시작한 지 일 년쯤 되었을 때 에어셔 스켈던의 대지주 데이비드 캠벨의 딸 아그네스 캠벨(Agnes Campbell)과 결혼했습니다. 두 사람의 결혼 생활은 행복했습니다. 거스리 자신의 성향이 유쾌하기도 했지만 아내의 사랑스러운 성품으로 그 유쾌함은 배가되었습니다. 그의 아내는 멋진 몸매에 아름다운 용모를 지녔을 뿐만 아니라 분별력, 높은 교육 수준, 상냥하기 그지없는 성격, 겸손한 마음이라는 더욱 중요한 아름다움까지 갖추었으며, 이런 아름다움이 아주 깊었기에 복음 안에서 자기 자신을 적절히 파악하고 그 이상으로 자신을 높이지 않았습니다. 둘 사이에는 여섯 자녀가 태어났지만 그중 둘만 살아남았고, 둘 다 딸이었습니다. 딸들의 경건과 뛰어난 자질로 볼 때 부모가 얼마나 세심하게 돌보고 관심을 쏟으며 본을 보였는지 알 수 있습니다. 두 딸 중 하나는 에어셔의 젠틀맨(gentry: 영국에서 작위는 장남에게만 세습되고 나머지 아들들은 젠트리 같은 지주층이나 기사 같은 평민이 되었는데, 젠트리는 영국에서 중세 이후 생긴 토지 소유자 층을 뜻한다. 젠틀맨은 이 계층에 속한 사람을 말한다—옮긴이) 글렌리의 밀러와 결혼했고, 또 한 딸은 1681년 12월 패트릭 워너 목사의 아내가 되어, 남편이 "진리를 위해 환난을 겪고 투옥되었다가 추방당할 때" 큰 위로의 원천이 되어 주었습니다. 이들 사이의 딸 마거릿은 글래스고 근처 이스트우드의 목사인 로버트 워드로(Robert Wodrow)와 결혼했는데, 로버트 워드로는 스코틀랜드 교회 역사와 그 교회에 속해 핍박당한 수많은 걸출한 인물들의 삶을 충실하게 기록으로 남겼습니다(역사가이기도 한 로버트 워드로는 자신의 저서 *The History of the Sufferings of the Church of Scotland from the Restoration to the Revolution*을 통해 1660년 왕정복고 후 스코틀랜드 언약도들이 어떤 핍박을 당했는지 당시 공식 문서와 원본 자료를 바탕으로 기록하고 고발했다—옮긴이).[2]

결혼 직후 윌리엄 거스리는 총회에서 군목으로 선정되었습니다. 결혼한 지 얼마 되지도 않아 사랑스러운 아내와 헤어져야 한다는 것이 혹독한 시련이기는 했지만 그래도 그는 주어진 의무에 응해 군에서 머물다

---

2) 윌리엄 거스리를 회고하는 이 글은 상당 부분 워드로 목사 덕분에 쓸 수 있었습니다. 일반적으로 알려지지 않은 사실들은 이 자료에서 인용했습니다.

가 배속된 부대가 패주하는 상황에서 놀랍게 살아남았습니다. 죽음의 문턱에서 생명을 보존한 이 기억은 하늘에 계신 아버지에게 평생 감사하며 살 수 있는 근거가 되었고, 교회로 돌아온 그는 교회와 고향에 대해 한층 더 큰 애정으로, 큰 열심과 헌신으로 거룩한 본분을 이행했습니다.

윌리엄 거스리가 강단에서 뛰어난 재능과 화려한 능력을 발휘하자 유명한 교회들에서 자신들의 목사가 되어 달라는 간청이 답지했습니다. 린리스고, 스털링, 글래스고, 에든버러에서 차례로 그를 청빙했지만, 효과는 없었습니다. 처음에 펜윅에 그를 묶어 두었던 거룩한 띠는 점점 더 튼튼해지기만 했고, 그는 초록빛 들판과 들판 위 오두막이 정겨운 이 시골 교회를 떠나고 싶지 않았습니다. 대도시 교회가 줄 수 있는 위엄과 넉넉한 사례와 명성 등 그 모든 것에도 불구하고 말입니다. 하지만 자신의 영향력과 자신의 쓰임새가 바람직한 방식으로 확장되는 것에 대해 전혀 무관심했던 것은 아닙니다. 그러나 내향적인 기질과 취향상, 그리고 무엇보다도 건강을 보존하기 위해서는 전원 지역에서 자유로이 움직이며 살아야 했기에 시골 목회를 계속하는 쪽을 단호히 선택할 수밖에 없었습니다. 이곳에서 그는 고위 성직자에게 내쫓길 때까지 목회를 계속했으며, 이곳에 정착한 지 약 20년 내지 21년 될 무렵 그 일을 당하기까지 이 충실한 시온의 파수꾼은 그 암울하고 비참한 시대에 자기 양 떼의 복락과 교회 전반의 유익과 관련된 모든 문제에 대해 자신의 감상을 위축됨 없이 선언하는 그 열정과 담대함은 물론 그 신중함과 실력 면에서도 단연 두드러졌습니다.

이런 태도 덕분에 거스리 목사는 모두에게 존경을 받았으며, 흔히 온유함과 단호함이 아름답게 어우러진 모습으로 목표를 이루곤 했습니다.

단호함을 발휘할 필요가 있는 경우엔 아주 효과적으로 그렇게 했습니다. 뱀 같은 지혜와 비둘기 같은 순결함과 악의 없음을 그보다 더 많이 보여 준 사람은 별로 없었습니다. 한번은 크롬웰 군대가 스코틀랜드에 진주해 있을 당시 글래스고의 앤드류 그레이 목사를 도와 성찬식을 거행하게 되었는데, 그때 예배당에 있던 군 장교 몇 사람이 자기를 살피지 않고 마구잡이로 거룩한 규례에 참여하고자 하는 불경한 마음을 먹고는 다른 사람들 무리와 함께 성찬을 받으러 앞으로 나왔습니다. 그러자 거스리 목사는 장교들을 완벽히 제압하는 말과 태도로 다시 자리로 돌아가 앉을 것을 요구했습니다. 나라를 지배하게 된 어떤 권력에 대해 민간 당국이 속수무책인 상황에서도 그는 이렇게 그 권력에 맞섰습니다.

교인들이 그에게 얼마나 애정을 보였는지는 그와 동시대를 살았던 리빙스턴 목사가 다음과 같은 말로 풍성히 증거하고 있습니다. "교리 면에서 그는 지금까지의 여느 스코틀랜드인만큼 충실하고 견실했고, 이것이 그의 탁월한 설교 은사와 어우러져 사람들에게 얼마나 매력으로 다가가 사랑을 받는가 하면, 이들이 교회 부속 옥수수밭을 작은 마을로 만들 정도였다. 그의 설교를 들으며 살 수 있도록 너나 할 것 없이 그 밭에 집을 지었던 것이다."

하지만 이 경건한 목사는 자기 양 떼들을 놔두고 물러나야 했고, 그가 그토록 사랑하던 사람들의 모든 소망과 기대는 불운하게도 스튜어트 왕조가 복위되면서 스코틀랜드 땅 전반이 무너져 내린 그 잔해 아래 파묻히고 말았습니다(1642년 청교도 혁명으로 지도자가 된 올리버 크롬웰이 1649년에 찰스 1세를 처형하고 왕정을 폐지했으나 크롬웰 사후 의회가 공화정을 폐하고 찰스 1세의 아들로서 가톨릭교도인 찰스 2세에게 왕권을 반환하여 1660년에 스튜어트 왕조가 부활한 것을 말한다—옮긴이). 사람들은 자신들이 이 사람을 갈수록 더 많이 아낌에 따라 이 위대한 빛이 곧 꺼져 버릴 것이라 생각하는 것 같았습니다. 그래서 그의 사역이 막바지에 이르렀을 때는 주일마다 교회가 눈물바다를 이루었습니다.

이 음울한 두려움 가운데 그는 사촌 제임스 거스리를 찾아갔습니다. 어쩌다 보니 매우 우울한 기분이 되어 잠자코 있으려니 제임스가 이렇게 말했습니다. "무슨 생각 하고 있는지 말해 주면 1페니 주지." 거스리 목사는 대답했습니다. "문 앞에 거지가 와 있네요. 1페니는 그 사람에게나 주세요." 그러고 나서 그는 또 말했습니다. "말씀드리지요, 형님. 단순히 생각을 할 뿐만 아니라 제가 망상에 빠진 게 아니라는 걸 확신합니다. 악의에 찬 자들이 형님을 죽음으로 몰아갈 것이고, 이 요(尿)결석증은 저의 몫이 될 것입니다. 그래도 형님은 저보다는 나으실 겁니다. 형님은 많은 증인들 앞에서 목에 밧줄이 감긴 채 영예롭게 죽으실 테고, 저는 보잘것없는 지푸라기 위에서 끙끙거리면서, 형님께서 죽으실 때 겪을 그 모든 고통보다 더 많은 고통을 견뎌 낸 후에야 이 탁자에서 일어서게 될 테니까요."

그의 예감은 그대로 맞아떨어졌습니다. 얼마 후 그는 처형장으로 향하는 제임스 거스리를 수종들면서 우울한 심정으로 벗의 도리를 이행했습니다. 그날은 1661년 6월 1일 토요일이었습니다. 제임스 거스리가 재판받고 처형당한 정황은 널리 알려져 있습니다(제임스 거스리는 1638년 국민언약(The National Covenant)에 서명한 후 한 번도 그 정신을 버린 적이 없는 신실한 언약도로서, 왕정복고를 반대하는 항거자들의 지도자가 되었다가 국왕의 권위를 부인한다는 죄목으로 에든버러 광장에서 교수형에 처해졌다. 잘린 목은 높이 매달렸고, 재산은 몰수되었고, 팔다리가 찢겼다고 한다—옮긴이). 핍박의 불길이 다시 타올랐습니다. 신실한 장로교 목회자들이 목회지에서 쫓겨났습니다. 잔혹의 연대기에서 볼 수 있다시피, 가엾게도 스코틀랜드 땅은 온통 유혈낭자한 핍박의 현장이 되었습니다. 이때[3] 윌리엄 거스리 역시 그리스도께서 감독자가 되라고 맡겨 주신 양 떼를 시대의 소용돌이 속에, 그리스도의 종들이 당하는 참화 속으로 틈입해 이익을 얻으려 늘 기회를 엿보는 사탄 앞에 남겨 둔 채 교회를 떠날 수밖에 없었습니다.

당시 스코틀랜드 대법관이던 글렌케언 백작이 거스리 목사에게 아주 호의적 관심을 보였습니다. 백작은 글래스고 대주교를 찾아가 자신의 친구 거스리 목사를 관대히 봐달라고 간절히 청했습니다. 백작의 이야기를 듣고 있는 주교의 태도는 아주 무례했습니다. 그는 위압적인 태도로 백작의 청을 거절했습니다. 그리고 멸시가 가득하고 오만한 얼굴로 말했습니다. "그럴 수는 없소. 그는 내 교구에서 분열을 주동하고 그 상태가 계속되게 만드는 자요." 주교는 즉시 거스리 목사를 정직시키라는 지시를 내렸고, 그의 보좌 사제 한 사람이 이 지시를 집행했습니다. 그리고 많은 설득 끝에 그 사제가 거스리를 대신해 그 교회를 맡아 설교하기로 했습니다(이런 일은 아무도 좋아하지 않았기 때문이다. 설령 주교의 보좌 사제라 할지라도 마찬가지였다).

대주교의 정직 명령은 교회를 깊은 슬픔으로 몰아넣었습니다. 교회는 명령이 집행되기 전 수요일을 수욕(羞辱)과 기도의 날로 지켰습니다. 이 날 거스리는 "이스라엘아 네가 패망하였나니"라는 호세아 13장 9절 말씀

---

3) 1664년 7월 24일.

을 설교 본문으로 골랐습니다. 이 말씀을 본문으로 아주 현실적인 설교를 했습니다. 이 나라 사람들의 죄, 그리고 이 나라의 죄를 주로 역설했으며, 결론에서는 이 교회를 이렇게 갈가리 찢어 놓는 권세 앞에 아무 저항없이 그냥 굴복해야 할 필요성을 강조하면서, 의의 열매, 곧 정결할 뿐만 아니라 화평한 열매를 맺을 것이며 모든 이들과 더불어 화평을 좇으라고 권면했습니다. 거룩함과 더불어 화평이 없으면 아무도 주님을 뵙지 못할 것이라고 하면서 말입니다(히 12:14). 그는 다음 안식일 아침 일찍 교인들을 만나기로 약속했습니다. 그날은 대주교의 명령에 따라 그의 정직이 집행되기로 한 날이었습니다. 안식일 아침의 만남은 심히 감동적이었습니다. 먼 곳에서 많은 친구가 찾아와 교인들과 자리를 함께했습니다. 거스리는 수요일에 설교했던 호세아 13장 9절의 하반절 "이는 너를 도와주는 나를 대적함이니라"는 말씀을 그날 설교 본문으로 삼았습니다. 거스리 목사가 그 강단에서 설교하는 건 그날이 마지막이었던 만큼, 사람들에게는 그의 입에서 나오는 말 한 마디 한 마디가 다 소중했습니다. 설교가 막바지에 이르러 "복음과 복음의 일꾼들을 빼앗겼을 때 큰 도움의 샘 되시는 분을 바라보라"고 이르고, 사람들에게 작별을 고한 뒤, 이들을 세우실 수 있으며 도움이 필요할 때 도우실 수 있고 크신 하나님께 이들을 맡기자 모든 이들의 얼굴에 눈물이 흐르기 시작했습니다.

거스리 목사는 9시쯤 회중을 해산시켰지만, 많은 사람이 그의 모습을 한 번 더 보려고 서성거리다 외로움과 고뇌 가운데 마지못해 집으로 발걸음을 돌렸습니다. 이제 할 일이라고는 대주교의 정직 선언을 집행하러 올 보좌 사제를 기다리는 것뿐이었습니다. 사람들은 조용히 흩어졌고, 목사관과 예배당 주변으로는 텅 빈 한낮의 정적만이 무겁게 내려앉았습니다. 늘 그랬던 것처럼 종소리는 그 고요한 정경을 방해하지 않았습니다. 마침내 말발굽 소리가 들렸습니다. 투구를 쓴 군인들 모습이 저 멀리서 어렴풋하게 보였습니다. 검은 말을 탄 이가 앞장을 섰으니, 이 훌륭하고 선한 사람이 슬픔에 잠긴 교인들과 마침내 헤어져야 한다는 것을 알리러 오는 사자(使者)였습니다. 군인들은 곧 말에서 내려 목사관으로 들어왔고, 거스리 목사는 이미 마음의 준비를 하고 있었습니다. 보좌 사제는 글래스고 대주교의 명령문을 제시했습니다. 그리고 텅 빈 교회를 향해 설교를 하는 의식을 행한 뒤 거스리 목사를 그곳 목사직에서 면직시켰습니다. 호기심으로 문가에 모여든 아이들, 그리고 사제와 동행한 일단의 군인들뿐 이 과정을 제지할 다른 사람들은 아무도 없었습니다. 당시 거스리 목사와 보좌 사제 사이에 실질적으로 어떤 이야기가 오갔는지 상상해 보는 것도 독자들 입장에서는 흥미로울 것입니다. 둘 사이의 대화 내용이 담긴 문서가 거스리 목사 소유의 귀중한 서류들 틈에서 발견되었는데, 이 문서는 몇 년 뒤 거스리 목사의 아내에게서 강탈되어 주교들의 손에 들어갔습니다.

보좌 사제는 목사관으로 들어서며 알리기를 "주교와 위원회는 오랜 시간 당신에게 많은 관대함을 보인 끝에 마침내 정직 선언을 내릴 수밖에 없었으니, 이는 당신이 노회와 대회에서 형제들과 발을 맞추지 않았고 교회의 화평을 깨뜨린 까닭이며, 당신이 이렇게 처벌받는다는 사실을 사람들 앞에서 공식적으로 알려야 하며 이 명령문을 글래스고 대주교 손에서 받아들어 읽어야 한다"고 했습니다.

거스리 목사는 이렇게 대답했습니다. "제가 판단컨대 지금 형편상 사제께서 하신 말씀에 많은 말로 답변하기는 쉽지 않습니다. 다만, 사제께서는 저에게 많은 관대함이 베풀어졌다고 주장하시지만 저를 관대히 대해 주신 분은 주님이시라고 생각하는 바이며 그래서 저는 주님께 감사한다는 것을 알려 드립니다. 네, 저는 그 관대함이 이 복음을 설교할 수 있도록 하나님께서 저에게 열어 주신 문이라 생각하며, 사제님이나 다른 어떤 사람도 이 문을 닫을 수 없었습니다. 하나님께서 허락하시기까지는 말입니다. 그리고 제게 내려진 처벌에 관해 여기 모인 신사분들(사제와 함께 온 장교들) 앞에서 선언하거니와 이 처벌은 사제님, 혹은 사제님을 보내신 분이 내린 것인 만큼 저는 이 처벌에 큰 의미를 두지 않습니다. 법률로써 이 처벌의 근거를 마련한 시 당국의 권위를 존중하긴 하지만, 치안판사를 존중하는 마음이 아니었다면 저는 그 모든 처벌에도 불구하고 목회를 중단하지 않았을 것입니다. 그리고 저에게 씌워진 범죄 혐의에 대해 말씀드리자면, 저는 노회와 대회를 형제들과 함께 거행했습니다. 저는 지금 여기 앉아 계신 분들을 제 형제로 여기지는 않고 오히려 진리를, 하나님의 대의를 저버린 분들로 여깁니다. 또한 여기 앉아 계신 분들을 그 무엇에도 간섭받지 않는 합법적 법정으로 여기지도 않습니다. 제가 교회의 화평을 깨뜨렸다고 하셨는데, 제가 알기로 성경에서는 모든 사람과 더불어 화평을 따르라고 명령합니다. 또한 거룩함과 더불어 화평을 따르라고 명령합니다. 그런데 화평을 얻으려다가 거룩함을 침해하게 되는 상황이기에 저는 화평은 그쯤 해두지 않을 수 없다고 생각했습니다. 그리고 사제님의 선고문을 공표하라는 말씀에 대해서는, 저는 저 자신이 주님의 부름을 받아 섬김의 일을 하는 것이라 생각한다는 것을 여기서 선언합니다. 세상에서의 모든 친밀한 관계들을 버리고 이곳에서 복음 전하는 일에 저 자신을 바치라 부르셨기에 이 교회가 만장일치로 가결한 청빙을 받아들였고 노회의 심사를 거쳐 안수를 받았다고 말입니다. 그리고 주어진 직분을 어느 정도 성공적으로 이행하게 해주시고, 적지 않은 사람들의 영혼과 양심에 제 사역의 인(印)이 찍히게 해주시고, 몇몇 사람들은 지금 그 과정 중에 있다는 점에 대해 저는 주님을 찬양합니다. 그리고 사제여, 이제 이 사람들을 섬기는 제 사역을 중단시키고자 하신다 해도, 저는 주님께서 이 죄책에 대해 사제님을 용서해 주시기를 바라는 만큼 차후에 있을 모든 나쁜 결과들은 하나님과 사제님 자신의 양심에 맡길 수밖에 없습니다. 그리고 이 신사분들 앞에서 다시 선언하거니와 제가 제 목회를 정직당하는 것은 하나님의 언약과 역사에 충실하기 때문이며, 여러분을 비롯해 다른 분들은 그 언약과 역사를 저버렸습니다."

보좌 사제는 이렇게 응수했습니다. "주님께서는 그 언약이 존재하기 전부터 역사하셨소. 그래서 나는 그 언약을 고집하는 자들을 배교자로 판단하오. 바라건대 주께서 그대를 용서하시기를. 하지만 죽은 자에게 서광이 비치는 게 합당하다면(이 말에 군인들이 웃음을 터뜨렸다) 주님께서 이 교회가 백 년 전에 지은 죄도 용서하시기를 바라오."

거스리 목사는 말했습니다. "주님께서 그 언약이 존재하기 전부터 역사하셨다는 건 사실입니다. 하지만 그 언약 이후 그 역사가 더 영광스러워졌다는 것 또한 사실입니다. 우리가 그 언약을 고집한다고 여러분에게 비판받는 건 별 일 아닙니다. 여러분은 자기 길을 심히 부패시켰고, 지난 백 년 간 로마가톨릭의 관점에서 종교개혁의 온 역사를 재고하는 것 같으니 말입니다. 교회가 그 역사를 용서할 필요가 있다는 뜻을 암암리에 내비치면서 말이지요. 신사 여러분, 여러분에 대해 말씀드리자면", 거스리 목사는 군인들 쪽을 향해 덧붙였습니다. "이분이 이런 일을 벌이는 것을 묵인한 것에 대해 주님께서 여러분을 용서해 주시기를 기원합니다."

군인 한 사람이 코웃음을 치며 대답했습니다. "우리가 이보다 더 큰 잘못은 결코 저지르지 않기를 바라오."

"아니." 거스리 목사가 대답했습니다. "작은 죄도 사람의 영혼을 파멸시킬 수 있지요."

모든 절차를 마친 뒤 거스리 목사는 조촐한 다과로 사제 일행을 대접했고, 매우 친절하고 정중한 태도로 보좌 사제와 군인들을 위해 건배를 했습니다. 거스리 목사 자신과 자신의 교회에게 아무리 위압적이라 해도 이들은 그저 공식 문서 하나를 집행하는 비굴한 도구에 지나지 않음을 알았기 때문입니다. 그렇게 함으로 그는 평정심을 보여 주었고 자신이 충실한 일꾼으로 있는 복음의 정신을 보여 주었습니다.

건강 체질도 아니고 뼈대가 튼튼하지도 못했던 거스리 목사는 이 즈음 이 참사를 겪은 데다가 지병인 요(尿)결석증이 재발하면서 어쩔 수 없이 우울증이 생겨난 까닭에 심신이 쇠약해지기 시작했습니다. 한동안 교회에 그대로 머물러 살기는 했지만, 설교는 하지 않았습니다. 앞에서 말했다시피 그는 목회의 길에 들어설 때 아버지에게 물려받은 유산을 동생에게 다 넘겨주었습니다. 그런데 동생이 사망했다는 소식이 들려왔고, 이는 그의 생각에 새로운 방향을 정해 주었습니다. 목회를 정직당하고 질병까지 겹친 바람에 망연자실해 있던 그는 그 소식에 정신이 번쩍 들었습니다. 곧 브레친 근처 피트포시를 향해 길을 나섰습니다. 펜윅 교구에서 설교 사역을 끝낸 지 약 두 달쯤 되었을 때였습니다. 이제 단 하나 남았던 형제마저 여의는 구슬픈 상황이었지만, 어린 시절을 보낸 곳에서 모처럼 심신을 편안히 할 수 있는 기회였습니다. 그러나 그 기쁨도 오래 누릴 운명은 못 되었습니다. 그의 행복은 교회의 안녕과 씨실 날실로 엮여 있었던 만큼 교회가 그런 고통을 당하고 있는 상황에서는 그 어떤 장소도 그에게 기쁨일 수가 없었습니다. 그의 건강은 나날이 내리막길이었고, 극심하고 괴로운 질병들이 어우러져 침상의 거스리 목사를 날카롭기 그지없는 고통으로 할퀴어댔습니다. 요결석증, 통풍, 격렬한 울화, 신장 궤양 등 모든 게 한꺼번에 그를 공격해 왔고, 그 통증이 얼마나 격렬했던지 친구들과 주변 사람들이 가엾이 여길 정도였습니다. 하지만 그는 모든 생각과 모든 소망을 주님께 확고히 고정시켰고, 극심하기 짝이 없는 고통 가운데서도 주님께서 그 인자하심의 표를 보여 주시는 것에 대해 종종 감사와 사랑을 드러냈습니다. 한번은 이런 말도 했습니다. "내가 미쳐서 죽을지라도 주님 안에서 죽는다는 걸 나는 압니다. 주님 안에서 죽는 자는 언제나 복되지만, 국가나 교회나 백성들에게 오류와 덫과 재앙의 물결이 시작되거나 밀려오고 있을 때는 특히 더 복이 있습니다."

"그 모든 가혹한 고통의 와중에서도 여전히 그는 하나님의 섭리의 방책들을 좋아했습니다. 그러나 그런 한편으로 그는 속히 죽을 수 있기를 갈망했고, 하나님께서 무덤에서 그에게 안식을 주는 게 합당하다고 생각하사 그곳을 거처 삼게 하실 때의 만족과 기쁨을 드러냈습니다. 그를 가엾게 여기신 주님께서는 마침내 그의 영혼의 경건한 호흡을 받아주셨습니다. 병석에 누운 지 8일 혹은 10일 만인 1665년 10월 10일 수요일 오후, 거스리 목사는 45세의 나이로 여동생의 남편 브레친의 루이스 스키너 목사 집에서 열조들에게로 돌아갔고, 브레친 교회의 피트포시 회랑 밑에 있는 가족묘지에 묻혔습니다."[4]

거스리 목사가 병석에 누워 있는 동안 각처에서 여러 사람이 병문안을 왔습니다. 브레친의 주교를 비롯해 감독교회 성직자들이 찾아오자 거스리 목사는 스코틀랜드와 스코틀랜드 교회에서 벌어지고 있는 일들에 대해 거침없이 의견을 표명했습니다. 그러나 교회 일에 관한 의견 차이도 그가 모든 이에 대해 품고 있는 사랑을 훼손하지는 못했습니다. 스코틀랜드 고위 성직자들의 조치에 단호히 반대하는 입장이었던 만큼, 그에 비례해 그런 친구들이 병문안을 와준 친절함도 더 절실히 느꼈습니다. 거스리 목사는 하늘에 계신 아버지께서 자신을 용서해 주시고 받아주실 것을 굳게 확신하며 눈을 감았습니다. 그는 일찍이 그분께 자신을 바쳤습니다. 자신이 어떤 분을 믿는지 잘 알고 있었고, 그분께서 자신에게 맡기신 일을 완수하리라고 확신했습니다. 자기 자신이 완전히 구속(救贖)받을 것이며, 스코틀랜드 교회가 궁극적으로 승리하고 번영할 것이라고 말입니다.

거스리 목사는 키가 크고 호리호리했습니다. 안색은 진중함과 유쾌함 사이에서 적당히 균형을 잡고 있었습니다. 생생한 상상력 덕분에 그와의 대화는 아주 다채롭고 흥미로웠으며, 익살맞은 말도 했다 진중한 말도 했다 하면서 친구들의 얼굴에 유쾌한 빛을 비춰 줄 수 있었고, 깊은 생각에 잠기게 만들 수도 있었습니다. 친구들은 함께 모여 있을 때 그가 얼마

---

4) *Biographia Scoticana*에 실린 그의 생애를 참조하십시오.

나 다채로운 태도를 보여 주는지 주목해 볼 기회가 많았습니다. 재치 있는 말 한 마디에서도 은혜의 보좌에 자기 자신을 맡기는 경건한 자세가 배어나왔기에, 그의 성품의 밑바탕은 오로지 순전한 헌신과 믿음이고 겉으로는 그저 친구들을 즐겁게 해주려고 활기차게 움직이며 기복을 보인다는 게 뚜렷이 드러났습니다.

거스리 목사는 그 시대에 딱 어울리는 인물이었습니다. 열심이 있으되 그 열심은 언제나 큰 지혜로 조율되었고, 천성적으로 유순한 성향이었지만 단호함과 결단력은 그 성향에 절대 굴하지 않았습니다. 스코틀랜드의 여러 명문 집안과 유대 관계를 맺었고, 특히 에글린튼 백작과 글렌케언 백작 집안과 친밀했는데, 크롬웰 집권 당시 글렌케언 백작이 국왕 찰스에게 충성한다는 이유로 투옥되었을 때 한동안 백작을 관대하게 도운 적이 있으며, 그 덕분에 거스리 목사는 자신과 동일한 신념을 고수했던 동료 사역자들에 비해 상당히 오랜 시간 더 목회직을 유지할 수 있었습니다.

거스리 목사는 지극히 겸손했습니다. 당시 상황이 거스리 목사 자신과 대중에게 타당성을 일깨우지 않았더라면 그의 글이 출판물의 형태로 우리 손에 들어오는 일은 불가능했을 것입니다. 거스리 목사는 이사야 55장을 본문으로 개인적 언약에 관한 일련의 설교를 했는데, 열의는 있으나 분별력은 없었던 어떤 사람이 책으로 내기에 미비한 점이 있었던 그 설교문을 입수해서 지나치게 현란한 제목을 붙여 세상에 내놓았습니다. 이름하여 "생명의 해이신 그리스도에게서 그 자신에게 이어지는 투명하고, 흥미롭고, 따뜻한 광선: 그 안에서 한 영혼이 값없는 은혜 언약으로 하나님과 특별히 가까워지는 명쾌하고 건전하고 손쉬운 방법이 제시되어 모든 관련 논란을 종식시키고 일소하다"였습니다. 이 원고는 1657년 J. B.가 애버딘에서 인쇄했는데, 저자 이름이 익명 처리되었음에도 사람들은 어찌된 일인지 그 책이 거스리 목사가 쓴 책임을 알았습니다. 이에 거스리 목사는 책이 자신의 이름을 달고 출판되어도 문제가 없도록 즉시 원고를 손본 뒤 저속할 만큼 화려한 그 제목을 뺐고, 그 수고의 결과물이 이 소중한 책으로 지금 우리 앞에 놓여 있는 것입니다.

『참된 구원의 확신』(The Christian's Great Interest)은 국내외에서 칭송을 받았습니다. 유명한 오웬(John Owen) 박사의 의견은 이 존경스럽고 학식 높은 신학자가 이 책을 얼마나 높이 평가했는지를 보여 줌과 동시에 오웬 자신의 겸손을 고결하게 증거해 줍니다. 오웬은 어느 날 자신을 찾아온 한 스코틀랜드 목회자에게 이렇게 말합니다. "스코틀랜드에는 정말 위대한 정신을 지닌 분들이 있군요. 저비스우드의 베일리 씨 같은 신사분은 제가 만나 본 분들 중 가장 능력 있는 사람이었습니다. 그리고 목사님으로는 (금박을 입힌 거스리 목사의 작은 책자 한 권을 주머니에서 꺼내며) 제가 들고 있는 이 책을 쓴 분이야말로 책 한 권이라도 쓴 목사님들 중에서는 가장 훌륭한 분이더군요. 이 책은 저의 항시 휴대품으로서, 저는 이 책과 세당 신약성경[Sedan New Testament: 17세기 초에 활동한 스위스 출신 개신교도로 활자 디자이너였던 장 자농(Jean Jannon)이 프랑스 세당에서 발간한 헬라어 신약성경—옮긴이]을 늘 지니고 다닙니다. 저도 2절판 책을 몇 권 쓰기는 했습니다만 그 책들을 다 합쳐도 이 책 한 권의 우수성만큼은 못합니다."

이 책은 곧 독일에서 인기 있는 책이 되었습니다. 경건한 목회자 코엘만 목사가 이 책을 북부 독일어로 번역했고, 얼마 지나지 않아 프랑스어판도 볼 수 있게 되었습니다. 들리는 말로는 로버트 보일 님(Honorable

Robert Boyle: 아일랜드 출신 자연철학자·화학자·물리학자. 보일의 법칙으로 널리 알려져 있다-옮긴이)의 경건과 진정 그리스도인다운 호의 덕분에 이 책이 몇몇 동방 언어로 번역되었다고 합니다. 이렇게 준엄하게 자기 마음을 살피게 하는 이 훌륭한 작품을 읽고 그 가치를 깨닫는 모든 이들의 가슴에서는 대단히 멋진 보석이 발견될 거라고 믿습니다.

이 탁월한 책의 가치는 한 그리스도인 친구의 다음 편지에서 훌륭하게 제시됩니다. 편지에서 친구는 이 책을 정독하고 난 후 자신의 생각을 설명하고 있는데, 그 편지로 거스리 목사의 일생에 관한 우리의 이야기를 마무리하겠습니다.

그리스도인 친구여

전하는 사람 편에 이 책을 친구에게 보냅니다. 이 책은 하나님의 섭리로 제 손에 들어왔으니, 저에게는 정말 복된 섭리였습니다. 이 책을 제 손에 쥐어 준 그 자비가 이 책을 통해 구주님이 제 마음에 떠오르게 해주시기를 소망하게 되었으니까요.

이 책을 정독하면서 저는 성령의 은사와 은혜 사이에 대단히 복되고 기쁜 연속성이 있다는 것, 평범한 능력을 지닌 저 같은 사람에게 이 책이 매우 거룩하고 겸손하게 다가온다는 것, 그리고 이 책이 엄숙한 진리를 매우 진지하게 다루고 있다는 것, 그래서 이 책을 다 읽고 제 마음은 사마리아 여인처럼 "내가 행한 모든 일을" 아니, 그보다는 하나님께서 내 안에서, 그리고 나를 위해 행하신 모든 일을 "내게 말한 사람을 와서 보라"(요 4:29)고 외치고 싶었습니다. 영혼의 고뇌라는 물속을 몹시 힘들게 지나온 사람은 종의 영(롬 8:15)의 모든 공포와 고통이 생생하게 묘사

되는 것을 이 책에서 볼 수 있을 것입니다. 그리고 그 물속에서 빠져나와 하나님의 얼굴의 빛 가운데서 자기 영혼에 빛을 쬐는 사람은 이 책에서 구름의 밝은 면을 보게 될 것입니다. 양자의 영, 그 모든 아름다운 색채 가운데 있는 양자의 영을 말입니다.

책의 전반부에서는 폭풍우 가운데 있는 영혼, 율법이 벽력처럼 양심에 와 닿는 상황을 설명합니다. 그리고 후반부에서는 영혼을 달콤한 평강과 평온함이 있는 잔잔한 곳으로, 성령께서 그 불안한 영혼에게 다가오시고 성자께서 "잠잠하라 고요하라"는 말씀과 함께 그 거친 바다에 임하시는 곳으로 데려갑니다. 상황이 이렇게 되지 않을 경우 신자는 하나님께서 주시고자 하지 않는 것을 원하는 방향으로 가게 되며, 하나님께서 무엇을, 언제, 어떻게 주실지 알 만큼 자신이 지혜롭다 생각하게 됩니다. 이제 저는 '화평은 의인을 위하여 뿌려진다'(약 3:18)는 것을 압니다. 만인이 다 수확을 거두지는 못합니다. 임마누엘의 땅에 들어가기까지는 말입니다. 그 땅에서 우리의 빛, 우리의 기쁨은 분명해질 것이고 우리의 사랑도 완전해질 것입니다.

그리고 이 작품을 다른 이들보다 좀더 세심하게 들여다보는 사람이라면(비록 이 책이 청년과 초보 회심자에게도 영적 자양분을 나눠 주고 있긴 하지만) 마치 지도나 거울을 들여다볼 때처럼, 복되신 성령의 섭리와 다양한 역사가 서로 합력하여 하나님을 절실히 인식하게 만드는 걸 볼 수 있을 것입니다. 그리고 아마도 그 과정에서 만나는 유혹과 훼방도 알아차릴 수 있을 것입니다. 모세가 "광야를 지나는" 이스라엘 백성의 역사를 기록해야 했던 것처럼 이 책 또한 사람이 영적으로 갈피를 못 잡고 있을 때 성령께서 그 영혼을 그 상태에서 이끌어 내 영적 가나안 땅으로 이끄시되 "향기로운 산"(아 8:14), 사탄이 닿을 수 없는 곳, "반석의 산성"이 그의 거처가 되는 곳에 이를 때까지 절대 버리지 아니하시는 과정을 거룩한 적확함으로 묘사하고 있습니다. 제가 읽고 이해한 바로는, 아니 저자신이나 다른 이들의 경험을 볼 때 한 사람도 이 과정에서 제외되지 않습니다. 그래서 이 책은 "거듭남의 역사 가운데 성령과 영혼 사이의 교제에 관한 영적 일지"라고 이름 붙여도 어색하지 않을 것입니다. 복음에 나타난 하나님의 사랑에 대한 기록을 다 읽어 내야 할 신자에게 이 책은 반갑기도 하고, 그에 못지않게 유익하기도 합니다. "악독이 가득하며 불의에 매인 바"(행 8:23) 된 상태에서 회복되려고 신자가 얼마나 마음 쓰며 대가를 치렀는지, 그 과정이 여기 적나라하게 드러납니다. 시험은 진실을, 구름이 끼는 바람에 기억에서 지워졌을 수도 있는 그런 일들을 드러내기 때문입니다. 비록 신자가 지금 "슬프다 어찌 그리 금이 빛을 잃고 순금이 변질하였으며"(애 4:1)라고 부르짖는다 해도 말입니다. 과거의 체험을 돌아보면 그 체험의 맛이 새로워집니다. 주님이 선하시다는 사실을 이렇게 맛본 사람들에게는 그 모든 체험의 영적 향취 또한 새롭게 마음에 와 닿습니다. 하다못해 "옛날을, 지존자의 오른손의 해를 기억하라"(신 32:8; 시 77:10)고 외침으로 영적 감수성이 부족한 상태에 있는 영혼을 지탱시켜 주기라도 합니다. 이렇게 말하기는 했지만 저의 능력으로는 이 작품의 탁월성과 유용성을 제대로 다 표현할 수 없습니다. 저에게 그러하셨듯 주님께서 다른 분들도 이 책에서 큰 유익을 얻게 해주실 것입니다. 그분의 은혜가 귀하와 이 책에 임하여 머물기를 원합니다.

귀하의 참 그리스도인 친구 G. B.

그리스도인 독자여

대다수 사람들, 특히 이 시대 사람들은 저열하고 상스러운 이해관계를 열심히 좇음으로써 더 좋은 것, 선택한다면 결코 빼앗기지 않을 관계를 선택하는 법을 얼마나 까맣게 잊었는지를 마치 지붕 위에서 외치듯 크게 선포합니다. 나는 이 책에서 말하는 것처럼, 우리가 가장 중요하게 여겨야 할 관계를 제시함으로써 그 무익하고 고통스럽기만 한 일에서 여러분을 떼어놓으려 했습니다. "참된 구원의 확신"이 무엇인지 여러분이 진지하게 생각해 보고 지속적으로 추구하도록 하기 위해서 말입니다. 여러분은 제가 쓴 책을 보고 낯설어하실 수도 있습니다. 사실 이건 저 자신에게도 정말 놀라운 일입니다. 제 성향상 책을 쓴다는 건 상당히 억지스러운 일이었지만 필요 때문에 한 번 할 수밖에 없었습니다. 최근 저도 모르게 어떤 분이 불완전한 제 설교문을 가져다가 실속 없는 제목까지 붙여 "맑고, 흥미롭고, 따뜻한 광선" 어쩌구 하는 아주 난삽하고 어설픈 물건을 출판해 저를 불쾌하게 만들었기 때문입니다. 이런 연유로 저는 이 작은 책자를 출판하려는 마음을 먹을 수밖에 없었는데, 이 책에서 저는 의도적으로 아주 허물없고 편안한 문체를 썼습니다. 그렇지 않으면(사실 능력을 최대한 발휘한다 해도 현명하고 더 분별력 있는 분들에게는 못 미치지만) 이 책이 못 배우고 무지한 사람들의 이해 범위를 벗어날 것이기 때문입니다. 그런 사람들만의 유익을 고려하지는 않았을지라도 저는 주로 그 사람들을 염두에 두고 이 책을 썼습니다. 마찬가지로 명백함과 명료함을 잃지 않는 한 저는 모든 면에서 간결성을 고려했습니다. 이 책을 읽는 분들은 책에다 많은 돈을 쓸 수도 없고 독서에 많은 시간을 할애할 수 없는 분들이라는 걸 알기 때문이지요. 엄격한 비평가라면 몇 가지 트집 잡을 만한 부분을 만날 수도 있다는 걸 압니다. 하지만 그런 분의 심기를 거스를 의도는 없었고, 또 그런 사람 하나의 찬사에 만족할 저도 아니라는 걸 확실하게 말씀드립니다. 저의 목적은 독자들의 덕을 세우는 것이며, 더불어 한 가지 바라기는, 자기 점검이라는 이 탁월한 문제에 저보다 더 노련하고 경험 많은 분들이 이 책을 읽고 분발하셔서 제가 비교적 간략하게 시사한 내용들을 더 충실하게 다뤄 주셨으면 하는 것입니다.

복음의 역사 안에서 여러분의 종 된
윌리엄 거스리

1부

구원에 이를 만큼 그리스도와
관계를 맺고 있는지 시험해 보기

신앙의 규례 아래 사는 사람들 중에는 아무 근거도 없이 그리스도와, 그리고 그분의 은총 및 그분의 구원과 특별한 관계를 맺고 있는 척하는 사람들이 많습니다. 우리 주님께서 다음과 같이 말씀하셨다시피 말입니다. "그날에 많은 사람이 나더러 이르되 주여 주여 우리가 주의 이름으로 선지자 노릇 하며 주의 이름으로 귀신을 쫓아내며 주의 이름으로 많은 권능을 행하지 아니하였나이까 하리니 그때에 내가 그들에게 밝히 말하되 내가 너희를 도무지 알지 못하니 불법을 행하는 자들아 내게서 떠나가라 하리라"(마 7:22-23). "그 후에 남은 처녀들이 와서 이르되 주여 주여 우리에게 열어 주소서 대답하여 이르되 진실로 너희에게 이르노니 내가 너희를 알지 못하노라 하였느니라"(마 25:11-12). "좁은 문으로 들어가기를 힘쓰라 내가 너희에게 이르노니 들어가기를 구하여도 못하는 자가 많으리라"(눅 13:24). 그리고 그리스도를 자신의 주님이라 주장할 만한 근거가 충분하면서도 그분의 은총에 대한 확신 가운데 굳게 서지 못하고 아무 위로도 없이 어둠 가운데 머물며 자기 안에 정말로 경건한 믿음이 있는지에 관해 말을 더듬고, 다른 사람들 특히 곤경에 처해 있는 사람들에게 믿음의 책망을 해야 할 때 입을 닫아 버리는 사람들도 많습니다. 그런 이유로 제가 세상에서 가장 중요한 관계와 관련해 두 가지만 짧게 말해 볼까

합니다. 하나는, 자기가 그리스도와 진정하고 특별한 관계를 맺고 있는 지, 하나님의 은총과 구원에 대해 정당하게 소유권을 주장할 수 있는지 를 어떻게 알 수 있느냐 하는 것입니다. 또 하나는, 이렇게 자문한 결과 확신이 부족할 경우 하나님과의 친밀한 교제와 그분의 구원을 확신하기 위해 어떤 과정을 밟아야 하느냐는 것입니다.

질문 1. 자기가 그리스도와 진정하고 특별한 관계를 맺고 있는지, 하 나님의 은총과 구원에 대한 소유권이 있는지, 혹은 정당하게 그 소유권 을 주장할 수 있는지를 어떻게 알 수 있습니까?

1

어떤 사람이 그리스도와 관계를 맺고 있는지는
얼마든지 알 수 있습니다

I항. 이는 가장 중요도가 높은 문제이며, 그래서 성경을 기준으로 판정되어야 합니다

곧장 질문을 다루기 전, 답변의 길을 마련하기 위해 몇 가지 사항을 전제하겠습니다.

첫째, 어떤 사람이 그리스도와 관계를 맺고 있는지, 혹은 은혜 상태에 있는지는 얼마든지 알 수 있습니다. 그것도 사람들이 생각하는 것보다 더 확실하게 말입니다. 그 앎에는 생각 외로 쉽게 도달할 수 있습니다. 주님께서 명령하시기를, 당신과 관계 맺는 것을 우리가 능히 도달할 수 있는 일로 알라고 하셨기 때문입니다. "너희는 믿음 안에 있는가 너희 자신을 시험하고"(고후 13:5). "형제들아 더욱 힘써 너희 부르심과 택하심을 굳게 하라"(벧후 1:10). 자기가 그리스도와, 그리고 자기 하나님과 관계를 맺고 있다는 분명한 확신에 이른 성도들이 많습니다. 성도들이 하나님을 일컬어 나의 하나님, 나의 분깃이라 하는 경우가 얼마나 많으며, 바울은 "그 무엇도 나를 하나님의 사랑에서 끊을 수 없으리라"고 얼마나 강하게 확신했습니까! 이것으로 볼 때 사람은 자신이 은혜 상태에 있다는 것을 얼마든지 인지할 수 있습니다.

우리가 능히 도달할 수 있는 이 인식은 환상도 아니고 단순한 기만도 아닙니다. 아주 확실합니다. 선지자는 교회의 이름으로 "주는 우리 아버지시라"(사 63:16)고 말했습니다. 다음과 같은 사실로 볼 때 이는 명확합니다. (1) 지극히 현실적인 곤경에 빠져 있는 이성적 인간에게 위로를 줄 수 있는 건 환상이 아니라 아주 확실한 지식입니다. "백성들이…다윗을 돌로 치자 하니 다윗이 크게 다급하였으나 그의 하나님 여호와를 힘입고 용기를 얻었더라"(삼상 30:6). 다윗은 "천만인이 나를 에워싸 진 친다 하여도 나는 두려워하지 아니하리이다"(시 3:6)고 말했습니다. 이 말을 다음 말씀과 비교해 보십시오. "여호와여 주는 나의 방패시요 나의 영광이시요 나의 머리를 드시는 자이시니이다"(시 3:3). "여호와는 나의 빛이요 나의 구원이시니 내가 누구를 두려워하리요 여호와는 내 생명의 능력이시니 내가 누구를 무서워하리요…군대가 나를 대적하여 진 칠지라도 내 마음이 두렵지 아니하며 전쟁이 일어나 나를 치려 할지라도 나는 여전히 태연하리로다"(시 27:1, 3). (2) 지혜로운 상인이 자기가 가진 모든 것을 팔아서라도 어떤 것을 확실히 가지려고 했던 것은 그 어떤 것에 대한 확실한 지식이 있었기 때문입니다. 어떤 사람이 자녀와 땅과 목숨까지 버리고 모든 것이 결딴나는 상황을 기쁘게 감당하는 것 역시 뭔가에 대한 확실한 지식이 있기 때문입니다(마 13:44; 막 10:28-29; 히 10:34; 롬 5:3). (3) 사람이 "이것이 나의 모든 소원입니다"(삼하 23:5)라고 하면서 내세로 발을 디딜 때 그 영혼이 그렇게 자발적으로 거침없이 모험을 감행할 수 있는 것 역시 환상이 아니라 확실하고도 분명한 지식이 있기 때문입니다. 앎이란 바로 이런 것입니다.

다시 말하거니와 경건한 사람은 은혜 입은 자신의 상태에 대한 확실한 인식에 이를 수 있을 뿐만 아니라 많은 이들이 우려하는 것보다 쉽게 그 인식에 이를 수 있습니다. 사람이 자기 안에서 성령의 은혜로운 역사를 알 수 있다는 게 입증되면 그 후에 어떻게 하겠습니까? 그 바탕에서 합리적으로 이야기를 펼쳐 간다면, 성경의 명백한 진리를 부정하지 않는 한 자신이 그리스도와 관계를 맺었다고 결론을 내릴 수밖에 없을 것입니다. 저는 여기서 한 가지 예만 활용하겠습니다. 이에 대해서는 나중에 좀 더 직접적으로 이야기를 해야 할 것이기 때문입니다. 경건한 사람은 이렇게 주장할 수 있습니다. "누구든 그리스도를 영접한 사람은 정당하게 하나님의 자녀로 간주된다. '영접하는 자 곧 그 이름을 믿는 자들에게는 하나님의 자녀가 되는 권세를 주셨으니'(요 1:12). 나는 이 말씀이 함축하는 모든 면에서 그리스도를 영접했다. 왜냐하면 나는 그리스도로 말미암은 구원이라는 장치를 기뻐하고, 그 조건에 동의하며, 나를 다스리시는 왕이요 나를 대신해 희생 제물이 되어 주시고 나를 위해 탄원하시는 대제사장이요 나를 가르치시는 선지자라는 이 모든 직분을 맡으신 그리스도께서 나에게 주시는 것들을 기쁨으로 받아들인다. 나는 힘닿는 데까지 그분을 의지하면서 그분을 위해, 그리고 그분을 향해 내 마음을 내어놓는다. 영접한다는 게 달리 무슨 의미일 수 있겠는가? 그러므로 나는 분명하고도 정당하게 말할 수 있고 결론 내릴 수 있다. 위에 인용한 말씀, 실망시키는 법이 없는 그 말씀에 따라 나 자신을 정당하게 하나님의 자녀로 여긴다고."

둘째, 사람이 구원에 이를 만하게 하나님과의 언약관계에 있다는 것은 중요도가 가장 높은 문제입니다. "이는…너희의 생명"(신 32:47)입니다. 그런데 구원에 이를 만큼 이 언약과 관계를 맺고 있거나 맺으려고 하는 사람이 별로 없으며, 어떤 확실한 근거도 없이 어리석게도 그런 관계를 맺고 있다고 생각하는 이들이 많습니다. "생명으로 인도하는 문은 좁고 길이 협착하여 찾는 자가 적음이라"(마 7:14). 이 사실이 사람들에게 경종을 울려 이 문제를 진지하게 고민하게 해야 합니다. 그리스도 안에 있다는 것은 아주 엄청난 결과를 낳는 일이고, 자기가 그리스도께 속해 있다고 정당하게 주장할 수 있는 사람은 거의 없기 때문입니다. 그런데도 많은 이들이 어리석게도 자기가 그리스도와 관계를 맺고 있다고 자만합니다. 이런 사람들은 어리석은 처녀들처럼 거짓된 확신에 기만당하고 있습니다(마 25장).

셋째, 그리스도와의 관계라는 이 문제에서 사람은 성경의 판단을 받기로 마음먹어야 합니다. 성경에서 말씀하고 계신 성령님이 모든 논쟁의 판관이십니다. "마땅히 율법과 증거의 말씀을 따를지니 그들이 말하는 바가 이 말씀에 맞지 아니하면 그들이 정녕 아침 빛을 보지 못하고"(사 8:20). 사람이 구원에 이를 만하게 하나님과 언약 관계에 있는지를 판단할 때도 마찬가지입니다. 그러므로 그와 같은 일을 추구하면서 다른 한편으로 하나님을 속이지 마십시오. 논의의 여지가 없는 법칙인 성경을 바탕으로 내가 은혜를 입었고 구원에 이를 정도로 하나님과의 언약 관계에 있음이 입증된다면, 그만큼 인정하기로, 그 사실에 동의하기로 하십시오. 만약 그 반대로 드러난다면 논의의 결단이 있도록 하십시오. 다 좋지만 주님을 속이는 오만한 자가 되어서 "너희 결박이 단단해"(사 28:22)지게 하지는 마십시오. 주님의 말씀은 "일점 일획도 결코 없어지지 아니"(마 5:18)할 것이기 때문입니다. 그러므로 하나님의 말씀이 밝혀 주는 대로 사실을 판단하기 위해서는 그리스도에게서 안약을 찾아 구하십시오.

II항. 자기가 그리스도와 관계를 맺고 있는지 명백히 알게 되는 이가 그렇게 적은 이유

네 번째 전제는, 사람이 그리스도와 관계를 맺는 것은 아주 중요한 문제이고 자기가 그런 관계를 맺고 있음을 알게 되는 방법이 성경에 아주 분명하게 설명되어 있긴 하지만, 그런 뚜렷한 인식에 이르는 사람이 별로 없다는 것입니다. 이 때문에 좌절하여 시도조차 않는 일이 없도록 하기 위해, 자기가 그리스도와 관계를 맺고 있는지 뚜렷이 인식하게 되는 이가 그렇게 적은 이유를 몇 가지 넌지시 말씀드리겠습니다. 이는 앞으로 이 책에서 이야기할 내용들에 대한 사전 준비이기도 합니다.

그리스도와 관계를 맺고 있는지 알지 못하게 많은 이들을 가로막는 첫 번째 사항은, 신앙의 몇 가지 특별한 원리에 대한 무지입니다. 예를 들면 다음과 같습니다.

1. 하나님께서 구주를 보내사 구속 사역을 완성하신 것은 인간에게 있는 그 어떤 것 때문이 아니라 하나님의 가슴 속에 있는 값없는 사랑 때문입니다. "하나님이 세상을 이처럼 사랑하사 독생자를 주셨으니"(요 3:16). 인간은 여전히 자기 자신에게서 그 사역의 어떤 근거를 찾고 있으며, 그러느라 자기 백성에 대한 하나님의 언약적 은혜라는 샘과 그 첫 발원지를 제대로 깊이 있게 알지 못하고 거기서 점점 멀어집니다. 우리 안에는 그 사역의 어떤 이유도, 원인도, 동기도 없습니다. 따라서 자기 안에서 뭘 찾는 이들은 그리스도와의 관계에 대한 인식에 이르지 못합니다.

2. 사람들은 어떻게 그 사랑이 효과적으로 인간의 마음을 향해 모습을 드러내는지, 그래서 인간이 그 사랑에 대한 권리를 주장할 근거를 갖게

하는지 알지 못합니다. 즉 그 사랑은 통상적으로, 첫째, 전인(全人)을 더럽히고 있는 죄와 부패, 그리고 사람 안에서 의(義)라고 불렀을지도 모르는 어떤 것 때문에 사람이 타락한 상태에 있음을 드러냅니다. "내가…모든 것을 잃어버리고 배설물로 여김"(빌 3:8). 둘째, 이 사랑은 다른 무엇보다도 그리스도가 완전하고도 만족스러운 보화임을 밝힙니다. "…감추인 보화와 같으니 사람이…자기의 소유를 다 팔아…사느니라"(마 13:44, 46). 셋째, 이 사랑은 사람의 마음을 결정하며, 예배를 통해 살아 계신 하나님께 다가가게 합니다. "주께서 택하시고 가까이 오게 하사 주의 뜰에 살게 하신 사람은 복이 있나이다"(시 65:4). 또한 마음으로 하나님을, 하나님만을 기다리게 합니다. "나의 영혼아 잠잠히 하나님만 바라라"(시 62:5). 이렇게 마음속에 하나님의 씨앗이 뿌려지고 거기서 그리스도의 형상과 동일한 형상이 이루어졌다면(롬 8:29) 마음은 변화되고 새로운 역사를 이루게 됩니다. "또 새 영을 너희 속에 두고 새 마음을 너희에게 주되"(겔 36:26). 그 변화 가운데 하나님의 법이 그 마음에 깊이 새겨짐으로 예외없이 그 사람은 그리스도의 멍에를 지게 됩니다. 율법은 "거룩하고 의로우며 선"(롬 7:12)하다 고백하게 됩니다. 바로 그 삶의 새로운 원리에서 새로운 삶의 행위가 흘러나옵니다. 믿음은 사랑으로써 역사하고(갈 5:6), 사람은 "하나님에 대하여 의의 종이"(롬 6:11, 13, 18) 되며, 이 사실은 특히 예배의 경건에서 확연히 드러납니다. 이때 사람은 영과 진리로 하나님을 예배하며(요 4:24) "영의 새로운 것으로 섬길 것이요 율법 조문의 묵은 것으로 아니"(롬 7:6)하게 됩니다. 대화할 때의 온유한 태도에서도 그 사실이 드러납니다. 대화할 때 "하나님과 사람에 대하여 항상 양심에 거리낌이 없기를 힘쓰"(행 24:16)게 됩니다. 이런 식으로 하나님의 사랑이 사람에게 모습을 드러내고 사람에게 영향을 주며, 그래서 사람은 하나님의 사랑을 소유한 자라고 주장할 정당한 근거를 갖게 되고, 이 사랑은 이런 일들이 자기에게 일어났음을 깨달은 사람과 관계가 있다고 올바르게 생각할 수 있게 됩니다. 이런 점에서 무지는 확실히 자기가 그리스도와 관계를 맺고 있는지 알지 못하도록 많은 이들을 훼방합니다. 하나님께서 어떤 사람에 대해 어떻게 역사하시는지 알지 못하면, 그래서 영원으로부터 오는 하나님의 사랑을 소유한 자라고 정당하게 주장하지 못하면, 그 사람은 어둠 속을 헤매게 될 것이며 하나님과의 관계를 인식하지 못하게 될 것입니다.

3. 오직 하나님만이 그 백성들의 소망이라는 사실에 대해서도 많은 이들이 무지합니다. 하나님을 일컬어 "이스라엘의 소망"(렘 14:8)이라고 합니다. 하나님 고유의 속성이 이 말의 증거이긴 하지만, "너희 믿음과 소망이 하나님께 있게 하셨느니라"(벧전 1:21)는 말씀처럼, 하나님을 온전히 복되고 만족스러운 분깃으로 알고 마음이 그분께 머무는 것이 바로 믿음이요, 그리고 이 믿음은 우리에게 언약에 속한 '구원의 복'에 대한 권리를 주는 유일하고도 합당한 조건입니다. "일을 아니할지라도…믿는 자에게는 그의 믿음을 의로 여기시나니"(롬 4:5). 실로 어떤 사람이 이 사실을 분별없이 취하여 은혜를 방종으로 바꾼다면 그것은 망상임이 틀림없습니다. "사유하심이 주께 있음은 주를 경외하게 하심"(시 130:4)이기 때문입니다. 그렇습니다, 앞에서 언급한 것처럼 하나님의 사랑이 자기 안에 명백히 드러난 것을 깨달은 사람치고 어느 정도의 영적 갈등 없이 언약을 핑계로 죄악된 방종을 누릴 수는 없을 것입니다. 이런 면에서 "하나님께로부터 난 자마다 죄를 짓지 아니"하며 "범죄하는 자마다 그를 보지도 못"합니다(요일 3:6, 9). 분명히 말씀드리거니와 하나님만이 그 백성들의 소망이지, 그들 자신의 거룩함이 소망은 아닙니다. 정직하게 마음먹고 진지하게 하나님 닮기를 갈망한다면 여러 가지 부족함이 있어도 소망과 확신

이 약해지지 않을 것입니다. 소망과 확신은 "변하지 아니하"(말 3:6)시는 하나님께 있고, "만일 누가 죄를 범하여도…대언자가 있"(요일 2:1)기 때문입니다. 만약 사람이 주님 아닌 다른 어떤 것에 소망을 둔다면, 자기 소망의 근거로 삼은 그것의 변화에 따라 이리 비틀 저리 비틀 해도 놀라울 게 없을 것입니다. 이들은 하나님께 그 이름에 합당한 영광을 돌리지 않고 있고, 하나님은 그 영광을 결코 다른 자에게 주지 않으실 것이기 때문입니다. "주의 이름을 아는 자는 주를 의지하오리니"(시 9:10). "나는 여호와이니 이는 내 이름이라 나는 내 영광을 다른 자에게…주지 아니하리라"(사 42:8).

4. 하나님께서 자기 백성들에게 여러 가지 서로 다른 방법과 단계로 역사하신다는 사실에 무지한 이들이 많습니다. 이 무지가 이들의 판단을, 그리고 하나님과 관계를 맺는 반사 행위를 어둡게 합니다. 이 무지는 주로 다음 세 가지로 이뤄집니다. (1) 이들은 율법이 통상적으로 사람을 다루는 여러 가지 서로 다른 방식과 단계에 대해, 그리고 주님께서 처음에 사람들을 그리스도께로 데려가시는 여러 가지 방식에 무지합니다. 이들은 간수가 한 시간도 갇혀 있지 않았다는 것을 생각하지 않습니다(행 16장). 바울은 사흘 동안 초조해하며 애를 태웠고(행 9장), 반면 삭개오는 단 한 순간도 그런 경험을 하지 않았습니다(눅 19장). (2) 이들은 성도들마다 성화의 정도가 얼마나 다른지, 그래서 어떤 경우엔 고결한 모습이 사람들 앞에 드러나고 또 어떤 경우엔 서글픈 흠결이 드러나기도 한다는 사실에 무지합니다. 아니, 적어도 그 사실을 고려하지 않습니다. 어떤 이들, 예를 들어 욥이나 사가랴 같은 이들은 아주 무흠하고 심각한 돌발행위가 비교적 덜하여 자기가 고백한 신앙고백의 아름다움을 돋보이게 합니다. 이런 사람들을 일컬어 "온전하고 정직하여 하나님을 경외하며 악에서 떠난

자"(욥 1:8), "의인이니 주의 모든 계명과 규례대로 흠이 없이 행"(눅 1:6)한
다고 합니다. 또 어떤 이들은 아주 심각하고 서글픈 죄악에 매여 살았습
니다. 솔로몬이나 아사 왕 같은 이가 그런 사람들입니다. (3) 이들은 하나
님의 얼굴(은혜)이 다양하게 주어진다는 사실, 하나님의 임재가 다양하게
나타난다는 사실에 무지합니다. 어떤 이는, 예를 들어 다윗 같은 사람은
하나님의 얼굴의 빛 가운데 자주 행하고 하나님과 실감나는 교제를 나누
는 데 비해 어떤 이는 "죽기를 무서워하므로 한평생 매여 종노릇"(히 2:15)
합니다. 하나님께서 각각 다른 방식으로 자기 백성들을 대하시고 역사하
신다는 사실에 대한 무지는 하나님과의 관계에 대한 인식을 심히 어둡게
만들고, 주님께서 일하시는 방식을 대개 한 가지로 제한합니다. 그러나
앞서 사례에서 보았다시피 하나님은 한 가지 방식으로만 역사하시지 않
습니다.

그리스도와의 관계와 관련해 사람의 시야를 흐리게 하는 두 번째 사항
은, 사람의 마음이 이렇든 저렇든 어떤 면에서 자기를 정죄한다는 점입니
다. 하나님을 기만적이고 교활하게 대하는 사람들이 바로 그런 경우입니
다. 그런 사람들은 자기가 그리스도와 관계를 맺고 있는지의 여부를 명쾌
히 알 수 있을 것으로 기대할 수 없습니다. 어떤 행동이 죄인 줄 알면서도
주님을 거역하여 그 행동을 계속한다면 이들의 마음이 이들을 정죄합니
다. 이들은 그 죄를 손에서 놓지도 않고, 그 죄에서 벗어날 때 사용하라고
하나님께서 정해 주신 수단들을 알면서도 사용하지 않습니다. 자기가 처
한 곳에서 자기에게 명령된 적극적 본분이 무엇인지 알면서도 흔쾌히 이
에 응하거나 기꺼이 그 일에 임하지 않고 기만적으로 남에게 미루거나 회
피하는 사람 역시 명쾌한 앎에 이를 수 없습니다. 이런 사람들도 앞의 부

류와 마찬가지로 어떤 면에서 자기 마음의 정죄를 받습니다. 그런 경우에는 자기 상태에 대한 분명한 인식에 이르기 어렵습니다. "만일 우리 마음이 우리를 책망할 것이 없으면 하나님 앞에서 담대함을 얻고"(요일 3:21). 이것으로 볼 때, 스스로 정죄하는 마음은 그에 비례해 사람으로 하여금 하나님 앞에서 담대하지 못하게 한다고 생각할 수 있습니다.

죄가 우세한 상황에서도 근거만 정당하면 자기가 그리스도와 관계를 맺었노라 주장할 수 있음을 부인하지 않겠습니다. "죄악이 나를 이겼사오니 우리의 허물을 주께서 사하시리이다"(시 65:3). "내 지체 속에서 한 다른 법이 내 마음의 법과 싸워 내 지체 속에 있는 죄의 법으로 나를 사로잡는 것을 보는도다 오호라 나는 곤고한 사람이로다 이 사망의 몸에서 누가 나를 건져 내랴 우리 주 예수 그리스도로 말미암아 하나님께 감사하리로다 그런즉 내 자신이 마음으로는 하나님의 법을 육신으로는 죄의 법을 섬기노라"(롬 7:23-25). 하지만 마음이 하나님을 기만적으로 대하면, 그리고 어떤 특정한 행동이 간사한 꾀인 줄 알면서도 그걸 즐긴다면 자기 상태에 대한 인식에 이르지 못하거나 설령 이른다 해도 아주 힘이 듭니다. 그러므로 자기가 너무도 잘 알고 있는 어떤 특정한 행동에 대해서는 스스로 의혹을 풀어야 합니다. 그 행동이 바로 사람들을 방해하여, 하나님께 나아갈 때 담대함을 약화시키고 접근을 막습니다. "너희가 나를 버리고 다른 신들을 섬기니 그러므로 내가 다시는 너희를 구원하지 아니하리라"(삿 10:13). 백성들이 우상숭배를 하자 주님께서 그들 앞에 그것을 토해 놓으셨고, 이 일로 백성들의 탄원은 기각되었습니다. 악인에 대해 말하기를 "그들의 마음은 간교하여 화덕 같으니 그들의 분노는 밤새도록 자고 아침에 피우는 불꽃 같도다"(호 7:6)고 하는 것처럼, 먼저 아침에 마음이 물러나게 하고 마지막으로 밤에도 물러나게 하는 것. 어떤 이들에 대하여 말하기를 "그의 침상에서 죄악을 꾀"(시 36:4)한다고 하는 것처럼, 악한 생각을 품은 채 침상에 오르게 하는 것. 신앙의 본분을 행할 때 마음을 흐트러뜨리고 하나님을 기억하기보다 기분을 쾌활하게 하고 활기 있게 하는 힘을 지닌 어떤 것을 생각하고, 그래서 "미운 것과 가증한 것을 마음으로 따"(겔 11:21)르게 만드는 것. 하나님의 언약을 가지고 장난치는 자들을 향해 하나님께서 "네가 어찌하여 내 율례를 전하며 내 언약을 네 입에 두느냐"(시 50:16)고 하시며 그 죄를 토해 놓으실 때 하나님의 약속을 붙잡으려는 사람들을 저지하는 것. 이런 것들이 바로 자신이 은혜 상태에 있는지에 대한 인식을 가로막습니다. 이런 것들을 놓아 보내십시오. 그러면 자신이 그리스도와 관계를 맺고 있는지에 대한 인식에 이르기가 훨씬 수월해질 것입니다.

구원에 이를 만큼 그리스도와 관계를 맺고 있는지 인식하지 못하게 많은 사람들을 방해하는 세 번째 사항은, 나태한 정신과 속 편한 무관심입니다. 이들은 자기가 그리스도 안에 있는지 아닌지 알 수 없다고 투덜거립니다. 그러나 그리스도 안에 있으려고 애쓰는 사람이 별로 없으므로, 그분 안에 있고자 한다면 수고를 좀 해야 합니다. 이는 잠을 자면서는 할 수 없는 일이요 본분입니다. "너희는 믿음 안에 있는가 너희 자신을 시험하고 너희 자신을 확증하라…너희가 스스로 알지 못하느냐"(고후 13:5). 이 구절에 쓰인 단어들, 즉 '시험하라', '확증하라', '알라'는 말에는 힘써 수고한다는 의미가 담겨 있습니다. "더욱 힘써 너희 부르심과 택하심을 굳게 하라"(벧후 1:10). 이 일은 혈과 육 차원의 일이 아닙니다. "오직 그의 기름 부음이 모든 것을…가르"(요일 2:27)쳐서 우리로 하여금 "하나님께서 우리에게 은혜로 주신 것들을 알게"(고전 2:12) 해야 합니다. 주님께서 이렇게 중요한 과업을 나눠 주실 것인즉 "이같이 자기들에게 이루어 주기를…구하여야"(겔 36:37) 하지 않겠습니까? 연애 소설을 읽고, 자기 외모를 꾸미고, 여행을 다니고, 세상에서 자기 위상에 관해 법률가와 상의하느라 시간을 많이 소모하는 여러분이여, 부끄러워하십시오. 그래봤자 삶의 형편은 더 나빠질 수도 있습니다. '내가 영광의 후사(後嗣)로 살고 있는가? 나는 천국으로 향하는 길에 있는가, 아니면 영원한 어둠 속에 나를 내려놓을 길에 있는가?' 시간을 들여 이런 문제를 탐구하지 않는 여러분이여, 부끄러워하십시오. 이런 고민을 자기에게 어울리지 않는 일로 여기거나 조금의 수고와 시간조차 쏟을 가치가 없는 일로 여긴다면, 그것은 자기 자신을 영생을 누릴 만한 가치가 없는 사람으로 여기는 것이고, 그래서 여러분은 이 문제에서 하나님 백성과 함께 나눌 몫이 아무것도 없을 것입니다.

구원에 이를 만큼 그리스도와 관계를 맺고 있는지 그 여부에 대한 인식을 어둡게 하는 네 번째 사항은, 인간이 자세를 낮춰 그 의문을 풀어 줄 만한 것을 살피지 않는다는 사실입니다. 이들은 하나님께서 자기들과 관련해 무슨 일을 하실지 알려 주지 않는다고 불평하지만, 하나님의 목적과 관련해 어떤 의무를 이행해야 할지 알고 있다는 말은 못합니다. 이는 서글픈 일입니다. 자기 의문을 풀어 줄 만한 방편을 한 번도 정해 본 적이 없고 무엇으로 그 의문을 풀어야 할지 열심히 탐구하지 않는 사람을 과연 진지한 사람으로 생각할 수 있을까요? 이 문제에서 주님께서 우리를 어둠 가운데 버려 두신다면, 비교적 변명의 여지가 있을 것입니다. 그러나 만족스러운 답을 얻을 만한 근거, 그리스도와 관계를 맺고 있는지를 알려 주는 진정한 표지(標識)가 성경에 아주 명백하고도 빈번하

게 등장하며 "이것을 씀은 우리의 기쁨이 충만하게 하려 함"(요일 1:4)이
고 "너희로 하여금 너희에게 영생이 있음을 알게 하려 함"(요일 5:13)이라
고 했으므로, 또한 "믿는 자는 자기 안에 증거가 있"(요일 5:10)다고 했으므
로, 아무도 여기서 예외인 척할 수 없습니다. 그리스도와의 관계와 관련
해 무엇이 우리의 의문을 풀어 줄 수 있을지, 무엇으로 의문을 풀어야 할
지 지금 곧 알려 주겠다고 말하지는 않겠습니다. 이제부터 그 문제에 대
해 직접적으로 이야기해야 할 테니까 말입니다.

그리스도와의 관계와 관련해 많은 이들을 어둠에 머물게 만드는 다섯
번째 사항은, 사람들이 어떤 변덕스러운 근거에 의지해 그 의문을 풀려
한다는 점입니다. 그 근거는 그리스도와의 관계 그 사실성을 알려 주기
에 적절한 증거라기보다 바람 앞에서 그 영혼이 편안한 상태로 의기양양
하게 항해하고 있다는 증거에 가깝습니다. 제가 인정하는 표지는 그 자
체로 소중한 표지이고, 이 표지가 있는 곳에서는 그리스도와의 관계가
명확하게 증명됩니다. 하지만 그런 표지가 없어도 그리스도와 관계를 맺
고 있을 수 있고 그 사실을 확실하게 알 수도 있습니다. 이 점에 대해 몇
가지 살펴보겠습니다.

첫째, 어떤 이들은 진정으로 그리스도와 관계를 맺은 사람들은 다 모
든 죄의 압도적 권세가 미치지 못하는 곳에 있다고 생각합니다. 하지만
시편 기자는 정반대로 말합니다. "죄악이 나를 이겼사오니 우리의 허물을
주께서 사하시리이다"(시 65:3). 이 말씀에서 우리가 알 수 있는 것은, 죄악
이 우세한 경우 거룩한 사람은 죄사함을 요구할 정당한 권리가 있다는 점
입니다. 바울의 경우, 비록 자기 지체 속에 있는 한 다른 법이 자기를 죄
로 사로잡아가는 상황에서도 그리스도로 말미암아 율법의 정죄에서 자유

롭게 된 것에 대해 하나님께 감사하는 모습을 볼 수 있습니다(롬 7:23-25).

둘째, 어떤 이들은 모든 참 성도는 기도를 통해 끊임없이 하나님께 나아가며, 그때마다 기도 응답을 체감한다고 생각합니다. 그러나 하나님 백성들의 실제 경험은 슬프게도 이와 반대인 경우가 많습니다. 그래서 이들은 하나님께서 자기 기도를 듣지도 않으셨고 중요하게 여기지도 않으신다고 불평합니다. "여호와여 어느 때까지니이까 나를 영원히 잊으시나이까 주의 얼굴을 나에게서 어느 때까지 숨기시겠나이까"(시 13:1). "내 하나님이여 내 하나님이여 어찌 나를 버리셨나이까 어찌 나를 멀리 하여 돕지 아니하시오며 내 신음 소리를 듣지 아니하시나이까 내 하나님이여 내가 낮에도 부르짖고 밤에도 잠잠하지 아니하오나 응답하지 아니하시나이다"(시 22:1-2).

셋째, 어떤 이들은 누구든 참으로 그리스도와 관계를 맺고 있다면, 그 사실을 증언하시는 성령의 고귀한 사역을 통해 하나님께서 그 사람에게 이를 증명해 주실 거라고 생각합니다. "성령이 친히 우리의 영과 더불어 우리가 하나님의 자녀인 것을 증언하시나니"(롬 8:16 이하). 그래서 이런 증언이 없기 때문에 자신은 그리스도와 아무 관계가 없는 게 아닐까 의심합니다. 하지만 이런 사람들이 기억 못하는 게 한 가지 있는데, 그것은 먼저 "하나님께서 그 아들에 대하여 증언하신 증거", 즉 인간에게는 충분한 "생명이 그의 아들 안에 있다"는 사실을 믿고 신용해야 한다는 점입니다. 그런 다음 성령의 인(印)과 증거를 구해야 합니다. "그 안에서 너희도…믿어 약속의 성령으로 인 치심을 받았으니"(엡 1:13). 이와 같은 원리들을 굳게 붙잡고 있는 이상, 지금까지 말한 것 외의 다른 방법으로는 자신의 복된 상태에 대한 인식, 하나님께서 보증하사 증명하시고 말끔히 밝혀 보여 주시겠다고 한 그 인식에 이를 수가 없습니다.

III항. 그리스도와의 관계와 관련해 몇 가지 오해를 없애다

다섯 번째로 전제할 것은, 그리스도와 구원에 이를 만한 관계를 맺고 있음을 입증하고자 할 때 사람들이 쉽게 빠져들 수 있는 몇 가지 오해를 없애야 한다는 것입니다.

1. 그리스도 안에 있는 사람은 모두 다 자신이 그분 안에 있음을 안다고 생각한다면, 오해입니다. 진정으로 은혜를 입었으면서도, 영생을 누릴 근거를 충분히 갖고 있으면서도 나중에 그 사실이 밝혀질 때까지 그걸 잘 모르는 이들이 많습니다. "…믿는 너희에게 이것을 쓰는 것은 너희로 하여금 너희에게 영생이 있음을 알게 하려 함이라"(요일 5:13). 즉, '너희가 신자라는 걸 알게 하기 위해서'라는 걸로 보아 이들이 전에는 이 사실을 몰랐다고 볼 수 있습니다.

2. 자기가 그리스도와 관계를 맺고 있음을 알게 되었다 해서 이들이 모두 이 사실에 대해 똑같은 확신에 이른다 생각한다면, 오해입니다. "내가 확신하노니…현재 일이나 장래 일…이라도 우리를…하나님의 사랑에서 끊을 수 없으리라"(롬 8:38)고 말할 수 있는 사람도 있고, "내가 믿나이다 나의 믿음 없는 것을 도와주소서"(막 9:24)라는 정도밖에 말하지 못하는 사람도 있습니다.

3. 그리스도와 구원에 이를 만한 관계를 맺고 있다고 강하게 확신한다고 해서 이들이 모두 늘 확신의 자리에 머물 거라고 생각한다면, 오해입니다. 주님께 대해 오늘 "그는 나의 피난처요"(시 91:2), "나의 분깃"(시 142:5)이라고 말하는 사람이 어느 때엔가는 "내가…주의 목전에서 끊어졌다"(시 31:22)고 하면서 "그의 약속하심도 영구히 폐하였는가"(시 77:7-9)라고

물을 수 있습니다.

4. 자신이 은혜 상태에 있음을 충분히 인식하게 되었다고 해서 그 모든 이들이 모든 반대 의견에 공식적으로 답변할 수 있다고 생각한다면, 오해입니다. 그래도 이들은 결론을 굳게 붙들고 "내가 믿는 자를 내가 안다"(딤후 1:12)고 말할 수 있습니다. 많은 이의 경우, 깊은 확신을 품고 기독교 신앙과 대립되는 모든 주장에 공식적으로 맞서 고수할 수 있는 기초 지식을 별로 많이 지니고 있지 않습니다. 그럼에도 이들은 자신이 도달한 결론을 굳게 붙잡을 수 있고 또 당연히 그렇게 하는 게 옳습니다. 지금 우리가 다루는 이 문제에서도 역시 마찬가지입니다.

5. 우리가 구원에 이를 만큼 그리스도와 관계를 맺고 있음을 인식할 수 있기를 간절히 바랍니다. 그런데 그 인식이 불경하고 무지한 여러 무신론자들이 주장하는 것처럼 아무 근거도 없는 공허한 확신이라고 생각한다면, 이 역시 착각입니다. 사실 많은 사람이 거짓으로 하나님을 "자기 아버지"로 고백합니다(요 8:41). 미련한 처녀들처럼(마 25:12) 현혹되어 천국을 기대합니다. 그렇지만 이런 사실 때문에 그리스도와의 관계에 대한 모든 인식이 다 기만이요 망상이라고 생각해서는 안 됩니다. 망상에 빠진 사람도 많지만, 타당하고 견고한 근거에서 "(우리가) 또 아는 것은 우리는 하나님께 속하고 온 세상은 악한 자 안에 처한 것"(요일 5:19)이라고 말할 수 있는 사람들도 있기 때문입니다.

어떤 사람들을 그리스도께로 이끌어 가시는 다양한 방법

Ⅰ항. 체감될 만한 율법의 예비 작업 없이 주님께서 어떤 사람들을 그리스도께로 이끌어 가시는 방법

전제되는 내용들을 설명했으므로 이제 자기가 구원에 이를 만하게 하나님과 언약 관계를 맺고 있는지, 그리스도와 특별한 관계를 맺고 있는지, 그래서 하나님의 은총과 구원을 자기 것으로 정당하게 주장할 수 있는지 알 수 있는 몇 가지 표지에 대해 이야기해 보겠습니다. 여러 가지를 다루면 복잡해하실 것 같아 중요하고 주된 표지 두 가지만 골라보겠습니다.

그 전에 먼저 율법의 예비 작업에 대해, 즉 인간의 영혼에 하나님 고유의 길을 예비하시기 위해 하나님께서 통상 사용하시는 작업에 대해 말씀드리겠습니다. 어떤 사람에게는 율법의 이 작용도 하나의 표지로서 비중 있는 역할을 합니다. 이 작용을 일컬어 율법의 사역, 혹은 부끄러움을 느끼게 하는 사역이라고 합니다. 이는 "종의 영"과 관계 있으며, 이제 신약성경에서는 이 종의 영에 항변하여 대개는 "양자의 영"으로 안내합니다 (롬 8:15).

여기서는 다음 사항들만 기억하십시오. 1. 우리는 이 율법의 예비 작용을 그리스도와의 참된 관계에 대한 부정적 표지로 설명하려는 게 아닙니다. 몇 단계에 걸친 이 예비적 역사가 없으면 아무도 하나님의 은총을 자기 것으로 주장할 수 없기라도 한 것처럼 말입니다. 이에 대해서는 앞으로 더 살펴보겠지만, 주님께서는 인간을 늘 그 방식으로 대하시지는 않습니다. 2. 우리가 이 작용에 대해 이야기하는 것은, 주님께서 수많은 사람을 대하시며, 이 같은 어떤 예비 작용을 통해 사람을 효과적으로 부르시기 때문입니다. 그리고 하나님께서 이처럼 대하신 사람들에게 율법의 이 작용은 이들을 더 강하게 하고 확실하게 하여 이후에 따를 다른 표지들을 더 중시할 수 있게 해주기 때문입니다. 3. 율법의 예비 역사는 종의 영 아래 있는 사람들에게 곧 있을 은혜의 역사를 확실하게 지적해 준다는 점에서 이들의 사기를 북돋는 데 도움이 될 수 있습니다. 앞으로 설명하겠지만, 율법의 이 예비 역사가 있는데 은혜의 역사가 뒤따르지 않는 경우는 보기 드뭅니다. 4. 그런 예비 역사를 활용하실 때 하나님께서는 한 가지 방법이나 수단만 고수하지 않으십니다.

이 예비 역사를 좀더 명료하게 다루기 위해, 주님께서 사람들을 구원에 이르는 언약으로 인도하시고 또 그들을 그리스도께로 이끄실 때 사용하시는 가장 통상적인 방법들을 간략히 이야기해 보겠습니다.

1. 세례 요한처럼 모태에서부터 부름받는 사람이 있고, 디모데처럼 사탄의 길에 깊이 휘말리게 되기 전인 아주 어린 나이에 부름받는 사람도 있습니다. 이런 사람들은 우리가 이제부터 이야기하려는 예비 역사가 있다고 생각할 수 없습니다. 그리고 이런 식으로 효과적으로 부르심받은 척하는 사람도 있을 수 있기 때문에 정말로 그렇게 부름받은 사람들을 확증할 수 있는 표지들을 제시해 보겠습니다.

(1) 어린아이들은 대개 욕설, 거짓말, 경건이나 경건한 사람들을 조롱하는 걸 배우기 마련인데 위와 같은 사람들은 어릴 때부터 이런 통상적 죄에 전혀 오염되지 않습니다. 하나님은 당신께서 효과적으로 부르신 사람들은 그 효과적 부르심의 순간부터 성결하게 하십니다. 다른 사람들의 경우처럼 "죄가 너희를 주장하지 못하리니 이는 너희가…은혜 아래에 있음"(롬 6:14)입니다.

(2) 이들에게는 신앙이 자연스럽습니다. 무슨 말이냐면, 어린아이에 지나지 않을 때에도 신앙의 의무들을 강요할 필요가 없었다는 뜻입니다. 이들은 기꺼이 신앙의 본분을 행했습니다. "사랑이…강권"(고후 5:14)한다는 내면의 원리가 있고, 그래서 외부의 강제 없이 "자신을 종으로 내주어…의에 이르"(롬 6:16)는 것입니다.

(3) 이런 사람들은 자기가 언제 처음 하나님을 가까이 알게 되었는지 알지 못하지만, 성경에 등장하는 성도들이 말하는 영의 역사를 나중에 경험합니다. 그 성도들이 언제 처음 회심했는지 우리는 알지 못합니다. 어떤 경우 그들은 하나님에게서 차단되어 이따금 불안한 상태로 다시 가까이 가는 게 허용됩니다. 루디아의 경우가 그랬던 것처럼(행 16:14) 이들은 예배를 통해 마음이 더 열리기도 합니다. 일반적으로 이들은 신앙과 신앙적 본분에 속하는 어떤 특별한 주제, 혹은 전에는 신경 쓰지 않았던 어떤 죄가 언제 자신에게 확연히 드러났는지를 기억합니다. 이런 일들을 자기에게 적용할 줄 아는 사람은 어릴 때 받은 효과적 부르심에 대해 이야기할 게 많을 것입니다.

2. 어떤 이들은 주권적인 복음의 방식을 통해 그리스도께 인도됩니다. 삭개오의 경우처럼, 주님께서 율법의 그 모든 역사를 다 삼켜버리는

사랑의 말씀 몇 마디로 한 사람을 순식간에 사로잡으실 때가 있고, 또 어떤 사람은 그리스도의 말씀 한 마디에 모든 것을 다 버리고 그분을 따르기도 했습니다. 이런 사람들이 그리스도 예수를 만나기 전에 율법의 역사가 이들을 상대했다는 소문은 들어 보지 못했습니다.

자기가 이런 식으로 부르심받은 척하는 사람들이 있을 수도 있으므로, 삭개오의 경우에서 몇 가지 주목할 만한 부분들을 다뤄 봄으로써 그런 사람들의 주장이 사실인지 밝히고 확증해 보겠습니다. (1) 그에게는 그리스도를 뵙고자 하는 소원이 있었습니다. 그런 소원이 있었기에 어떤 이들이 신중함과 분별력이라 판단할 만한 미덕들을 다 포기하고 나무에 올라가 그분을 뵙고자 했습니다. (2) 그리스도께서 삭개오에게 말씀하셨고, 그 말씀이 그를 사로잡았으며, 그 즉시 그는 기쁨으로 그리스도의 제안을 받아들여 그리스도를 주님으로 알고 다가갔습니다. 별다른 설명은 뒤따르지 않았습니다. (3) 이 일로 삭개오는 가난한 사람들에게 마음을 열었습니다. 전에는 탐욕스러운 사람이었던 것으로 보이지만 말입니다. (4) 삭개오는 과거 자신의 삶이 어땠는지 올바로 깨닫고 모세 율법을 존중하는 증거를 보였으며, 그 자리에 있던 모든 사람 앞에서 이를 알렸습니다. 세상에 악평이 자자했을 잘못들을 드러내 부끄러움을 당하는 것도 개의치 않고 말입니다. (5) 이 모든 일에 대해 그리스도께서는 자신의 말씀으로 이 약속을 확증하시고 비준하십니다. 삭개오와 성도들 사이에 반드시 있어야 할 동일한 관심을 소개하시고, 그리스도께서 오사 삭개오를 찾고 발견하지 않으셨다면 삭개오가 잃어버린 자 상태였으리라는 사실을 말씀하시면서 말입니다.

우리는 주님께서 어떤 사람들을 이렇게 부르신다는 것을 인정합니다.

그리고 우리가 지금 암시한 특별한 사례가 자신에게도 해당된다고 주장할 수 있다면 그 사람은 하나님께서 자신을 그렇게 대해 주셨음을 성경을 근거로 확증할 수 있을 것입니다. 자기 마음이 그리스도께 순복했다면 율법의 예비 사역이 확연히 드러나지 않았다고 초조해할 필요가 없습니다. 마음으로 그리스도께 순복하는 것, 이 목적을 위해서가 아니라면 율법의 역사는 우리가 소원할 만한 것이 아니기 때문입니다. 그래서 그리스도께서는 성경에서 직접 자신을 제시하시는 것이며, 사람들은 그분께 나오라고 초청을 받는 것입니다. 종의 영이 이들에게 빚을 갚으라고 닦달하기까지는 확실한 안전의 근거이신 그분께 나오려 하지 않는 이들이 많겠지만, 누구든 잃어버린 자 된 자신의 상태를 깨닫고 그리스도께 피하여 순복한다면 그 무엇도 그들을 율법의 역사로 짓누르지 못할 것입니다.

또 어떤 이들의 경우에는, 그리스도께서 당신을 따르라는 말씀으로 그들을 설득하셨습니다. 그 사람들을 처음 만나셨을 때 그리스도께서 무엇을 하셨든, 그들에게 어떻게 말씀하셨든, 그분은 그들에게 필요한 게 무언지 충분히 다 아셨다고 우리는 합리적으로 추론할 수 있습니다. 당신 자신의 온전함과 탁월함이 그들로 하여금 모든 것을 다 버리고 당신을 따르게 할 수 있다는 사실 또한 아셨을 것입니다. 그리스도께서 누군가에게 그렇게 하신다면 우리는 더 이상 아무것도 갈망하지 않습니다. 그 의원(醫員)께서 역사하실 여지가 충분하니 말입니다.

그래서 하나님께서 그렇게 대해 주신 사람들은 이 모든 사실로부터 자신의 사례를 확증하고 강화할 수 있는 만큼, 기만에 빠진 영혼들은 그 상태에서 자만하면서 자신의 참상과 그리스도의 충족성에 대해 여전히 무지하고 둔감한 채 거짓을 굳게 붙잡고 있을 아무런 근거도 없고 이유도 없습니다.

3. 그리스도의 값없는 은혜를 비교적 확연하게 선언하는 방식으로 그리스도께 인도되는 사람도 있습니다. 그리스도께서 죽음이 임박한 사람을 부르실 때가 바로 그런 경우입니다. 십자가상의 행악자라는 그 의미심장한 사례에 이 방식이 어느 정도 기록되어 있는 것을 볼 수 있습니다. 이 사례는 우리가 지금 다루는 문제에 딱 들어맞아 보이지는 않지만, 그래도 조금 이야기를 해보자면, 한편으로 인간은 마지막 호흡을 내쉬기 전에는 자신 자신이나 타인을 판단하고 선고를 내리는 일을 유예할 수 있지만, 아주 면밀히 말해 다른 한편으로 그 누구도 그 중요한 일을 생의 마지막 순간까지 미룰 수는 없습니다.

그리스도와 행악자 사이에 있었던 일에서 우리는 이 사실이 뚜렷이 드러나는 것을 볼 수 있습니다. (1) 행악자는 전에 동무였던 자를 꾸짖습니다. (2) 그는 자기를 치시는 하나님을 감히 원망하지 않고 오히려 자기가 지금 당하는 고통을 당연한 것으로 여깁니다. (3) 이제 그는 예수 그리스도께서 아무 이유없이 세상에게, 그것도 지극히 모욕적으로 핍박받고 계심을 압니다. (4) 그는 그리스도가 주님이요 왕이심을 깨닫지만, 그리스도의 대적들은 그분을 자기 권세 아래 있는 걸로 봅니다. (5) 행악자는 죽음 후 확실히 이르게 될 영광의 상태를 아주 현실적으로 믿기에 이생에서 육신의 안전보다는 그 영광의 분깃을 택합니다. 그는 그리스도께서 그 순간에 그 영광을 자신에게 주실 수 있음을 알았습니다. 그게 아니었더라면 그도 옆에 있는 다른 행악자와 똑같은 선택을 했을 것입니다. (6) 행악자는 자세를 한껏 낮췄고, 자기를 기억해 주실 것을 그리스도께 간청할 만큼 겸손했지만, 생사 문제와 관련해 언약에 자기 자신을 던지는 고

귀한 담대함을 지니고 있었습니다. 또한 그리스도의 완전한 충족성에 큰 믿음을 가지고 있었기에 그리스도께서 그저 기억을 불러내기만 해도 만족할 만하게 본분을 이행해 주실 것이라 판단했습니다. (7) 그는 위로의 근거로 삼으라고 그리스도께서 하신 말씀에 고분고분 동의했습니다. 이 모든 것이 그리스도 옆에서 죽어 가던 그 가여운 사람의 사례에 아주 분명하게 나타나 있고, 그 마음에서 일어난 하나님의 아주 실제적 사역을 증거합니다.

이런 예는 자신에게 성령의 은혜로운 역사가 일어났다고 아직 명확히 주장할 수 없는 사람들에게 사기를 북돋아 주어 하나님께서 선을 베푸시기를 기꺼이 기다리게 만들 수 있습니다. 그래서 우리는 모든 분에게 간절히 청합니다. 영혼 구원이 지체되지 않도록 자기 영혼을 사랑하되 많은 사람이 그러하듯 결국에는 그리스도께 도움을 바라라고 말입니다. 이는 그리스도께서 십자가의 치욕을 훌륭하게 이겨 내신 승리의 영광과 더불어 하나님의 자비가 일으키는 보기 드문 기적입니다. 성경에서 이에 상응할 만한 기적은 거의 찾아볼 수 없습니다. 게다가, 어떤 식으로든 구원받는 사람은 소수입니다. "많은 사람이 부름받으나 택함받는 자는 소수"(마 20:16, 개역개정판에는 이 부분이 빠져 있음—옮긴이)이고, 게다가 이런 식으로 구원받는 사람은 더더욱 적을 것입니다. 그래서 주님께서는 재앙 앞에서 웃으실 것이고, 전에 당신께서 책망하시는 말을 비웃고 당신께서 부르실 때 들으려 하지 않던 자들의 부르짖음을 듣지 않으실 것이라고 단호히 경고하셨습니다. "내가 불렀으나 너희가 듣기 싫어하였고 내가 손을 폈으나 돌아보는 자가 없었고 도리어 나의 모든 교훈을 멸시하며 나의 책망을 받지 아니하였은즉 너희가 재앙을 만날 때에 내가 웃을 것이며 너희에게 두려움이 임할 때에 내가 비웃으리라"(잠 1:24-26). 이 말씀은, 위의 행악자가 그랬듯 죽음이 임박했을 때 진지하게 자기 상태를 판단하고 그리스도께 피하는 사람을 향해 자비의 문을 닫아 걸지는 않지만, 죽음이 임박할 때까지 주님의 제안을 거절한 사람 중에는 그 행악자처럼 회개의 영광을 입는 자가 별로 없으리라는 점을 확실히 암시하고 있습니다. 그런 사람들의 부르짖음은 진실한 부르짖음이 아니고 제정신을 가진 사람의 부르짖음도 아니기에 주님께서 듣지 않으실 것입니다.

II항. 율법의 역사는 주님께서 인간의 마음에 이를 길을 예비하시는 방법으로서, 비교적 거칠고 갑작스럽거나, 아니면 비교적 더 평온하고 점진적입니다

4. 많은 사람이 그리스도께 인도되는 네 번째이자 가장 통상적인 방식은 명료하고도 분별 가능한 율법의 역사, 곧 부끄러움을 느끼게 하는 방법입니다. 앞에서 암시했다시피 우리는 흔히 이를 가리켜 "종의 영"이라고 합니다. 이는 죄와, 진노에 대한 두려움에 양심이 각성된 사람은 누구나 다 그리스도와 진실로 가까워진다는 말이 아닙니다. 가인이나 사울, 유다 등의 경우를 보면 오히려 이와는 정반대인 걸로 보입니다. 그러나 앞으로 구체적으로 살펴보겠지만, 죄를 깨우치고 양심이 각성되어 부끄러움을 느끼는 역사가 일어났을 때 은혜의 역사가 일어나지 않거나 그 역사가 실패하는 경우는 보기 드물고, "양자의 영"과 성령의 은혜의 사역으로 귀착되는 게 보통입니다. 주님께서 많은 죄인을 이런 방식으로 대하시는데, 율법의 이 역사로 판단(심판)을 내리시는 것에 대해 크게 당혹스러워하는 이들이 많으므로 이에 대해 구체적으로 이야기해 보겠습니다.

　율법의 이 역사는 비교적 거칠고 갑작스럽게 진행되거나, 혹은 긴 시간 동안 차분하고 느긋하게 오래 끌며 진행되며, 그래서 진행 과정을 아주 쉽게 알아볼 수 있습니다. 사도행전에 등장하는 간수와 바울, 다른 몇몇 회심자들의 경우 이 역사는 비교적 빠른 속도로 진행됩니다. 그리스도께서는 한순간에 갑자기 이들에게 강한 영향을 끼치셨고, 불과 검을 지니신 듯 이들에게 임하사 무시무시하게 이들을 포로 상태로 만드십니다. 대단한 율법적 각성이 사실은 기만이어서 아무 결과도 낳지 못하거나 더 나쁜 결과를 낳는 경우도 있기 때문에, 앞에서 말한 이 회심자들에게서 눈에 띄는 사실 몇 가지만 지적하여 이들에게 일어난 율법의 역사가 은혜로운 결과를 낳았다는 점을 입증해 보겠습니다. (1) 진리의 말씀, 혹은 하나님의 섭리가 어떤 사람의 영혼에 큰 소용돌이를 일으키며 그 사람을 무서워 떨게 만드는 경우가 있습니다. "그들이 이 말을 듣고 마음에 찔려"(행 2:37), "무서워 떨며"(행 16:29). 이런 소용돌이가 일어나면 그 사람은 명민함을 잃고 맙니다. "나에게 무엇을 시키시려나이까?"(행 9:6, 개역개정판에는 이 부분이 생략되어 있음—옮긴이) 바울은 이렇게 물었고, "내가 어떻게 하여야 구원을 받으리이까"(행 16:30), 간수는 이렇게 물었습니다. (2) "내가 무엇을 할까요?"라는 질문에 함축되었다시피, 그 사람은 조건이 무엇이든 구원과 하나님과의 친교에 만족합니다. 이는 마치 이렇게 말하는 것 같습니다. 내가 못할 일이 무어겠습니까? 그만두지 못할 일이 무어겠습니까? 견디지 못할 일이 무어겠습니까? (3) 앞서 인용한 성경구절에 분명히 나타났다시피 이 사람은 그리스도와 그분의 종들이 제시하는 조건을 받아들입니다. (4) 이 사람은 성도들과 관심사를 함께하는 사람이 되어 핍박받는 무리들과 하나가 되고, 전에 핍박하던 사람들을 존경하게 되며, 모든 위험을 무릅쓰고 그리스도를 믿는 믿음을 고백하는 사람들과 한 무리가 되어 그들과 계속 함께합니다. 주님께서 그렇게 역사해 주신 사람들은 자기 안에서 이뤄진 성령의 역사에 대해 증거할 말이 많을 것입니다. 그런 역사가 언제 어떤 말씀으로, 혹은 어떤 섭리를 통해 이뤄졌는지 구체적으로 이야기할 수 있는 사람도 있을 수 있고, 하나님과 자신 사이에 어떤 일이 있었는지, 그리고 그 시간 이후로 자기에게 어떤 체감할 만한 변화가 뒤따랐는지 설명할 수 있는 사람도 있습니다. 바울이 하나님께서 자신에게 어떻게 역사하셨고 그 후 어떤 식으로 자신을 대하셨는지 상당히 자세하게 설명하고 있는 것처럼 말입니다(행 22장).

이와 반대로 주님께서 때로 이 사역을 비교적 차분하게, 부드럽게, 쉽게, 그리고 시간을 오래 끌며 이루셔서, 그 역사 아래 있는 사람의 행보가 어떤 단계를 거치고 있는지 아주 쉽게 분간되는 경우도 있습니다. 그래서 그 단계 하나하나에 대해 자세히 설명하려면 굉장히 긴 시간이 필요하므로 여기서는 가장 주목할 만한 부분들만 다뤄 보겠습니다.

⑴ 주님께서는 인간을 집요하게 설득하십니다. 주님께서 예배나 성찬 등의 규례를 통해 주님 자신을 주셨을 때 그들은 그런 주님께 순복하기를 자주 거절해 왔습니다. 설교되거나 읽히거나 마음에 새겨지는 말씀을 통해, 혹은 말씀을 선도하는 어떤 섭리로써 주님께서는 강한 자 마귀가 평화롭게 지키고 있는 집을 공격하십니다. 마귀보다 더 강하신 분 그리스도께서는 이렇게 해서 그 사람에게 임하시고, 진리의 영으로써 그 사람에게 말씀을 굳게 하시며, 이런 상황에서 그 사람 자신도 죄로 알고 있는 이러저러한 죄에 대해 하나님의 저주가 공식적으로 선포됩니다. 너에게 그런 죄책이 있으므로 성경에서 고발하는 그 사람이 바로 너라고 성령께서 그 사람을 깨우치시고 그 사실 위에 잡아매십니다. 그 사람은 그 죄에서부터 시작해 더 많은 죄를 깨닫다가 대개는 어린 시절의 죄, 부작위(不作爲)의 죄를 깨닫게 되고, 더 나아가 자신이 율법 거의 전부를 위반한 죄

책을 지고 있다는 걸 알게 됩니다. 그런 자각의 과정에서 다윗이 언젠가 말하다시피 "수많은 재앙이 나를 둘러싸고"(시 40:12) 있다는 걸 알게 됩니다. 이 경우 인간이 끔찍한 죄의 정경을 목격하고 자신이 거의 모든 죄에 죄책을 지고 있음을 예리하게 간파하기도 합니다. 이런 식으로 성령께서 임하사 죄를 깨닫게 하십니다(요 16:8).

(2) 주님께서는 거짓의 피난처인 그 요새 안에 있는 특별히 더 견고한 진을 흔드십니다. 위와 같이 해서 자기 죄가 드러났을 때 인간이 의지로 삼는 그 진을 말입니다. 가여운 그 사람은 그리스도를 믿는 척하고, 그럼으로써 자기 죄짐이 벗겨진다고 생각합니다. 바리새인들이 "아버지는 한 분뿐이시니 곧 하나님이시로다"(요 8:41)라고 말한 것처럼 말입니다. 이들은 공동의 주님이신 하나님과 특별한 관계인 척합니다. 성령께서는 성경의 진리로 그 사람을 이런 기만 상태에서 몰아내사, 그 사람에게는 진정한 믿음도 없고 그러므로 그리스도와 아무 관계도 없으며 구원에 이를 만한 어떤 참 은혜도 없음을 입증하시며, 진정한 은혜와 이 사람이 품고 있는 거짓된 공상이 어떻게 다른지를 명쾌히 보여 주십니다. 또한 그리스도께서 유대인들에게 "하나님이 너희 아버지였으면 너희가 나를 사랑하였으리니…너희는 너희 아비 마귀에게서 났으니 너희 아비의 욕심대로 너희도 행하고자 하느니라"(요 8:41, 44)고 상세히 설명하시는 것처럼, 이 사람과 진정으로 경건한 사람의 차이점도 분명히 보여 주십니다. 그래서 "경건하지 아니한 자들이 떨며 이"(사 33:14)릅니다. 특히 자기가 가장 믿고 의지했던 많은 약속의 조건이 쉽게 도달할 수 없는 조건임을 주님께서 보여 주실 때는 더욱 그렇습니다. 이제 이 사람은 은혜와 믿음을 한때 자신이 판단했던 것과는 다른 무언가로 파악합니다. 어떤 면에서 "보혜사가…와서 죄에 대하여…책망하시리라…죄에 대하여라 함은 그

들이 나를 믿지 아니함이요"(요 16:7–9)라는 말씀을 이 경우에 적용할 수도 있습니다. 이 사람은 특히 불신앙을 깨닫습니다. 이제 자기와 경건한 사람 사이에 엄청난 간극이 있음을 알게 됩니다. 전에는 경건한 사람들이 불필요하고 교만하고 악의적인 엄밀함 면에서만 자신보다 뛰어나다고 생각했는데 말입니다. 이제 자기가 기만에 빠져 있다는 것을, 넓은 길에서 수많은 사람들과 함께 패망해 가고 있다는 것을, 그래서 이 참담한 광경 가운데 자신이 죄짐에 눌려 있다는 것을, 지금까지 그리스도께서 대신 져주셨다고 생각했던 그 죄짐을 여전히 지고 있다는 것을 깨닫습니다. "네가 어찌하여 내 율례를 전하며 내 언약을 네 입에 두느냐"(시 50:16)와 같은 말씀 때문에 이제 이 사람은 약속 앞에서 놀라고 두려워하기 시작합니다.

(3) 이 사람은 자신의 구원에 대해 깊이 신경 쓰게 되고, 이것을 반드시 필요한 것으로 알아 마음에 새기기 시작합니다. 사도행전 16장의 간수처럼 이런 궁금증을 품게 됩니다. "내가 어떻게 하여야 구원을 받으리이까"(행 16:30). 구원은 그의 삶을 주도하는 하나의 문제가 됩니다. 전에는 구원 같은 건 거의 생각하지 않고 살았지만, 이제는 구원 문제가 생각을 지배하고 다른 일들은 거의 중시되지 않습니다. 자기 영혼이 멸망 직전인데 "사람이 만일 온 천하를 얻고도 제 목숨을 잃으면 무엇이 유익"(마 16:26)하겠습니까? 이 부분에서 많은 사람이 당혹스러워합니다. 자신에게 불이익이 되는 그 작정을 돌이킬 수 없다는 생각, 그리고 이 문제가 결말지어지기 전에 불시에 닥칠지 모르는 불확실한 죽음에 대한 두려움 때문이지요. 어떤 이들은 성령을 거스르는 죄를 지었다는 불안감에 초조해하기도 하는데, 이 죄는 용서받을 수 없는 죄인지라 그 불안감이 아주 위험한 수준에 이르기도 합니다. 게다가 사탄은 비참하게 자기 생에 종

지부를 찍은 수많은 사람의 서글픈 사례를 들이대며 이들을 비난합니다. 하지만 이들은 "시험받는 자들을 능히 도우실 수 있"(히 2:18)는 분의 손 안에 있습니다.

(4) 이렇게 어떤 사람이 낙심할 위험에 처해 있을 때, 주님께서 그 일을 막으시는 자비의 역사를 행하사 조용하고 은밀하게 그 사람을 지탱하십니다. 그 사람의 마음에 구원의 가능성을 확신시키시고, 값없고 풍성한 하나님의 은혜의 수많은 증거들을 떠올리게 하시며, 잔학한 우상숭배자요 마귀와도 교통했던 므낫세가 그럼에도 자비를 얻었던 것처럼(대하 33장) 그 사람의 중대한 죄과를 용서하시는 것이 그 방법입니다. 과거에 어떤 사람이었든 개의치 않고 그리스도께 순복하고자 하는 모든 이에게 은혜와 은총이 주어진다는 사실을 증거하는 성경 말씀은 이 밖에도 많습니다. 그래서 그 사람은 다시 이런 질문에 이릅니다. "내가 어떻게 하여야 구원을 받으리이까?" 이 질문은 구원의 가능성을 깨닫고 있음을 전제합니다. 그 밖의 다른 뜻으로는 이런 질문을 하지 않을 것입니다. 그 사람은 "너희가 혹시 여호와의 분노의 날에 숨김을 얻으리라"(습 2:3)는 말씀이나 이와 비슷한 말씀을 자기 자신에게 적용합니다. 이제 그 무엇도 자신을 이 자비에서 배제시키지 못한다는 것을 알게 됩니다. 자신에게 그 자비를 바라는 마음이 있다면 말입니다. 자신을 지탱시키시는 분이 주님이신 것을 알아차리지 못할지라도 나중에 이 사람은 시편 기자처럼 이렇게 말할 수 있습니다. "나의 발이 미끄러진다고 말할 때에 주의 인자하심이 나를 붙드셨사오며."(시 94:18). 그리고 나중에 또 이렇게 말할 것입니다. "내가 이같이 우매 무지함으로 주 앞에 짐승이오나 내가 항상 주와 함께하니 주께서 내 오른손을 붙드셨나이다."(시 73:22-23).

(5) 이렇게 구원받을 가능성을 발견한 뒤 그 사람의 영혼에는 소원의

역사가 활성화됩니다. "내가 어떻게 하여야 구원을 받으리이까"라는 물음에 이 사실이 뚜렷이 나타나 있습니다. 그러나 때로 이 소원이 방향을 잘못 잡아 이렇게 표현되기도 합니다. "우리가 어떻게 하여야 하나님의 일을 하오리이까"(요 6:28). 이 경우, 전에 자기 구원에 대한 두려움과 염려로 갈피를 잡지 못했던 사람은 스스로 그 난국에서 빠져나오려고 자기 나름대로 애를 쓸 수도 있습니다. 그래서 갑자기 자기에게 명령된 모든 일을 다 하고 모든 악한 길을 다 버리기로 결단하며(그러나 그리스도 예수를 크게 오해하며), 그래서 다시 용기를 내서 "자기 의를 세우려고 힘써 하나님의 의에 복종하지 아니하"(롬 10:3)기 시작하고, 이에 주님께서는 그 사람이 절대적으로 타락한 상태에 있음을 드러내사 확실히 구원의 기회가 생길 수 있도록 하시려는 생각으로 다시 그 사람을 맹렬히 공격하십니다. 백성들이 너무 당돌한 약속을 하는 것을 보고 여호수아가 "너희가 여호와를 능히 섬기지 못할 것은 그는 거룩하신 하나님이시요 질투하시는 하나님이시니"(수 24:19)라고 말했던 것처럼 말입니다.

① 이 새로운 공격 때 주님께서는 이 사람 앞에 율법이 명하는 신앙을 대립시키십니다. 계명은 그 영적 의미 면에서 그 사람에게 새로운 죄목(罪目)과 함께 다가옵니다. 바울은 "율법이 들어왔다"고 말하는데, 이는 율법이 영적 의미 가운데 다가왔다는 뜻입니다. 과거에 바울은 한 번도 율법을 그런 관점에서 본 적이 없었습니다. ② 지극히 거룩하신 하나님께서는 부패한 상태에 있는 인간을 꽉 조이고 있던 속박의 끈을 느슨하게 하사 그 부패성이 인간의 내면에서 끓어오르고 부풀어 오르게 놔두실 뿐만 아니라 외부 지체들을 뚫고 나오겠다 위협하게 놔두십니다. 이렇게 해서 죄는 점점 담대해지고, 율법에 콧방귀를 뀌며 그 죄성을 엄청나게 더해갑니다. "그러나 죄가 기회를 타서 계명으로 말미암아 내 속에서 온

갖 탐심을 이루었나니 이는 율법이 없으면 죄가 죽은 것임이라 전에 율법을 깨닫지 못했을 때에는 내가 살았더니 계명이 이르매 죄는 살아나고 나는 죽었도다…그런즉 선한 것이 내게 사망이 되었느냐 그럴 수 없느니라 오직 죄가 죄로 드러나기 위하여 선한 그것으로 말미암아 나를 죽게 만들었으니 이는 계명으로 말미암아 죄로 심히 죄 되게 하려 함이라"(롬 7:8-9, 13). ③ 주님께서는 사람이 지닌 의의 불결함을, 사람이 지닌 최선의 것에 어떤 오점이 있는지를 그 사람에게 그 어느 때보다 많이 드러내 보여 주십니다. 이 모든 것이 사람을 죽이며, 그래서 사람은 자기 의에 대해 죽고 외부에서 오는 구원이 아닌 자력으로 말미암은 구원을 단념하게 됩니다.

(6) 이 지점에서 수많은 부침을 겪은 뒤 사람은 대개 은거(隱居)를 결단합니다. 혼자 있고 싶어 하며, 전처럼 사람들과 어울리지 못합니다. 적에게 포위된 도성 안에 있는 사람들이 더는 그 안에서 버틸 수 없다는 것을 깨닫고 적들이 어떤 그럴 듯한 조건을 내걸든 두 손 들고 환영하며 회의를 열어 뭔가를 결정하듯, 이제 이 사람도 한적한 곳으로 물러나 자기 자신과 대화를 합니다. 이는 마치 "심중에 말하"(시 4:4)는 것과 비슷합니다. 이렇게 하나님께서는 사람을 광야로 이끌어, 자기 마음과 대화하게 만드십니다. 사람이 그렇게 한적한 곳으로 물러나면, 이전 점검 단계에서 여러 군데 흩어져 있던 마음의 생각들이 이제 비교적 더 쉽게 관측할 수 있는 상태로 무리지어 모입니다. 이 과정은 다음과 같은 하나의 방식으로 정리될 수 있습니다. ① 하나님께 대적해 무장한 자신의 어설프고 어리석은 상태에 대해 생각합니다. 이 지점에서 사람은 과거 자신의 모습을 수없이 떠올리며 얼굴을 붉히고 자기 혐오에 빠집니다. "그때에 너희가 너희 악한 길과 너희 좋지 못한 행위를 기억하고 너희 모든 죄악과 가

증한 일로 말미암아 스스로 믿게 보리라"(겔 36:331). 시편 기자처럼 "내 죄가 항상 내 앞에 있나이다"(시 51:3)라고 말하게 됩니다. ② 이어서, 하나님 앞에 순복할 좋은 기회들을 업신여기며 잃어버린 적이 얼마나 많은지를 기억해 냅니다. 시편 기자가 "내가…이제 이 일을 기억하고 내 마음이 상하는도다…내 하나님이여 내 영혼이 내 속에서 낙심이 되므로…깊은 바다가 서로 부르며 주의 모든 파도와 물결이 나를 휩쓸었나이다"(시 42:4, 6-7)라고 말했다시피, 그 일들을 떠올리며 정신이 아찔해집니다. ③ 이제 이 사람은 마음으로 조롱하고 멸시했던 많은 그리스도인들을 떠올리며, 더 좋은 것을 선택한 그들이야말로 복된 사람들이라는 것을 납득하게 됩니다. 그리스도를 모시는 사람들의 상태에 대해 생각합니다. 시바의 여왕이 솔로몬의 종들에 대해 "복되도다 당신의 이 신하들이여 항상 당신 앞에 서서 당신의 지혜를 들음이로다"(왕상 10:8)라고 말했던 것처럼, 시편 기자가 "주의 집에 사는 자들은 복이 있나니"(시 84:4)라고 말했던 것처럼 말입니다. 그리고 하나님과 관계를 맺을 수만 있다면 그중에 가장 보잘것없는 자라도 될 수 있기를 바랍니다. 탕자가 말했다시피, 하나님의 "품꾼의 하나"(눅 15:19)라도 되고 싶어 하는 것입니다. ④ 그러고 나서 이 사람은 하나님께서 널리 알리신 좋은 소식을 기억해 냅니다. 선지자의 말에 따르면, 그는 하나님이 은혜로우시며 "자비로우시며 노하기를 더디 하시며 인애가 크"(욘 4:2)신 분이심을 알았다고 합니다. 바로 여기서 값없고 큰 은혜의 약속과 제안이 모습을 드러냅니다. 성경에 기록된 하나님의 속성대로 온갖 부류의 죄인들을 자비롭게 대하신다는 사실이 말입니다. ⑤ 이 사람은 혼자 생각합니다. '하나님은 나를 왜 그토록 오랫동안 살려 두셨을까? 나는 왜 내 죄의 그 참상을 보게 된 것일까? 하나님께서는 왜 내가 적절치 못한 구원을 선택하여 내 손으로 나를 망치게 버려 두지 않으셨을까? 하나님은 왜 나에게 이런 변화가 생기게 하신 것일까? 그분의 마음에 나를 선대하시려는 생각이 있을 수도 있다. 오 진정 그러하기를!' 율법의 예비 사역으로 모든 이가 다 이 모든 생각을 하게 되는 것은 아니지만, 많은 이가 바로 이런 경우에 해당하며 이는 구원의 가능성이 아주 높은 상황이라 하겠습니다.

(7) 이 모든 생각과 묵상을 바탕으로 사람은 삶과 죽음에 대해 기도해야겠다고, 하나님과 더불어 뭔가를 시도해야겠다고 그 어느 때보다도 진지하게 결단합니다. 열왕기하 7장의 나병환자들처럼 '지금보다 더 나빠질 리는 없다. 여기 있어도 죽기는 마찬가지'라고 결론 내립니다. 추위와 허기로 죽어 가던 탕자처럼 "내 아버지에게는 양식이 풍족한 품꾼이 얼마나 많은가 나는 여기서 주려 죽는구나"(눅 15:17)라고 생각한 그는 이에 일어나 하나님께로 갑니다. 지금 상태에서 그 탕자처럼 하는 것 말고는 다른 아무 방도를 알지 못하기 때문입니다. 어쩌면 그는 하나님 앞에서 할 말까지 정해 둘 수도 있습니다. 그러나 하나님 앞에 서는 즉시 상황은 달라집니다. 탕자가 미리 생각해 두었던 기도를 잊어버렸던 것처럼 말입니다. "내가 일어나 아버지께 가서 이르기를 아버지 내가 하늘과 아버지께 죄를 지었사오니 지금부터는 아버지의 아들이라 일컬음을 감당하지 못하겠나이다 나를 품꾼의 하나로 보소서 하리라 하고 이에 일어나서 아버지께로 돌아가니라…아들이 이르되 아버지여 내가 하늘과 아버지께 죄를 지었사오니 지금부터는 아버지의 아들이라 일컬음을 감당하지 못하겠나이다"(눅 15:18-21).

이제 그는 그 어느 때보다 시선을 끄는 모습으로 하나님 앞에 섭니다. ① 먼저 그는 세리처럼 멀찍이 떨어져 서서 이야기를 시작합니다. 무엇에도 구애받지 않고 거리낌없이 자기 죄를 고백하고 자기를 정죄합니다.

"내가 하늘과 아버지께 죄를 지었사오니…감당하지 못하겠나이다." ② 이제 이 사람의 생각은 자기 기도를 하나님께서 들으시는지에 관한 생각으로 가득합니다. 그건 지금까지 이 사람이 크게 문제 삼지 않던 일이었습니다. 이제 그는 기도를 들으시는 것과 관련해 성도들이 하는 말에 어떤 의미가 담겨 있는지 압니다. ③ 이 사람의 고백에는 "여호와여 어느 때까지니이까"(시 6:3)라는 시편 기자의 말에서처럼 불완전한 문장이 많고, 거기다 한숨과 "말할 수 없는 탄식"(롬 8:26)이 끼어드는 것을 볼 수 있습니다. 그리고 간절한 시선으로 하늘을 올려다봄으로써 말로 표현되는 것보다 훨씬 많은 것을 이야기합니다. ④ 이 사람의 이야기는 이따금 중단되기도 하고 옆으로 새기도 합니다. 때로 원수를 향해 말하기도 하고, 자기 마음을 향해 말하기도 하고, 다윗이 그랬던 것처럼 세상의 무리들을 향해 말하기도 합니다. "원수가 끊어져 영원히 멸망하였사오니"(시 9:6). "내 영혼아 네가 어찌하여 낙심하며 어찌하여 내 속에서 불안해하는가 너는 하나님께 소망을 두라 그가 나타나 도우심으로 말미암아 내가 여전히 찬송하리로다"(시 42:5). "인생들아 어느 때까지 나의 영광을 바꾸어 욕되게…하려는가"(시 4:2). ⑤ 여기서 볼 수 있는 것은, 이 사람이 이따금 이야기를 멈추고 침묵하면서, 마음을 스쳐 가는 즐거운 소리의 어떤 희미한 속삭임이나 성경의 어떤 단편적인 말씀에 담긴 소식에 귀 기울인다는 것인데, 이 사람은 그것이 성경 말씀인지, 혹은 그 말씀이 하나님에게서 오는 말씀인지, 아니면 그를 기만하려고 사탄이 에둘러 하는 말인지 거의 알지 못합니다. 어쨌든 말을 멈추고 침묵하는 것은 오로지 "하나님 여호와께서 하실 말씀을 들으"(시 85:8)려 합니다. ⑥ 비교적 더 뚜렷한 약속이 이 사람의 마음에 떠오르는데, 이 사람은 그 약속을 손에 꼭 쥐려 하지만, "주는 거룩하시니이다…나는 벌레요"(시편 2:3, 6)와 같은 말씀에 막혀

좌절하고 맙니다. 이 사람에게는 바로 이때가 동이 트는 시간입니다. 주님께서 "즐거운 소리"(시 89:15)를 전해 주시는 즉시 믿음이 활발히 움직일 것입니다. 이것이 바로 언약의 본질이며, 이를 다음과 같은 말씀으로 간단하게 요약할 수 있습니다. "이(그리스도 예수)는 내 사랑하는 아들이요 내 기뻐하는 자니 너희는 그의 말을 들으라"(마 17:5).

예비 작업으로 사람이 할 수 있는 일에 대해서는 이제 더 말할 게 없습니다. 뒤에 이어지는 과정은 단순한 예비 작업이 아니기 때문입니다. 하지만 이 예비 단계가 완전하고도 충분한 것으로 보일 수 있도록 한 가지 덧붙이자면, 사람의 이 모든 행동 뒤 주님께서 그 모든 의문에 여러 다양한 답변을 하시고, 당신의 언약에 대한 지식을 사람의 심중에 강력하게 전달하사 사람이 심령으로 언약을 체결하게 하신다는 것입니다. 이제 하나님은 그 사람을 그리스도께서 이끌어 가사 그분 앞에 마음을 내어놓게 하셔서 앞서의 예비 작업이 무위로 끝나지 않게 하십니다. 이제 그 사람의 마음이 그리스도를 위해 확대되었기에 그리스도에 미치지 못하는 그 어떤 것으로도 충족이 되지 않고, 그 이상의 것은 바라지도 않기 때문입니다. 시편 기자처럼 "하늘에서는 주 외에 누가 내게 있으리요 땅에서는 주밖에 나의 사모할 자 없나이다"(시 73:25)라고 말하게 되는 것입니다. 이제 이 영혼은 주님께서 죽으라 명하시면 죽기로 결심합니다. 단, 그분의 집 문 앞에서, 그분을 올려다보며 말입니다.

율법의 이 예비적 사역을 이렇게 다소 장황하게 이야기하는 것은, 어떤 사람이든 이 같은 과정을 다 밟도록 하기 위해서가 아닙니다. 우리가 하고 싶은 말은, 주님께서 어떤 사람을 이처럼 대하시기도 하며, 그렇게 해서 죄와 부패를 깨우치시고 자기가 얼마나 공허한 존재인지를 알게 하시어 구원을 자신에게 꼭 필요한 것으로 여겨 마음으로 받아들이게 하시며, 그 구원을 위해 하나님께서 정해 주신 수단들을 이용하는 단계로 들어가게 하신다는 사실입니다. 다시 말하지만 이런 사역이 선한 결과와 은혜로운 결론을 맺지 못하는 경우는 아주 드물 것입니다.

Ⅲ항. 은혜를 낳는 율법의 예비 사역과 외식하는 자들의 자각의 차이점

반론. 외식하는 자들과 유기자들에게는 양심의 큰 동요와 죄에 대한 깊은 자각이 있어 이따금 이들을 선동하는데, 제가 율법의 예비 사역이라 생각했던 것이 단지 그런 것에 지나지 않는 건 아니었는지 의심스럽습니다.

답변. 어떤 사람 안에 율법의 예비 사역이 진행되어 나중에 그 사람 안에 그리스도의 형상이 이뤄진다고 할 때 율법의 이 예비 사역과 유기자들에게서 이따금 볼 수 있는 율법적 동요 사이에 본질적으로 어떤 차이가 있는지 확실히 말하기는 어렵습니다. 주님의 백성이 죄를 자각하고 양심이 각성되었는데 은혜로운 결과가 뒤따르지 않는다면, 그리고 앞으로 살펴보게 될 다른 어떤 표지가 나타나지 않는다면 이런 율법적 동요에 뚜렷이 나타나는 어떤 변화와 명확히 구별하기가 어렵습니다. 하지만 위 반론에 답변하기 위해 몇 가지 차이를 제시할 텐데, 이 차이점은 유기자들의 율법적 동요에서는 보기 힘들고, 은혜로운 결과를 낳는 율법의 역사에서만 대체로 나타납니다.

1. 외식자들과 유기자들의 죄 자각은 대개 아주 중대한 죄과(罪過) 몇 가지에 한정됩니다. 사울은 다윗을 핍박한 죄 외에 다른 죄는 인정하지

않습니다(삼상 26:21). 유다는 "무죄한 피를 팔"(마 27:4)았다는 것만 인정합니다. 주님께서 사람의 영혼 안에 길을 예비하시는 수단인 자각도 한 가지나 그 이상의 심각하고 특정한 죄에서 시작하기는 합니다. 그러나 그 사람은 거기서 멈추지 않고 자기가 율법을 수없이 많이 범했다는 것을, 다윗이 자기 죄를 보고 말했다시피 "무수한 재앙이 나를 둘러싸고"(시 40:12) 있다는 것을 알게 됩니다. 게다가, 그런 보편적 자각(그렇게 부를 수 있다면)은 무분별한 사람들이 "하는 일마다 죄를 짓는다"고 말할 때 보통 우리가 생각하는 것처럼 그렇게 막연하지 않고 구체적이고 겸손합니다. 후에 바울이 자기 자신에 대해 "죄인 중에…괴수"일 뿐만 아니라 구체적으로 "훼방자요 핍박자"라고 한 것처럼 말입니다(딤전 1:13, 15).

2. 외식자들의 죄 자각은 자신의 부패 상태에 대한 자각, 그리고 죽을 육신은 선한 것에 대해서는 반감을 일으키고 악한 것 쪽으로 강하게 끌린다는 사실에 대한 자각에까지 이르는 경우가 드뭅니다. 성경에서 외식자들이 자기 자신에 대해 하는 말들을 보면, 대체로 자신은 부패에서 자유하다고 오만하게, 자기 기만적 태도로 말하는 것을 알 수 있습니다. 바리새인들은 소경되었다가 눈 뜬 사람을 향해 말합니다. "네가 온전히 죄 가운데서 나서 우리를 가르치느냐"(요 9:34). 마치 자기들은 그 사람처럼 날 때부터 부패한 죄인이 아닌 것처럼 말입니다. 하사엘이 그랬듯 외식자들은 큰 죄를 입에 올립니다. "당신의 개 같은 종이 무엇이관대 이런 큰 일을 행하오리이까"(왕하 8:13). 본분을 행하고자 할 때도 마찬가지입니다. "선생님이여 어디로 가시든지 저는 좇으리이다"(마 8:19)라고 했던 서기관을 생각해 보십시오. 백성들은 또 어떻게 말하는지 보십시오. "그들이 예레미야에게 이르되 우리가 당신의 하나님 여호와께서 당신을 보내사 우리에게 이르시는 모든 말씀대로 행하리이다 여호와는 우리

중에 진실무망한 증인이 되시옵소서 우리가 당신을 우리 하나님 여호와께 보냄은 그의 목소리가 우리에게 좋고 좋지 아니함을 물론하고 청종하려 함이라 우리가 우리 하나님 여호와의 목소리를 청종하면 우리에게 복이 있으리이다"(렘 42:5-6). 이들은 하나님께서 명하시는 모든 것을 다 하기로 합니다. 그러면서도 여하튼 여전히 "자기 의를 세우려고 힘써 하나님의 의를 복종치 아니"(롬 10:3)합니다. 제가 말씀드리거니와 자신의 부패성, 그리고 악으로만 향하게 하고 선을 행하지 못하게 하는 그 죽을 수밖에 없는 육신에 대한 자각과 괴로움은 주께서 당신의 길을 예비하시는 사역에서 적잖이 중요한 부분입니다. 이들은 죄 된 육신 때문에 자기 자신을 매우 비참한 자로 판단하곤 하며, 어떻게 해야 그 상태에서 구원받을까 하며 어찌할 바를 모릅니다. 죄 된 육신의 역사 아래 있을 때 바울이 "오호라 나는 곤고한 사람이로다 이 사망의 몸에서 누가 나를 건져 내랴"(롬 7:24)고 말하는 것처럼 말입니다.

3. 일반적으로 우리가 알게 되는 것은, 외식자들의 죄 자각은 그다지 진지하지 않아서 어떤 형식으로든 참회가 이뤄지기도 전에 다른 일들에 밀려 생각 속에서 사라진다는 점입니다. 가인의 경우를 보면, "떠나서… 성을 쌓"(창 4:16-17)았으며, 그의 죄 자각에 대해서는 더는 아무 말도 들을 수 없습니다. 벨릭스는 더 "틈이 있으면"(행 24:25) 바울을 다시 불러 강론을 듣겠다 했지만 그의 '두려움'에 대해서는 더 이상 아무 기록이 없습니다. 설령 그 자각이 아주 진지해진다 해도 이는 또 다른 극단, 심지어 구원 가능성에 대한 절망으로까지 흘러, 빠져나갈 여지를 남겨 놓지 않습니다. 유다의 경우가 바로 그러했습니다. 유다는 아주 진지하게 자기 죄를 자각했지만, 절망이 점점 심해져 결국 스스로 목을 매달고 말았습니다. 하지만 주님께서 당신의 길을 예비하시는 경우 죄 자각은 사람이

도저히 발뺌할 수 없을 정도로 심각해서 어떤 식으로든 그것을 해결하지 않으면 안 되는 상황이 되며, 바로 그런 심각한 상황에서 그 사람은 자기 모든 걸 열어 보이며 구원을 바라게 됩니다. "내가 어떻게 하여야 구원을 받으리이까"(행 16:30)라는 간수의 말에 이 점이 분명히 나타나 있습니다. 구원을 추구하는 이 진지한 질문은 궁극적으로 그리스도께 이어지는 예비 사역에서 아주 두드러지는 부분입니다. 하지만 우리는 이런 일들에 크게 비중을 두고 싶지는 않습니다. 하나님께서 소중한 것과 가치없는 것이 명쾌히 구별되게 하셨기 때문입니다.

반론. 주님께서는 당신께서 효과적으로 부르신 많은 이에게 자기 죄와 그 참상을 철저히 보여 주시는데, 특히 저 같은 이는 큰 죄인임에도 제 죄와 그 참상을 그다지 철저히 깨닫지 못한 게 아닐까 여전히 염려됩니다.

답변. 맞습니다. 주님께서 어떤 사람에게는 그 사람의 죄와 죄의 참상을 아주 강렬하고 선명하게 폭로하시고, 이에 그 사람은 크나큰 율법적 공포에 사로잡힙니다. 그러나 앞에서 설명했다시피 율법의 예비 사역을 체감한다고 모든 사람이 다 이에 응하는 것은 아닌 것과 마찬가지로, 하나님께서 그 방식을 좇아 역사하신 사람이라 해도 그 공포의 정도와 그 예비 사역이 계속되는 기간은 저마다 다 다르고 다양합니다. 간수의 경우 그 예비 사역이 격렬하게 진행되었고, 사역의 지속 기간은 아주 짧았습니다. 바울은 그 사역이 삼 일 간 이어졌습니다. 어떤 사람들은 "죽기를 무서워하므로 한평생 매여 종노릇"(히 2:15)합니다. 그러므로 주님께서 일하시는 방식을 어느 한 가지에 제한하지 말아야 합니다. 율법이 죄와 그 참상에 눈을 뜨게 하고 자각하게 할 때 우리가 주로 살펴야 할 것은,

주님께서 우리 안에서 다음과 같은 목표를 이루시는가 하는 점입니다. 통상적으로 사람의 영혼에 동요와 자각을 보내시는 것은 바로 그 목표를 이루시기 위해서입니다. 만약 그 목표가 이뤄진다면 그건 아주 잘 된 일입니다. 율법의 예비 사역에 대해 그 이상으로 마음 졸이며 초조해해서는 안 됩니다. 율법이 주는 이 공포와 양심의 자각을 통해 하나님께서 죄인들에게 이루시고자 하는 목표는 네 가지입니다.

첫째, 주님께서 사람에게 그의 죄와 참상을 드러내 보여 주시는 것은 사람을 그 자신에게서 몰아내기 위해서, 자기 의에 기만당하고 있는 상태에서 몰아내시기 위해서입니다. 사람은 본성적으로 자기 자신을 대단하게 생각하고, 행위 언약으로 많이 기울어지는 경향이 있습니다. 그래서 주님께서는 인간의 수많은 죄와 부패상을 그들에게 보여 주시되 인간이 생각하기에 최선이라 여겨지는 것에도 죄와 부패가 스며 있음을 보여 주심으로써 인간이 자신을 혐오하게 만들고 인간 자체로는 구원의 가능성이 없다 절망하게 만드십니다. 그리하여 사람은 자기 자신에게서, 행위 언약에서 빠져나와 다른 어디에선가 피난처를 찾지 않을 수 없습니다. 이들은 의롭다 칭함 받을 정도까지 자기 자신과 "율법에 대하여 죽임을"(롬 7:4) 당합니다. 그래서 더는 "육체를 신뢰"(빌 3:3)하지 않습니다. 당신께서 오신 것은 "잃어버린 자를 찾아 구원하려 함"(눅 19:10)이고, "의사가…병든 자에게라야 쓸 데 있"(마 9:12)다는 그리스도의 말씀에는 이런 사실이 암시되어 있습니다.

두 번째 큰 목표는, 사람의 마음에 다른 모든 것보다 그리스도 예수를 높이 권면하여 이들이 그분과 사랑에 빠지게 하고, 자기들을 부요하게 하는 그 보화와 보물에 의지하게 하며, 그렇게 함으로써 복음이라는 수단을 사용하고자 하는 하나님의 계획에 이바지 하도록 하기 위해서이며, 복음이란 인간 구원이라는 일에서 그리스도 예수를 통해 주님의 값없는 은혜가 현시되는 것입니다. 인간 자체의 비참함, 태어날 때부터 멸망하는 상태에 있다는 사실을 보여 주는 게 그리스도를 가장 귀히 여기게 만드는, 그리스도만이 그런 비참한 존재를 자유롭게 해주실 수 있음을 깨닫게 하는 가장 신속한 방법입니다. 이렇게 해서 사람은 그리스도를 존귀히 여기게 될 뿐만 아니라 은혜나 새 언약, 믿음 등 그 구원의 방식과 관계된 모든 것을 소중히 여기게 되며, 자신이 이런 일들에 관심이 있음을 확증하기 위해 '믹담'('황금의 시', '금언의 시', '죄를 속한다'는 의미로, 원수에게서 보호받는 것을 노래하거나 입술을 다문 채 허밍으로 노래하는 시를 말한다. 시 16, 56-60편—옮긴이)이나 황금율 같은 말씀을 주의 깊게 모아서 소중히 마음에 새기기도 합니다.

세 번째 큰 목표는, 사람들이 죄짓는 것을 저지하고 죄를 두려워하게 만들며, 죄와 싸우게 하고, 기꺼이 목을 내밀어 주님의 모든 멍에를 다 메게 만드는 것입니다. 하나님께서는 사람에게 죄를 드러내 보여 주심으로써 그들의 가슴에 지옥의 불을 붙이시는데, 이 방법이 즉효를 발휘해 사람은 이후 곧 경외감에 사로잡혀 "하나님 여호와를 버림…이 고통인 줄 알"(렘 2:19)게 됩니다. 이렇게 우리는 그리스도의 멍에를 멘다는 조건으로 곤고한 자에게 안식이 주어지는 것을 봅니다. "나는 마음이 온유하고 겸손하니 나의 멍에를 메고 내게 배우라 그리하면 너희 마음이 쉼을 얻으리니"(마 11:29). 또한 하나님께서는 이들이 벨리알에게 화평한 거처를 절대 허락하지 않는다는 것을 조건으로 당신을 하나님이요 아버지로 소유할 것을 제안하십니다. "의와 불법이 어찌 함께하며 빛과 어둠이 어찌 사귀며 그리스도와 벨리알이 어찌 조화되며 믿는 자와 믿지 않는 자가 어찌

상관하며…그러므로 너희는 그들 중에서 나와서 따로 있고 부정한 것을 만지지 말라 내가 너희를 영접하여 너희에게 아버지가 되고 너희는 내게 자녀가 되리라 전능하신 주의 말씀이니라"(고후 6:14-15, 17-18).

네 번째 큰 목표는, 사람이 주님의 모든 기쁨을 위해 감사하는 태도로 끈기있게 순종하게 만드는 것입니다. 이는 이 사역의 독특한 한 부분입니다. "이는 내가 네 모든 행한 일을 용서한 후에 네가 기억하고 놀라고 부끄러워서 다시는 입을 열지 못하게 하려 함이니라 주 여호와의 말씀이니라"(겔 16:63). 사람이 얼마나 형편없으며 어떤 대접을 받아 마땅한 존재인지 보여 주면 사람은 입을 다물게 됩니다. 그리고 하나님께서 자신을 어떻게 대하시든 손으로 입을 가리며 말합니다. "내가 잠잠하고 입을 열지 아니함은 주께서 이를 행하신 까닭이니이다"(시 39:9). "우리 하나님이 우리 죄악보다 형벌을 가볍게 하시고"(스 9:13). "내가 여호와께 범죄하였으니 그의 진노를 당하려니와"(미 7:9). 자기는 임박한 진노를 받아 마땅한 사람이므로 하나님께서 그 진노에서 자신을 구해 주시기만 한다면 하나님께서 자기에게 무엇을 하시든, 혹은 자기를 어떻게 대하시든 이 사람은 개의치 않습니다. 자기 자신의 실상을 본 사람에게는 어떤 자비든 엄청난 자비일 수밖에 없습니다. 그는 "주의…모든 은총…을 조금도 감당할 수 없"(창 32:10)는 사람으로, "제 주인의 상에서 떨어지는 부스러기"(마 15:27) 한 조각도 감지덕지할 형편입니다. 이 사람은 이 자비가 "무궁하시므로 우리가 진멸되지 아니"(렘 3:22)한다고 생각합니다. 고통 중에 있는 가련한 하나님의 백성들을 신기하게 입 다물게 만들고 자기 몫에 만족하게 만드는 게 바로 이 자비입니다. 아니 오히려, 이들은 하나님께서 어떻게 하시든 그 앞에서 입을 벌리는 자는 지옥에 가야 마땅하다고 생각합니다. 왜냐하면 그분께서 죄를 사해 주셨기 때문입니다.

이제, 위의 반론에 답변하기 위해 말씀드리자면, 주님께서 그대를 그대 자신에게서 몰아내시고, 그대의 마음에 그리스도를 만물보다 심히 귀한 분으로 천거하시며, 그대에게 드러내 보여 주신 모든 죄과에 맞서 싸울 수 있도록 그분의 능력으로 결단하게 해주신다면, 그리고 그대가 이제 젖 뗀 아이로서 주님께서 그대에게 해주신 일을 묵묵히 따르며 감사하는 마음으로 입을 다물고자 한다면, 자신의 죄와 참상에 대한 그대의 자각, 그리고 무엇이 됐든 그대가 간청했던 예비 사역은 다 충족된 것이며, 그대는 이제 그 문제에 관해 더 이야기할 것이 없습니다. 다만 과거의 죄와 새로 저지르는 죄 때문에, 그대가 본디 죽어 마땅한 상태에 있었다는 사실을 잊지 않도록, 그러한 분별을 날마다 새로이 하기에 힘쓸 것을 권고합니다. 또한 늘 우리를 위해 중보하시는 제사장이신 그리스도 안에서 날마다 새로운 도움을 얻을 것을, 감사하는 태도로 성화와 견인의 일을 자주 새롭게 하고 활기차게 할 것을 권고합니다. 이렇게 그대를 낮추고 그리스도를 높이며 그분의 뜻에 따르는 태도가 이생에서 평생 그대와 함께해야 할 것이기 때문입니다.

그리스도와 관계를 맺고 있는 증거로서의 믿음

Ⅰ항. 믿음에 대하여

이제 자신이 은혜 상태에 있고 그리스도와 관계를 맺고 있음을 알려 주는 좀더 선명하고 확실한 표지 몇 가지에 대해 이야기할 때가 되었습니다. 사람이 이를 알 수 있는 첫 번째 표지는, 그리스도에 대해 상세히 설명하는 복음으로써 그리스도와 연합하는 것입니다. 이것이 바로 믿음 혹은 신앙으로서, 이 믿음이 언약의 조건입니다. "그것이 은혜에 속하기 위하여 믿음으로 되나니"(롬 4:16). "주 예수를 믿으라 그리하면 너와 네 집이 구원을 받으리라"(행 16:31). 믿음으로 말미암은 관계, 즉 우리가 그리스도와 맺은 관계를 어떤 적절한 말로 증명하기는 어렵지만, 마음으로 그리스도 예수와 연합한 것은 그 자체로 확실히 분별가능하기에 우리는 이것을 은혜 상태에 대한 하나의 표지로 여길 수 있습니다. 그리고 사람이 이것을, 즉 자기가 그리스도 예수를 믿는다는 걸 입증할 수 있다면, 그럼으로써 그 사람은 참으로 그분과 관계를 맺고 있음을 입증하는 것입니다.

하나의 표지로서의 이 믿음에 겁을 먹는 이들이 많은데, 그 이유는 다음과 같습니다.

1. 어떤 이들은 이 믿음을 까다로운 신비, 도저히 도달할 수 없는 어떤 것으로 생각합니다. 이런 분들에게 제가 드리는 말씀은, 착각하지 말라는 것입니다. 믿음은 많은 이들이 생각하는 것처럼 그렇게 까다롭지 않습니다. 저는 아주 보잘것없는 수준일지라도 참 믿음은 하나님의 선물이며, 그 참 믿음은 혈과 육의 권세를 능가한다고 생각합니다. 왜냐하면 하나님께서 사람을 그리스도께로 이끄셔야만 이 믿음을 가질 수 있기 때문입니다. "나를 보내신 아버지께서 이끌지 아니하시면 아무도 내게 올 수 없으니"(요 6:44). "그리스도를 위하여 너희에게 은혜를 주신 것은 다만 그를 믿…게 하려 하심이라"(빌 1:29). 극복할 수 없을 정도로 어려운 문제라는 말은, 다음과 같은 말씀에서 분명히 알 수 있다시피, 그리스도와 또 그분께서 하신 모든 일을 염두에 두고 하는 말입니다. "믿음으로 말미암는 의는 이같이 말하되 네 마음에 누가 하늘에 올라가겠느냐 하지 말라 하니 올라가겠느냐 함은 그리스도를 모셔 내리려는 것이요 혹은 누가 무저갱에 내려가겠느냐 하지 말라 하니 내려가겠느냐 함은 그리스도를 죽은 자 가운데서 모셔 올리려는 것이라 그러면 무엇을 말하느냐 말씀이 네게 가까워 네 입에 있으며 네 마음에 있다 하였으니 곧 우리가 전파하는 믿음의 말씀이라 네가 만일 네 입으로 예수를 주로 시인하며 또 하나님께서 그를 죽은 자 가운데서 살리신 것을 네 마음에 믿으면 구원을 받으리라 사람이 마음으로 믿어 의에 이르고 입으로 시인하여 구원에 이르느니라 성경에 이르되 누구든지 그를 믿는 자는 부끄러움을 당하지 아니하리라 하니"(롬 10:6-11). 이 말씀에 따르면, 믿음을 까다로운 신비, 도저히 도달할 수 없는 어떤 것으로 생각하는 것은 그리스도께서는 하늘에서 오시지도 않았고, 죽음에서 일어나시지도 않았고, 승리하사 하늘로 올라가시지도 않았다고 말하려는 것과 다름없습니다. 제가 말씀

드리거니와 그리스도께서는 하늘에 이르는 길을 아주 쉽게 만드셨습니다. 믿음은 우리에게 요구되는 조건으로, 사람들이 생각하는 것보다 수월합니다. 좀더 쉽게 이해하려면 이걸 생각해 보십시오. 의롭다 여김 받는 믿음은 내가 택함 받았다고 믿거나 하나님께서 나를 사랑하신다고 믿거나 그리스도께서 나를 위해 죽으셨다고 믿는 게 아닙니다. 이런 일들은 사실 아주 까다로운 내용으로, 진지한 사람은 이런 내용을 단번에 믿기가 거의 불가능합니다. 반면 타고난 무신론자나 망상에 빠진 외식자는 위와 같은 내용들을 아무 어려움없이 단언할 수 있습니다. 다시 말하지만 진정 의롭다 함을 얻는 믿음은 앞에서 말한 이런 일들에 대한 것이 아닙니다. 이는 글로 기록된, 혹은 추론할 수 있는 어떤 문장을 그저 믿는 믿음도 아닙니다. 제가 생각하기에, 그리스도 예수를 믿는 사람은 인간이 본성적으로 처해 있는 죄악의 비참한 상태에 관해 하나님께서 하신 말씀을 믿습니다. 그리고 "아들 안에 생명이 있으니, 그는 죽임당하셨다가 죽은 자 가운데서 다시 일어나셨다"는 것이 사실임을 믿습니다. 그러나 이런 어떤 믿음도, 이와 비슷한 수많은 진리에 대한 믿음도 의롭다 함을 얻는 믿음이나 성경에서 말하는 바 하나님의 아들에 대한 믿음을 분명히 말해 주지는 않습니다. 이는 단순히 이해의 행위일 뿐이고, 지금 우리가 추구하는 진정으로 의롭다 함을 얻는 믿음, 즉 구원에 이를 만하게 그리스도와 관계를 맺었음을 알려 주는 표지로서의 믿음은 주로, 그리고 본질적으로 마음과 의지의 행위이기 때문입니다. "사람이 마음으로 믿어 의에 이르고"(롬 10:10). 로마서 10장 9절을 보면, "하나님께서 그를 죽은 자 가운데서 살리신 것"이 진리임을 믿는다는 조건으로 사람이 구원에 이르는 것으로 보이기도 하지만, 9절과 10절에서는 이 명제가 진리임을 믿는 것 말고 다른 내용을 깨달아야 합니다. 마귀들도 모두 그런 믿음을 갖고 있고 그 믿음으로써 하나님께서 그리스도를 죽음에서 일으키셨다 믿는 것과 나란히, 성경은 의롭다 함을 얻는 믿음을 그리스도를 영접하는 것으로 명쾌히 분석하고 있기 때문입니다. "영접하는 자 곧 그 이름을 믿는 자들에게는 하나님의 자녀가 되는 권세를 주셨으니"(요 1:12). 여기서 그리스도를 영접한다는 것은 그분의 이름을 믿는 것으로 설명되고 있습니다. 이런 사람은 "심지가 견고한 자"(사 26:3)로 불리며, 시편에서 자주 언급되듯 이는 "하나님을 신뢰하는 것"이며 이 말은 하나님을 의지한다는 뜻입니다. 이는 그리스도를 믿는 것입니다. "하나님께서 보내신 이를 믿는 것이 하나님의 일이니라"(요 6:29). 신약성경에는 흔히 이런 식으로 표현되어 있습니다. 성경은 인간으로 하여금 구원에 이를 만큼 믿게 하실 때 하나님께서 인간을 그리스도께로 이끄신다고 말하며, 주님께서 사람들을 부르사 믿게 하실 때는 당신께로 오라고 부르신다고 말합니다. "아버지께서 내게 주시는 자는 다 내게로 올 것이요 내게 오는 자는 내가 결코 내쫓지 아니하리라…나를 보내신 아버지께서 이끌지 아니하시면 아무도 내게 올 수 없으니"(요 6:37, 44). 천국은 어떤 사람이 보화를 발견하는 것과 같아서, 그 사람은 그 보화와 사랑에 빠집니다. "천국은 마치 밭에 감추인 보화와 같으니 사람이 이를 발견한 후 숨겨 두고 기뻐하며 돌아가서 자기의 소유를 다 팔아 그 밭을 사느니라 또 천국은 마치 좋은 진주를 구하는 장사와 같으니 극히 값진 진주 하나를 발견하매 가서 자기의 소유를 다 팔아 그 진주를 사느니라"(마 13:44-46). 다시 말씀드리지만, 그리스도 예수께 마음을 두는 이 행위는 생각만큼 그렇게 어려운 일이 아닙니다. 상당 부분 욕구로 이뤄진 일을 신비스러울 만큼 어려운 일로 판단해야 할까요? 어떤 것에 대한 욕구가 있으면 사람은 그것을 갖게 됩니다. "의에 주리고 목마른 자는 복이 있나니"(마 5:6). "원하는 자는"(계 22:17) 환영받습니다. 높아지신 구주를 간절히 바라보는 게 그토록 복잡한 일이고 이겨 낼 수 없을 만큼 어려운 일입니까? "땅의 모든 끝이여 내게로 돌이켜 구원을 받으라"(사 65:22). 주어진 것, 제안된 것을 받아들여 내 것이라 선언하는 게 그렇게 힘든 일입니까? 입을 벌린 자세로 받아들여서 그 앞에 몸을 굽히기만 하면 되는데 말입니다. "네 입을 크게 열라 내가 채우리라"(시 81:10). 그런 것이 믿음 아니면 뭐가 믿음이겠습니까? 아, 의롭다 여김 받는 믿음, 그리스도를 내 소유로 삼게 해주는 그 믿음이 어떤 건지 사람들에게 납득시킬 수 있다면! 우리는 믿음을 뭔가 심히 신비스러운 일로 이해하게 하며 믿음에 대해 불필요한 의심을 불러일으키고 그 때문에 믿음의 개념이 쓸데없이 모호해지게 해서 사람들을 겁먹게 해 마음의 평정과 평안을 누리지 못하게 할 때가 많습니다.

2. 어떤 이들은 새 언약의 조건이 될 만큼 탁월한 것을 자기가 가지고 있다고 자부하는 건 아주 뻔뻔스러운 범죄라 판단하고 이 표지를 전혀 활용하지 않습니다. 이런 분들에게 제가 드릴 말씀은, 그 표지를 갖고 있는 체하는 게 그토록 엄청난 교만인 것인 양 그렇게 놀랄 필요가 없다는 것입니다. 참 신앙이란 게 무엇이든, 사람은 그 신앙을 갖기로 결단해야 하며, 그렇지 않으면 아무것도 없는 것이기 때문입니다. 참 신앙이 없으면 다른 모든 표지는 다 헛것입니다. 믿음 외에는 천 가지 표지가 있어도 소용없습니다. "그를 믿는 자는 심판을 받지 아니하는 것이요 믿지 아니하는 자는 하나님의 독생자의 이름을 믿지 아니하므로 벌써 심판을 받은 것이니라"(요 3:18). "아들을 믿는 자에게는 영생이 있고 아들에게 순종하지 아니하는 자는 영생을 보지 못하고 도리어 하나님의 진노가 그 위에 머물러 있느니라"(요 3:36).

3. 또 어떤 이들은 믿음이라는 이 고상한 표지를 경솔하게 만지작거리

지 않습니다. 믿음이 어디 있는지 찾아내는 건 세상에서 가장 힘든 일이라 생각하기 때문이지요. 이런 분들에게 제가 드릴 말씀은, 믿음을 찾아내는 건 그렇게 힘들지 않다는 것입니다. 왜냐하면, "믿는 자는 자기 안에 증거가 있"(요일 5:10)기 때문입니다. 믿음은 약간의 진지한 탐구만 있으면 알 수 있는 일입니다. 많은 이들 안에서 이미 진행된 예비 사역의 결과 인간이 잃어버린 바 된 상태에 있음을 깨닫고 믿게 됨에 따라 우리는 인간이 자기 스스로는 구원을 이룰 수 없고 그리스도 안에만 만족할 만한 충만함이 있으며 구원을 향해 마음을 열어 놓고 이 사실을 진지하게 명심할 수 있다면 아주 바람직하다는 것을 알게 됩니다. 이런 자각에 통상적으로 동반되고 부수되는 것이 있는데, 그것은 바로 그리스도의 다스림, 왕 같은 선지자인 그분의 직분을 좋아하게 되고 나 자신을 전폭적으로 그분 앞에, 그분의 처분에 맡기고자 하게 된다는 것입니다. 또 거기 따르는 자연적인 결과로서 말씀을 이행하게 되고, 그 말씀에 따라 양심에 거리끼는 일이 없게 되며, 마음을 정결하게 하는 일, 사랑의 일 등을 하게 됩니다. 제 말은, 이런 일들로 믿음의 존재를 알게 될 뿐만 아니라 믿음은 그 자체로, 그 고유의 속성으로도 분별가능하다는 것입니다. 성령의 도우심으로 "하나님께서 우리에게 은혜로 주신 것들을 알게"(고전 2:12) 되어야 한다는 사실, 또 "내가 하나님의 아들의 이름을 믿는 너희에게 이것을 쓰는 것은 너희로 하여금 너희에게 영생이 있음을 알게 하려 함이라"(요일 5:13)는 말씀처럼 하나님께서 많은 증거와 표지를 소중한 도움으로 베푸사 믿음이 인간 자신에게 좀더 온전하고 명쾌하게 설명되게 하셨다는 사실을 부인하는 것은 아니지만, 그래도 저는 이렇게 말하렵니다. 믿음 또는 믿는다는 것은 복음 안에서 그리스도께 의지하는 마음의 어떤 행위요 복음 안에서 그리스도와 교제하는 것으로서, 분별있는 이해력을 가진 사람에게는 성령의 통상적 영향력으로 저절로, 그리고 자연히 분별 가능하다고 말입니다. 주님께서 주님 자신만 아시는 어떤 이유로 인간이 자기를 성찰하는 빛, 자기 안에 있는 것을 집어 올려 정체를 파악할 수 있게 해주어야 할 그 빛을 어둡게 하시지 않는 한 말입니다.

의롭다 함을 얻게 하는 이 믿음, 쉽게 분별해 낼 수 있다고 우리가 주장하는 이 믿음은 주님의 깊은 지혜와 은혜롭게 자기를 낮추심 가운데, 하나님에 관하여 그 믿음이 어떻게 각각 다르게 작용하고 어떻게 밖으로 표출되느냐에 따라 성경에서 다양하게 표현됩니다. 그래서 이 믿음이 있는 사람은 누구나 자기 나름의 틀 안에서 이 믿음을 찾아내서 집어 올릴 수 있도록 말입니다. 이 믿음은 때로 그리스도 안에서 하나님과 연합하고자 하는 소원에 의해 움직입니다. 이사야서에서 말하는 '돌이킴'(looking to)이 바로 그 믿음의 예입니다. "땅의 모든 끝이여 내게로 돌이켜 구원을 받으라"(사 45:22). 이는 연약한 믿음의 행위요, 이사야가 다른 때 보여 주었던 믿음의 행위보다 훨씬 수준이 낮은 행위로 보입니다. 사람들은 자기가 감히 다가갈 수 없는 것, 감히 만지거나 껴안을 수 없는 두려움의 대상을 바라봅니다(look to). 감히 말을 걸 수 없는 대상을 바라볼 수도 있습니다. 하지만 하나님께서는, 앞에서 언급한 성경구절이 보여 주다시피 그런 행위 가운데 있는 믿음에게 약속을 하십니다. 그리고 여기서 하나님의 자비와 지혜가 드러납니다. 어떤 사람들의 경우엔 바라보는 것만이 그 사람의 믿음을 식별할 수 있게 해주는 유일한 행위이기 때문입니다. "의에 주리고 목마른"(마 5:6) 것도 성경에서 믿음이 그렇게 작동하거나 겉으로 드러난 행위로 표현됩니다. "원하는 자는 값없이 생명수를 받으라"(계 22:17)는 말씀에서처럼, "원하는" 행위로도 그 믿음이 표현됩니다.

또한 이 믿음은 때로 주님께 길게 기대는, 혹은 의지하는 행위로도 표현됩니다. 이때 이 영혼은 그리스도를 의지하는 돌로 여기는 것이며, 그리스도가 다른 사람에게는 걸림돌일지라도 하나님께서 그 영혼에게는 그리스도를 그렇게 의지하는 돌로 제시하십니다(롬 9:33). 이 믿음의 행위는 하나님을 '신뢰한다', '심지가 견고하다'는 표현 속에 암시되어 있으며, 성경에서 자주 언급됩니다. 그리고 이 믿음의 행위에는 소중한 약속이 주어집니다. "주께서 심지가 견고한 자를 평강하고 평강하도록 지키시리니 이는 그가 주를 신뢰함이니이다 너희는 여호와를 영원히 신뢰하라 주 여호와는 영원한 반석이심이로다." "여호와를 의지하는 자는 시온 산이 흔들리지 아니하고 영원히 있음 같도다"(시 125:1). 다시 말하지만 주님께서는 많은 사람의 경우 믿음이 이런 식으로 하나님을 좇아 드러나며, 이런 믿음의 행위가 그들에게는 아주 잘 분별되리라는 것을 아시고 이 행위에 대해서도 약속을 하셨습니다.

믿음은 때로 기다리는 행위를 통해서도 하나님을 좇아 드러납니다. 한 영혼이 하나님 앞에서 다소 미적거리고 믿음에 관해 만족할 만하게 자기 마음을 내보이지 않을 때, 그럴 때 믿음은 기다립니다. 그래서 그 믿음에게는 이런 약속이 주어집니다. "나를 바라는 자는 수치를 당하지 아니하리라"(사 49:23). 하나님께서 자기를 밀어내시며 패망하리라 위협하실 것을 두려워하면서도 사람의 영혼이 주님께 대해 고집스러운 태도로 행동할 때도 있습니다. "그가 나를 죽이실지라도 나는 그를 신뢰하리라"(욥 13:15, 개역개정판에는 "그가 나를 죽이시리니 내가 희망이 없노라"고 번역됨─옮긴이). 그리스도께서 높이 칭찬하신 그 불쌍한 가나안 여인의 믿음이 바로 난관 앞에서 이렇게 고집스러운 행동으로 드러난 사례입니다(마 15장). 주님께서 이 믿음을, 그리고 이 믿음에 대해 그렇게 좋게 말씀하신 것은,

때로 자기 믿음을 이런 식으로 발휘해야 할 때가 있기 때문이며, 그래서 그에 대해 그리스도께서 힘을 북돋아 주신 것입니다. 믿음을 행동으로 옮기는, 믿음을 발휘하는, 그리스도를 좇아 그 믿음을 표출하는 방식들을 일일이 사례를 들어 설명하자면 너무 장황한 이야기가 될 터이고, 사람이 처한 다양한 형편에 따라 이야기를 할 수는 있을 것입니다. 믿음은 그리스도와 사람 사이에 교통과 교제가 있도록, 그리스도의 충만함이 인간에게 전달되고 그분과의 연합과 교통이 유지되는 수단으로서 하나님께서 정하신 것으로서, 그리스도 안에서 하나님으로 말미암아 다양하고 다르게 작용합니다. 믿음은 그리스도로 말미암은 구원이라는 하나님의 방책에 맞게 사람의 마음을 형성하시는 것이기 때문입니다. "아버지께서는 모든 충만으로 예수 안에 거하게 하시고"(골 1:19). 그래서 그리스도께서 어떤 길이든 뜻하시는 대로 향하면 믿음도 그쪽으로 방향을 돌리고 그 방향을 가리킵니다. 이제 그리스도께서는 가련한 인간에게 당신이 유익이 될 수 있는 쪽으로 방향을 돌리십니다. 그러므로 믿음은 인간이 처한 상황과 형편에 따라 예수님의 그 충만함에서 유익을 얻기 위해 예수님을 좇아 행동합니다. 예를 들어, 사람의 영혼이 하나님의 진노라는 폭풍에서 자기를 덮어 가려줄 것 하나 없이 벌거벗고 있다고 할 때 그리스도는 '좋은 옷'이십니다(계 3:17-18). 그에 따라 믿음의 역사는 여기서 "주 예수를 입는" 것입니다(롬 13:14). 영혼은 뭔가 영원한 만족을 줄 만한 것에 대해 배고프고 목마릅니다. 이때 그리스도는 젖과 포도주, 물, 생명의 떡이요 참 만나이십니다(사 55:1-2; 요 6:48, 51). 그분은 "기름진 것과 오래 저장하였던 포도주로"(사 25:6) 여는 연회이시며, 이때는 가서, 사서, 풍성히 먹고 마시는 게(요 6:53, 57; 사 55:1) 믿음이 할 일이요 믿음을 발휘하는 행위입니다. 영혼은 다소간 죄책감에 쫓기고, 그 혐의에 답변할 능력이 없습니다. 그리스도 예수는 도피성이시요 그곳의 대제사장이시며, 그분께서 대제사장이신 동안, 그 영원한 시간 동안 거기로 피한 그 가련한 사람은 안전합니다. 그러므로 "앞에 있는 소망을 얻으려고 피난처를 찾"(히 6:18)는 것이 믿음의 일이요 믿음을 발휘하는 것입니다. 한마디로, 그리스도께서 가련한 인간에게 어떤 식으로 유익을 주시든, 그분은 유익을 주실 수 있다고 선언하실 수 있습니다. 그리고 성경에서 그리스도 자신을 어떤 식으로 제시하시든, 믿음도 그와 똑같은 식으로 그분을 가리킵니다. 그리스도가 신랑이시면 믿음은 부부 관계 속에 모습을 드러낼 것입니다. 그리스도가 아버지이시면 믿음은 자녀가 되라고 사람에게 호소합니다. 그분이 목자이시면 믿음은 그분의 양 떼 중 한 마리가 되라고 사람에게 호소합니다. 그분이 주님이시면 믿음은 그분을 주님이라고 부르며, 예수님의 영이 아니면 누구도 그분을 그렇게 부를 수 없습니다. 그분이 죽으시고, 우리의 칭의를 위해 다시 사시면, 믿음은 그런 이유로 "하나님께서 그를 죽은 자 가운데서 살리신 것을"(롬 10:9) 믿습니다. 그리스도가 어디에 계시든 믿음도 거기 있을 것입니다. 그리스도가 어떤 분이시든 믿음은 얼마간 그분을 닮을 것입니다. 믿음으로써 마음은 그 넓이와 길이에서 그분을 향해 모양이 잡혀갈 것이기 때문입니다. 네, 그리스도의 명성과 소문이 그분의 진리를 통해 널리 퍼질 때, 그 광경을 많이 보지 못할지라도 그리스도께서 친히 널리 보내신 바로 그 명성을 근거로 믿음은 그분의 "이름을 믿"(요 1:12)습니다.

그런데 여기서 오해를 피하기 위해 생각해 볼 것이 있습니다. (1) 의롭다 함을 얻는 믿음은 이렇게 다양하게 작용하긴 하지만, 그리스도 예수를 자기 주님으로 부를 자격을 갖춘 신자라고 해서 누구나 다 이렇게 다양한 모습으로 믿음이 작용되고 믿음이 발휘되는 것은 아닙니다. 왜냐하면 그 사람의 형편이 그걸 요구하지 않기 때문입니다. 그리고 어떤 사람들의 경우엔 주님께서 이런 모든 방식으로 믿음을 이끌어 내기를 기뻐하지 않으시기 때문입니다. 그 이유는 주님만이 아십니다. 그 사람들의 필요상(불안할 정도로) 그런 믿음의 행위가 요구되는 경우에도 마찬가지입니다. "그가 나를 죽이실지라도 나는 그를 신뢰하리라"(욥 13:15)는 말은 감히 누구나 다 할 수 있는 말이 아닙니다. 앞에서 말했던 가나안 여인의 믿음에 이를 수 있는 사람은 많지 않습니다. 중간에 낙심하여 그만둘 사람이 많습니다. 그리스도께서 다른 많은 사람(예를 들어 백부장)의 믿음보다 가나안 여인의 믿음을 크게 높여 칭찬하신 것은 바로 그런 이유 때문입니다. 선한 사람들 중에도 자기 믿음에 관해 크게 불안해하는 이들이 많습니다. 성경에 기록된 모든 방식으로 자기 믿음이 역사하지 않기 때문에 말입니다. 그러나 어떤 사람의 믿음이 그런 모든 방식으로 역사하는 경우는 보기 드뭅니다.

(2) 이런 믿음의 행위는 도중에 중단되거나 포기되는 경우가 많습니다. 어느 때는 믿음이 강하고 활기차며 아주 쉽게 눈에 뜨이다가 또 어느 때는 그 힘이 약해지고 불신앙이 득세합니다. 그래서 그런 모습으로 어떤 사람의 상태를 판단한다는 건 애매한 일입니다. 믿음의 행위 면에서 전에 봤던 것과는 아주 다른 모습을 가끔 보여 주는 성도들이 있습니다.

(3) 이런 믿음의 행위들은 이 행위를 하는 사람에게 저마다 희망적인 말을 해주며, 앞에서 말했다시피 그 행위들에는 부수되는 약속들이 있습니다.

(4) 이 믿음의 행위에는 부수되는 약속들이 있긴 하지만, 그렇다고 해서 그 믿음의 행위가 새 언약의 조건인 것은 아닙니다. 믿음의 행위가 새 언약의 조건이면 모두 그 행위를 할 필요가 있게 되는데, 앞에서 말했다

시피 그건 사실이 아니기 때문입니다. 약속은 이겨 내는 자에게 주어집니다. 하지만 견인이 새 언약의 조건은 아닙니다. 새 언약이 비록 견인을 가정하고 있긴 하지만 말입니다. 성경을 보면 어떤 은사든 은사를 발휘하는 모든 행위에 주어지는 약속이 있습니다. 하지만 언약의 조건은 오직 믿음뿐입니다. 그러므로 믿음의 행위에 약속들이 주어진다는 말은 이와 같은 의미가 아니라 다만 이 약속들이 의롭다 함을 얻게 하는 믿음을 전제하며, 바로 이 믿음이 언약의 조건이라는 말입니다. 이 모든 것이 다 믿음의 행위이지만 이 믿음이 다 의롭다 함을 얻게 하는 믿음은 아닙니다. 그러므로,

(5) 은혜 입은 사람들에게는 뭔가 공통점이 있는데, 위에서 언급한 믿음의 행위들은 모두 이 공통점을 전제로 하고 있으며, 이 공통점이 바로 의롭다 함을 얻는 믿음의 본질과 요체를 이룹니다. 그 공통점은, 그리스도로 말미암은 구원이라는 하나님의 계획에 관해 그 마음이 심히 만족한다는 것입니다. 사람이 그리스도 예수 곧 성부께서 기뻐하시는 뜻을 따라 이제 모든 충만이 그 안에 거하시는 그분을 통해 공의를 이루시는 하나님의 방식에 기뻐할 때, 사람의 영혼과 마음이 그 방식을 순순히 따를 때, 그 사람은 구원에 이르기까지 믿는 것입니다. 처음에 주님께서 사람을 완전하게 창조하시고 그리하여 그 언약 안에서 주님의 뜻을 이룰 능력을 갖게 하심으로써 사람을 행위 언약에 어울리는 존재로 만드셨듯, 하나님께서 사람에게 새로운 마음을 주시는 때인 새 언약 아래서 하나님은 새 언약 안에 있는 모든 구원의 계획에 대한 개념과 인(印)을 사람에게 심어 넣어 주시며, 그래서 거기에 하나님의 뜻에 대한 공명이 있게 하십니다. 이렇게 해서 사람은 두 번째 아담, 곧 그리스도 예수의 형상을 지니게 됩니다. 이는 새로운 마음에서 대단히 중요한 부분이며, 공로와는

크게 대조됩니다. 이제 이 사람은 공로에서 완전히 빠져나와 "그리스도의 몸으로 말미암아" 의롭다 함을 얻을 정도로 "율법에 대하여 죽임을 당하"니 말입니다(롬 7:4). 하나님께서 그리스도의 성육신으로써 거룩한 공의를 충족시키며 잃어버린 바 된 인간을 되찾을 방책을 마련하셨음을 알게 된 사람은 이를 아주 훌륭하고도 확실한 방법으로 여겨, 앞에서 말했다시피 율법과 관련된 것들을 완전히 다 버리고 이 방책에 응하게 됩니다. 이것이 믿음 혹은 신앙으로서, 공로와는 완전히 반대되는 이것에 모든 것이 달려 있습니다. 은혜를 입은 사람이라면 반드시 이런 태도가 있습니다. 설령 그 사람 안에서 믿음의 역사를 많이 찾아볼 수 없더라도 말입니다. 이는 인간이 처한 궁지, 즉 인간 자체로는 구원이 전혀 없다는 사실을 명백히 가정합니다. 우리가 알고 있다시피 그리스도 안에 충만함이, 유일하게 충분한 구원으로서 존재한다는 사실을 가정합니다. 여기엔 일종의 전유(專有) 개념이 담겨 있습니다. 하나님께서 마련하신 그 구원의 방책을 기뻐하는 심령은 그 정도까지 그 방책 쪽으로 기울어지기 때문입니다. 앞에서 말한 모든 믿음의 역사에 명백히 가정되어 있는 게 바로 이것입니다. 탐욕스러울 만큼 굶주린 사람은 이것을 갖게 됩니다. 그리스도를 의지하는 사람은 이것을 갖게 됩니다. 그리스도를 입는 사람은 이것을 갖게 됩니다. 이는 그리스도를 구원에 이르게 할 만한 "하나님의 능력이요 하나님의 지혜"(고전 1:24)로 여기는 것입니다. 성경은 모든 믿는 자에게 그리스도를 그런 분으로 이야기합니다. 모든 믿는 자는 그 구원의 방책을 지혜롭고 확실한 방책으로, 하나님께 어울리는 방책으로, 그리고 반드시 믿어야 할 것으로 여깁니다. 이런 까닭에 그리스도는 "사람에게는 버린 바가 되었으나 하나님께는 택하심을 입은 보배로운 산 돌"이시요, 잃어버린 바 된 인간이라는 그 흔들리는 건물과 구조를 복구하고 튼튼하게 하며 아름답게 하기에 딱 어울리는 돌입니다. "예수께 나아가 산 돌같이 신령한 집으로 세워지고 예수 그리스도로 말미암아 하나님이 기쁘게 받으실 신령한 제사를 드릴 거룩한 제사장이 될지니라 성경에 기록되었으되 보라 내가 택한 보배로운 모퉁잇돌을 시온에 두노니 그를 믿는 자는 부끄러움을 당하지 아니하리라 하였으니 그러므로 믿는 너희에게는 보배이나 믿지 아니하는 자에게는 건축자들이 버린 그 돌이 모퉁이의 머릿돌이 되고 또한 부딪치는 돌과 걸려 넘어지게 하는 바위가 되었다 하였느니라 그들이 말씀을 순종하지 아니하므로 넘어지나니 이는 그들을 이렇게 정하신 것이라"(벧전 2:4-8). "천국은 마치 밭에 감추인 보화와 같으니 사람이 이를 발견한 후 숨겨 두고 기뻐하며 돌아가서 자기의 소유를 다 팔아 그 밭을 사느니라"(마 13:44). 이와 같은 말씀은 바로 그 믿음의 길을 제시합니다. 즉, 복음에서 구원은 그리스도께서 이루시는 것으로 드러납니다. 사람의 심령은 그 방법을 만족스러운 것으로 알고 소중히 여깁니다. 이는 높이 달리신 성자 하나님을 믿는 것으로, 놋뱀을 바라보는 것에 비교됩니다. 놋뱀을 바라보는 것은 인간이 그 방책을 시인하는 것으로, 이렇게 해서 그 방책은 인간을 치유하는 효과를 냈습니다. 여기서도 마찬가지입니다. 믿는 자는 "하나님이 참되시다는 것을 인"(요 3:33)칩니다. 참되다! 어떤 것을 믿는다는 말입니까? 그 사람이 지닌 증거, 즉 하나님께서 인간을 위해 생명을 제공하셨고 그리스도 안에 그 모든 생명을 두셨음을 믿는다는 것입니다. "하나님을 믿지 아니하는 자는 하나님을 거짓말하는 자로 만드나니"(요일 5:10). 어떤 점에서 그렇다는 것입니까? 그리스도가 천국에 이르는 안전하고도 확실한 길이라는 그분의 말씀을 믿지 않는다는 점에서 그렇다는 것입니다. 그 말씀을 믿는다는 말은 하나님께서 마련하신 그 구원의 방책을 기뻐하고 묵묵히 순종하는 것입니다. 이는 내가 알기로 의롭다 함을 얻는 믿음에 관해 성경에서 말하는 모든 내용과 일치합니다. 이는 그리스도와 그분의 이름을 믿는 것이요, 그분을 영접하는 것이며, 우리의 교리문답 안에서 구원을 위해 그분을 의지하는 것입니다. 예수님이 그리스도, 즉 기름 부음 받으신 분이며 성부께서 인 치시고 구별하셨고 인간을 하나님과 화해시키는 일을 위해 자격을 구비한 분이심을 믿는 것입니다. 그리고 "예수께서 그리스도이심을 믿는 자마다 하나님께로부터 난 자"(요일 5:1)입니다. 이는 "하나님께서 그를 죽은 자 가운데서 살리신 것을 네 마음에 믿"(롬 10:9)는 것입니다. 이 사람은 그리스도께서 인간의 범죄에 대한 대속물로 죽었다가 다시 사셨음을 믿습니다. 마귀도 그렇게 믿을 수 있습니다. 그러나 내가 말하는 이 사람은 "마음으로" 이것을 믿으며, 새로운 마음이 주어지지 않는 한 자연인은 그렇게 믿지 못합니다. 즉, 새로운 마음을 받은 사람은 구원의 이 장엄한 방식을 진심으로 기뻐하고 만족하며 묵묵히 순종합니다. 이렇게 믿음은 모든 언약 관계에 따라 행위로 나타나기도 하고 겉으로 표출되기도 하고 발휘되기도 하며, 성경에서 그리스도는 바로 그 언약관계 아래 제시됩니다.

여러 번 말하지만 이 믿음은 다음과 같은 행위들로 분별 가능합니다. 즉, 사람은 자기 마음이 그리스도에 굶주려 있는지, 쫓길 때 그분께로 달려가 피난처를 얻는지, 그리고 하나님께 자기 자신을 맡기는지 등을 알 수 있습니다. 이뿐만 아니라 믿음은 바로 그 속성에서도 과연 의롭다 여김 받을 만한 믿음인지 분별할 수 있고 알려질 수 있습니다. 즉 사람은 자기 안에 고통이 있을 때 그리스도의 충만함에 대한 평판과 명성에 근거해 자기 마음이 새 언약 가운데 있는 하나님의 구원 방책을 기뻐하는

지, 하나님께서 마련하신 그 방책 안에서 자기 마음이 그리스도를 따라 나서서 인간 생명의 주님으로 그분을 기뻐하며 다른 어느 곳도 아닌 그 곳에서 걸음을 멈추고 안식하는지, 소원하는 마음과 만족하는 마음으로 그 구원 수단을 묵묵히 따르는지 알 수 있습니다. 이는 충분히 분별 가능한 일이며, 그래서 저는 자기 자신을 점검해 보라고 공명정대하게 사람들에게 권면합니다. 자기 마음이 그 구원의 수단에 그렇게 밀착되어 있고 그리스도를 소중한 분으로 알고 그분을 따라나서는지, 그래서 그것을 근거로 자기가 그리스도 예수와 확실하고 참된 관계를 맺었으며 "그를 믿는 자마다 멸망하지 않고 영생을 얻"(요 3:16)는다고 했으므로 정말 그 영광의 면류관을 요구할 수 있고 그럴 만한 자격이 있다고 결론 내릴 수 있는지 따져 보라고 말입니다.

II항. 외식자들의 믿음과 구원에 이를 만큼 의롭다 함을 얻는 참 믿음의 차이점

반론. 외식자들과 유기자들에게도 일종의 믿음이 있으며, 믿는다고 일컫습니다. "많은 사람이 그의 행하시는 표적을 보고 그의 이름을 믿었으나 예수는 그의 몸을 그들에게 의탁하지 아니하셨으니 이는 친히 모든 사람을 아심이요"(요 2:23-24). 구원의 방책에 대해 전해 듣고 마술사 "시몬도 믿고"(행 8:13) 그리스도를 따라 나서기로 선택하지 않을 수 없었습니다. 자기도 그렇게 한다고 이런 자들은 고백하지만, 이들은 착각에 빠진 것이며 어쩌면 저도 그럴 수 있습니다.

답변. 사람이라면 어떻게 그리스도라는 구원의 방책을 기뻐하며 그 방책을 참으로 소망할 만한 것으로 알고 그분께 나아가 내 심중에 의롭다 함을 얻을 만한 믿음이 있다고 큰 소리로 말하지 않을 수 있는지 의

아해하는 그대의 생각은 말할 것도 없고, 또 그대의 생각과 모순되게 자연인은 자연인임에도, 그리고 새 마음을 얻기 전에도 그 구원의 방책, 곧 행위 언약을 완전히 뒤집는 그 방책을 기뻐하며 마음으로 뜨겁게 믿을 수 있고, 자기가 이미 도달한, 혹은 도달할 수 있는 자기 의(self-righteousness), 성경의 많은 진리와 일치하지 않는 그 의의 관점에서 사람을 깔본다는 사실도 논외로 하고, 저는 외식자들과 유기자들의 믿음과 우리가 지금 말하고 있는 믿음, 곧 구원에 이를 만큼 의롭다 함을 얻게 하는 참 믿음이 어떻게 다른지 다음과 같이 구별해 보겠습니다.

1. 외식자들과 유기자들은 구원의 그 방책과 관련해 그리스도 예수께, 오직 그분께만 응하지 않습니다. 아브라함이 사라에게 그러했듯 그리스도만을 "수치를 가리게"(창 20:16) 해주기에 족한 분으로 여기지 않고 여전히 자기 나름의 무언가를 붙잡고 그것을 도움삼아 하나님의 은총과 구원을 획득하려고 합니다. "내가 무엇을 하여야 영생을 얻으리이까"(눅 18:18)라고 물었던 그 청년의 말이 암시하는 내용을 그들은 여전히 마음으로 외칩니다. 그뿐만 아니라 이들은 전에 좋아했던 것들을 여전히 손에서 놓지 못하고, 지옥 및 죽음과 맺은 언약을 깨려 하지 않으며, "한 사람이 두 주인을 섬기지 못할 것"(마 6:24)이라고 했건만 마음속에 이런 것들을 함께 지니고 있으면서도 그리스도를 소유할 수 있다고 생각합니다. 그리스도를 절대적인 주님으로, 그리고 그럴 만한 자격이 있는 분으로 여기든지, 아니면 아무것도 아니든지 둘 중 하나입니다. 따라서 외식자들과 유기자들은 그리스도라는 그 구원의 방책, 하나님께서 유일하게 주님으로 세우시고 그 안에 모든 충만이 거하시는 그분 앞에 자기 마음을 내놓지 않은 게 분명합니다. 반면 의롭다 함을 얻는 믿음을 지닌 사람은

마음과 영혼으로 그리스도께, 오직 그분께만 가까이 다가가며, "육체를 신뢰하지 아니하"(빌 3:3)고 하나님만 의지합니다. 또한 이 사람은 달리 좋아하는 것들을 다 포기합니다. 그런 것들이 그리스도와 경쟁하는 한, 이 사람은 "다른 것을 따르지 않기로"(호 3:3) 결단합니다. 이 사람은 그리스도를 주님이라 부르며, "성령으로 아니하고는 누구든지 예수를 주시라 할 수 없"(고전 12:3)습니다.

2. 외식자들과 유기자들은 절대 그리스도 한 분께만 응하지 않을 뿐만 아니라 그분을 만물 가운데서 사람을 다스릴 왕으로 기름 부음 받은 분이요, 어떤 경우에든 인간으로 하여금 죄사함을 얻게 하시고 화평을 이루시는 제사장이요, 어떤 형편에서든 인간에게 지혜가 되시고 교사와 모사가 되시는 선지자로 알고 그분과 온전히 가까워지지 않습니다. 그러므로 이들은 그리스도를, 특별히 첫 번째와 세 번째 직분의 그리스도를 영접하지 않습니다. 반면 의롭다 함을 얻는 믿음을 지닌 사람은 그리스도를 세 가지 직분을 다 가진 분으로 알고 온전히 연합하며, 그분의 모든 뜻을 "거룩하고 의로우며 선하"(롬 7:12)게 여기며, "범사에 모든 주의 법도들을 바르게 여기고"(시 119:128), "주의 공의만 전"(시 71:16)합니다.

또한 이 사람은 그리스도께 배우는 일에 자기 자신을 온전히 바칩니다. "내게 배우라"(마 11:29). 그래서 참 신자에게 그리스도는 "지혜와 의로움과 거룩함과 구원함이 되"(고전 1:30)시며, 그는 이 사실에 스스로 동의합니다. 그리고 이 사람이 마음으로 그리스도를 따라나서는 순간 이 모든 일을 공식적으로 다 행하는 것은 아니지만, 신실하게 이를 추구하고 시도함으로써 마침내 앞에서 말한 것과 같은 모든 면모를 갖추게 될 것입니다.

3. 외식자들과 유기자들은 절대 그리스도와 연합하지 않는 것은 물론

그분에게 따를 수도 있는 그 어떤 불편함도 절대 가까이 하지 않습니다. 이들은 서기관과 마찬가지로 그 불편함에 집착합니다. "한 서기관이 나아와 예수께 아뢰되 선생님이여 어디로 가시든지 저는 따르리이다 예수께서 이르시되 여우도 굴이 있고 공중의 새도 거처가 있으되 인자는 머리 둘 곳이 없다 하시더라"(마 8:19-20). 그러나 의롭다 함을 얻을 만한 참 믿음이 있는 사람은 모든 위험에도 불구하고 그리스도와 함께합니다. 그 사람은 그리스도가 없이 사느니보다는 다른 모든 것 없이 살기로 결단합니다. "우리가 모든 것을 버리고 주를 따랐나이다"(막 10:28). "모든 것을 해로 여김은 내 주 그리스도 예수를 아는 지식이 가장 고상하기 때문이라 내가 그를 위하여 모든 것을 잃어버리고 배설물로 여김은 그리스도를 얻고 그 안에서 발견되려 함이니(빌 3:8-9).

이 밖에도 다른 차이점들을 더 제시할 수도 있습니다. 예를 들어 참 믿음은 "마음을 깨끗이"(행 15:9) 해주고 "사랑으로써 역사"(갈 5:6)하는 효력이 있는 반면 외식자들은 "대접의 겉은 깨끗이 하나"(눅 11:39) "모든 행위를 사람에게 보이고자"(마 23:5) 합니다. "유일하신 하나님께로부터 오는 영광은 구하지 아니하니 어찌 나를 믿을 수 있느냐"(요 5:44). 그리고 참 믿음은 사람 안에 절대 홀로 있지 않고 구원에 이를 만한 다른 은사들과 함께 있다는 사실 또한 증명할 수 있지만, 이 내용들은 뒤에 이어질 이야기와 겹칠 터이므로 여기서는 어떤 사람이 은혜 상태에 있다는 것은 그의 믿음으로, 그리고 그리스도를 중심으로 그 믿음을 행하는 것으로 알수 있다는 점을 이야기하고 있는 만큼 여기서는 그냥 넘어가겠습니다.

어떤 사람이 은혜 상태에 있음을, 그리고 구원에 이를 만큼 예수 그리스도와 진정한 관계를 맺고 있음을 알려 주는 두 번째 큰 표지는 새로운 피조물입니다. "누구든지 그리스도 안에 있으면 새로운 피조물이라"(고후 5:17). 이 새로운 피조물, 혹은 인간 혁신은 아주 쉽게 지각할 수 있는 변화입니다. 하지만 태 속에서부터, 혹은 어릴 때 효과적으로 부름받은 사람의 경우는 그렇지 않습니다. 왜냐하면 이 사람들은 부름받은 바로 그때부터 이 새 피조물을 갖고 있기 때문이며, 그래서 그 이후에는 비교적 나이가 든 뒤 중생하여 그리스도께 인도된 사람들, 그래서 그리스도의 나라로 옮겨지기 전 "흑암의 권세"(골 1:13) 아래 있었을 게 분명한 사람들의 경우만큼 이 변화가 두드러지지 않습니다. 하지만 정당하게 그리스도를 자기 주님으로 주장할 수 있는 사람 안에는 모두 이 새로운 피조물이 있습니다. 그런데 이 새로운 성품과 상태의 반대 측면을 경험적으로 세세히 잘 아는 사람도 있고 그렇지 못한 사람도 있습니다. 잘 알지 못하는 사람의 경우, 실천의 측면에서 흑암의 권세 아래 있어 본 적이 없기 때문입니다. 이 새로운 피조물을 일컬어 "새 사람"(골 3:10)이라고 하는데, 이는 이 새로움의 범위가 어디까지인지를 보여 주는 말입니다. 이는 단순히 새로운 혀, 새로운 손이 아니라 "새 사람"입니다. 그 사람에게 부어진 새로운 삶과 활동의 원리가 있는데, 그것은 바로 새로운 마음입니다. 새로운 삶의 원리가 삶의 행위, 혹은 "자기를 창조하신 이의 형상을 따"(골 3:10)른 행위를 발현시키고, 그래서 그 당사자는 모든 면에서 어느 정도씩 새로워집니다. 그리스도 안에 있는 사람의 이런 혁신을 크게 다음 두 가지 논점으로 요약할 수 있습니다.

I. 그 사람의 인격·영혼·육신에 어느 정도 혁신이 있습니다

1. 그 사람의 지식이 새로워지고, 그래서 복음에서 "그리스도가 하나님의 지혜와 능력"으로, 하나님에게 어울리는 지혜롭고 강한 방책으로 전파된다고 판단합니다(고전 1:23-24). 이 사람은 하나님께 속한 일들을 실제로 그리고 견실하게 알며, 예라고 했다가 아니라고 하지 않고, 불확실한 환상으로 알지 않습니다. 하나님께 속한 일들은 모두 '예와 아멘'으로 받아야 할 견고하고 확실하고 실질적인 일이며 그리스도 안에서 바람직하게 성취되었고 많은 부분 그분 안에서 설명되는 일이라고 이해합니다. "육에 속한 사람은 하나님의 성령의 일들을 받지 아니하나니 이는 그것들이 그에게는 어리석게 보임이요, 또 그는 그것들을 알 수도 없나니 그러한 일은 영적으로 분별되기 때문이라 신령한 자는 모든 것을 판단…하느니라"(고전 2:14-15). "하나님은 미쁘시니라 우리가 너희에게 한 말은 예 하고 아니라 함이 없노라 우리 곧 나와 실루아노와 디모데로 말미암아 너희 가운데 전파된 하나님의 아들 예수 그리스도는 예 하고 아니라 함이 되지 아니하셨으니 그에게는 예만 되었느니라 하나님의 약속은 얼마든지 그리스도 안에서 예가 되니 그런즉 그로 말미암아 우리가 아멘 하여 하나님께 영광을 돌리게 되느니라"(고후 1:18-20). 자연인도 복음의 규

례 아래서 교육받으면 하나님·그리스도·약속·성령의 역사 등에 대해 얼마간의 지적 지식을 가질 수 있고, 그래서 이런 일들에 대해 의논하고 설교하며 논쟁할 수 있습니다. 하지만 자연인은 이런 일들을 사람들이 보편적으로 받아들인 기독교의 금언 정도로 여기며, 이를 멀리하는 건 특이한 일이요 불명예였습니다. 이들은 이런 일을 실제적이고 견실하며 실질적인 진리로 여겨 자기 영혼과 영원한 운명을 과감히 이 일에 맡기지 않았습니다. 새 사람은 지식 또한 새로워져, 피조물 안에 하나님을 보여 주는 어떤 것이 있음을, 즉 피조물이 하나님의 영광스러운 속성의 지표를 지니고 있음을 깨닫습니다. 이들은 "하늘이 하나님의 영광과 권능을 선포하는 것"(시 19:1)을 보며, 섭리와 경륜에서 하나님을 다소간 봅니다. "그분의 기이한 일이 그분의 이름이 가까움을 선언합니다"(시 75:1). 이 지식은 자기 영혼의 상태와 형편을 알아차리며, 이는 전에 없던 습관입니다. 성경에서 성도들이 보통 이렇게 말하는 것을 보다시피 말입니다. "내가 여호와께 아뢰되 주는 나의 주님이시오니"(시 16:2). "내가 마음으로 주께 말하되 여호와여 내가 주의 얼굴을 찾으리이다"(시 27:8). "내 영혼아 네가 어찌하여 낙심하며"(시 42:5). "내 영혼아 네 평안함으로 돌아갈지어다"(시 116:7).

2. 마음과 정서가 새로워집니다. 마음은 "새 마음, 부드러운 마음"이 되어, 감동을 받을 수 있게 되고 하나님의 율법의 인이 찍힌 초본 하나를 지니게 되며, 하나님께 대한 경외심이 그 마음에 부어지고, 하나님을 두려워하는 태도가 마치 태어날 때부터 그랬다는 듯 자연스럽게 그 사람의 본분이 됩니다. "새 영을 너희 속에 두고 새 마음을 너희에게 주되 너희 육신에서 굳은 마음을 제거하고 부드러운 마음을 줄 것이며 또 내 영을 너희 속에 두어 너희로 내 율례를 행하게 하리니 너희가 내 규례를 지켜

행할지라"(겔 36:26-27). 전에 이 마음은 "굳은 마음", 하나님께 대한 두려움이 결여된 마음이었습니다. 이제 이 사람의 정서가 새로워집니다. 사랑이 크게 새로워집니다. 이 사랑은 하나님을 좇습니다. "여호와여 내가 주를 사랑하나이다"(시 18:1). 이 사랑은 주님의 율법을 좇습니다. "내가 주의 법을 어찌 그리 사랑하는지요"(시 119:97). 이 사랑은 하나님의 형상을 지닌 사람들을 좇습니다. "너희가 서로 사랑하면 이로써 모든 사람이 너희가 내 제자인 줄 알리라"(요 13:35). "우리는 형제를 사랑함으로 사망에서 옮겨 생명으로 들어간 줄을 알거니와"(요일 3:14). 하나님의 백성에 대한 이 사랑은 이유가 순수합니다. 그들이 하나님의 자녀이고, 하나님의 율례를 지키기 때문인 것입니다. 이 사랑은 "마음으로 뜨겁게"(벧전 1:22)하는 사랑입니다. 그래서 어떤 형편과 조건에서든, 심지어 하나님의 형상 외에는 아름답게 하고 칭찬할 만한 것이 없는 경우에도 주를 경외하고 주의 법도를 지킨다고 알고 있는, 그렇게 이해하고 있는 모든 이들을 향한 사랑입니다. "나는 주를 경외하는 모든 자들과 주의 법도들을 지키는 자들의 친구라"(시 119:63). 그리고 이 사랑은 아주 뜨거운 사랑일 때가 많아서 모든 관계 속에 그 모습을 드러내며, 그래서 부득이 선택을 해야 할 경우에는 경건한 아내, 경건한 주인, 경건한 종, 경건한 모사를 찾아서 선택하려고 합니다. "내 눈이 이 땅의 충성된 자를 살펴 나와 함께 살게 하리니 완전한 길에 행하는 자가 나를 따르리로다"(시 101:6). "많은 물도 이 사랑을 끄지 못"(아 8:7)합니다. 불완전함과 허물이 아무리 많아도, 의견 차이가 심해도, 부당한 대우를 얼마나 많이 받아도, 이 사랑을 완전히 끄지는 못합니다. 또한 이 사랑은 사랑의 분량에 따라 좋은 것을 전하는 사랑입니다. "주는 나의 주님이시오니 주밖에는 나의 복이 없다 하였나이다 땅에 있는 성도들은 존귀한 자들이니 나의 모든 즐거움이 그들에게

있도다"(시 16:2-3). "누가 이 세상의 재물을 가지고 형제의 궁핍함을 보고
도 도와줄 마음을 닫으면 하나님의 사랑이 어찌 그 속에 거하겠느냐 자녀
들아 우리가 말과 혀로만 사랑하지 말고 행함과 진실함으로 하자 이로써
우리가 진리에 속한 줄을 알고 또 우리 마음을 주 앞에서 굳세게 하리니"
(요일 3:17-19). 이 사람의 미움 또한 새로워져, 이제 이 미움은 죄를 향합
니다. "내가 두 마음 품는 자들을 미워하고"(시 119:113). 그리고 하나님의
원수들을 향합니다. "여호와여 내가 주를 미워하는 자들을 미워하지 아
니하오며 주를 치러 일어나는 자들을 미워하지 아니하나이까"(시 139:21).
즐거움이나 기쁨도 새로워집니다. 이제 이것이 하나님을 향하니 말입니
다. "하늘에서는 주 외에 누가 내게 있으리요 땅에서는 주밖에 내가 사모
할 이 없나이다"(시 73:25). 즐거움과 기쁨은 하나님의 율법과 뜻을 향합니
다. "오직 여호와의 율법을 즐거워하여"(시 1:2). 경건한 자에게, 그리고 그
들과의 교제를 향합니다. "땅에 있는 성도들은 존귀한 자들이니 나의 모
든 즐거움이 그들에게 있도다"(시 16:3). 슬픔은 이제 방향을 바꿔, 그리스
도에게 해를 입힌 죄를 향합니다. "그들이 그 찌른 바 그를 바라보고 그
를 위하여 애통…하리로다"(슥 12:10). 이 슬픔은 "하나님의 뜻대로 하는
근심"(고후 7:10)으로서, 하나님의 영광을 잠식하는 것에 대한 근심입니다.
"내가 절기로 말미암아 근심하는 자들을 모으리니…그들에게 지워진 짐
이 치욕이 되었느니라"(습 3:18). 이제 영혼의 다른 모든 부분이 다 하나님
을 지향하는 만큼 모든 감정에도 이렇게 일종의 혁신이 일어납니다.

3. 성경이 말하다시피 혀·눈·귀·손·발 등 사람 몸의 지체가 새로워
집니다. 그래서 "전에 너희가 너희 지체를 부정과 불법에 내주어 불법
에 이른 것같이 이제는 너희 지체를 의에게 종으로 내주어 거룩함에"(롬
6:19) 이릅니다.

II. 그리스도 안에 있는 사람은 모든 면에서 어느 정도 새로워집니다

"누구든지 그리스도 안에 있으면 새로운 피조물이라 이전 것은 지나갔으니 보라 새것이 되었도다"(고후 5:17). 이 사람은 다음과 같은 면에서 새로워집니다.

1. 관심이 새로워집니다. 전에는 뭔가 선한 것에 마음이 쏠렸습니다. 그러나 이는 명백히 선한 것이기는 했지만 기껏해야 외적인 선에 지나지 않았습니다. "여러 사람의 말이 우리에게 선을 보일 자 누구뇨 하오니"(시 4:6). 그런데 이제 이 사람의 관심사와 본분은 그날 하루 어떻게 하면 "그 안에서 발견"(빌 3:9)될까 하는 것, 혹은 어떻게 하면 그분께 순종하며, "하나님 앞, 생명의 빛에 다"(시 56:13)닐까 하는 것으로서, 이 사람은 이 땅을 가득 채우는 모든 자비 중 바로 위와 같은 것들을 선택할 것입니다. "여호와여 주의 인자하심이 땅에 충만하였사오니 주의 율례들로 나를 가르치소서"(시 119:64). 또한 한나의 노래(삼상 2장)와 마리아의 노래(눅 1장)에 나타나다시피, 그리스도의 관심사가 이 사람의 관심사가 됩니다. 갓 회심한 사람들, 이제 영적 지식의 초보 단계에 이른 사람들이 스스로 그리스도의 나라라는 공적인 문제들에 염려와 관심을 보이며 그분의 위엄이 세워지고 만민이 그 앞에 엎드러지기를 바라는 광경을 보면 참으로 신기합니다.

2. 그리스도 안에 있는 사람은 예배 태도도 새로워집니다. 이 사람은 형식상 "율법 조문의 묵은 것으로"(롬 7:6) 하나님을 섬기는 데 익숙하여, 외적인 의무 면에서 이런저런 명령 조문에 따랐으며, 이는 옛사람이 절대 지배권을 갖고 있는 사람이 할 수 있는 일입니다. 하지만 이제 이 사

람은 "영의 새로운 것"(롬 7:6)으로, 새로운 방식으로 하나님을 예배하며, 이렇게 예배드릴 때 혈과 육의 영역을 초월하는 성령의 도우심을 받습니다(롬 8:26). 이 사람은 "영과 진리로"(요 4:23) "살아 계시고 참되신 하나님을 섬"(살전 1:9)깁니다. 하나님을 영적으로 이해하고, 바로 자신의 영혼으로 그 작업에 몰두하며, 하나님을 예배할 때 진심으로 말하고 행하며 꾸며 내서 하지 않습니다. 하나님께 다가가되 그의 기도를 들으시고 그를 보시며 그의 섬김을 받으실 수 있는 살아 계신 하나님으로서의 그분께 다가가기를 갈망합니다(시 42:1-2). 이 사람이 이런 식으로 하나님을 예배하지 못한 적이 많다는 것을 인정합니다. 그렇지만 이런 예배를 지향하고, 때로 그런 예배를 드리며, 그런 식으로 하나님께 드려지지 않는 예배는 별로 대단하게 여기지 않는다고 말씀드리겠습니다. 거룩한 예물을 잘못 드리는 죄(출 28:38)를 짓지 않는 것도 이 사람이 책임져야 하고 훈련해야 할 중요한 부분입니다. 육에 속한 사람은 이런 예배를 낯설어하는 한편, 바리새인들처럼 "하나님이여 나는 다른…자들과…같지 아니함을 감사하나이다"(눅 18:11)라고 "알지 못하는 신에게"(행 17:23) 허영심 가득한 자랑을 내뱉습니다.

3. 그리스도 안에 있는 사람은 현세적인 소명, 곧 자기 일에 임하는 태도 면에서도 새로워집니다. 이제 이 사람은 이 일에 부지런히 임하기로 결단합니다. 왜냐하면 하나님께서 그렇게 명하셨기 때문입니다. "부지런하여 게으르지 말고 열심을 품고 주를 섬기라"(롬 12:11). 그리고 일을 할 때 하나님을 최종 목표로 여기고 그분에게 시선을 고정하면서 "다 하나님의 영광을 위하여"(고전 10:31) 하고자 하며, 세상에서 직장 일을 할 때도 하나님과의 교통을 유지하려고 애씁니다. 야곱이 죽음을 맞는 자리에서 "여호와여 나는 주의 구원을 기다리나이다"(창 49:18)라고 말한 것처

럼, 느헤미야가 "왕이 내게 이르시되 그러면 네가 무엇을 원하느냐 하시기로 내가 곧 하늘의 하나님께 묵도"(느 2:4)했던 것처럼 말입니다. 그래서 이 사람은 하나님과 동행하기로, "여호와를 항상 내 앞에 모"(시 16:8)시기로 결단합니다. 물론 그러지 못할 때가 많다는 것을 부인하지 않겠습니다.

4. 그리스도 안에 있는 사람은 관계 면에서도 새로워집니다. 이 사람은 본분에 충실한 남편·아버지·형제·주인·종·이웃 등이 됩니다. "이것으로 말미암아 나도 하나님과 사람에 대하여 항상 양심에 거리낌이 없기를 힘"(행 24:16)써서 "여러 사람에게 여러 모습이"(고전 9:22) 되는 것입니다.

5. 이 사람은 합법적 자유를 누리는 태도 면에서도 새로워집니다. 먹는 것, 마시는 것, 잠자는 것, 오락, 의복 등을 선택할 때 하나님께 시선을 고정하며, 정당하게 누릴 수 있는 것이라고 해도 그 정당함의 권세에 휘둘리지 않으려고 노력합니다. "모든 것이 내게 가하나 다 유익한 것이 아니요 모든 것이 내게 가하나 내가 무엇에든지 얽매이지 아니하리라"(고전 6:12). 또한 이런 것들을 이용하면서 타인을 거스르는 일이 없도록 주의합니다. "음식으로 말미암아 하나님의 사업을 무너지게 하지 말라 만물이 다 깨끗하되 거리낌으로 먹는 사람에게는 악한 것이라 고기도 먹지 아니하고 포도주도 마시지 아니하고 무엇이든지 네 형제로 거리끼게 하는 일을 아니함이 아름다우니라"(롬 14:21-22). "우리 각 사람이 이웃을 기쁘게 하되 선을 이루고 덕을 세우도록 할지니라"(롬 15:2). "그 자유로 육체의 기회를 삼지 말…라"(갈 5:13). 그렇습니다. 그리스도 안에 있는 사람은 이 모든 걸 이용하되 이 땅의 나그네로서 이용하며, 그리하여 절제하는 모습이 드러나게 합니다. "너희 관용을 모든 사람에게 알게 하라"(빌 4:5). 그리고 이 모든 일에서 하나님을 최종 목표로 바라봅니다. "무엇을

하든지 다 하나님의 영광을 위하여"(고전 10:31) 하며, 그래서 우리는 그 사람에 대해 "이전 것은 지나갔으니" 어느 정도 "새것이 되었도다"(고후 5:17)고 말할 수 있게 됩니다. 그렇게 새로운 피조물이 된 사람은 그리스도 안에 있는 사람임이 틀림없습니다.

모든 행실에서의 이런 혁신, 모든 일에서 하나님의 율법 아래 있는 것이 바로 "거룩함"이니 "이것이 없이는 아무도 주를 보지 못"할 것입니다(히 12:14). 인간이 이런 일들에 대해 혼자 자만할 수도 있지만, 이 모든 일에서 하나님이 만족하실 만하다고 스스로 인정할 수 있기 위해, 또 그런 면에서 자신의 성실함에 대한 내적 증거에 도달하기 위해 애쓰지 않는 한 하나님 앞에서 자기 마음을 확신할 수 없을 것입니다. "우리 양심이 증언하는 바니 이것이 우리의 자랑이라"(고후 1:12). "우리가 그의 계명을 지키면 이로써 우리가 그를 아는 줄로 알 것이요"(요일 2:3). "이로써 우리가 진리에 속한 줄을 알고 또 우리 마음을 주 앞에서 굳세게 하리니 이는 우리 마음이 혹 우리를 책망할 일이 있어도 하나님은 우리 마음보다 크시고 모든 것을 아시기 때문이라 사랑하는 자들아 만일 우리 마음이 우리를 책망할 것이 없으면 하나님 앞에서 담대함을 얻고"(요일 3:19-21). 자기 마음이 자기를 정죄하는 곳에는 담대함이 없습니다. 그리스도 안에 있는 사람은 새 피조물로서, 이 사람에게는 하나님께서 마음에 불어넣어 주신 새로운 영적 생명의 원칙이 있고, 이 새 피조물은 그 원칙으로 새롭게 되며 앞에서 말했다시피 전인(全人)을 통해 새로운 생명을 활성화시키고, 그리하여 그 사람은 온전한 율법 쪽을 가리킵니다. (1) 먼저 그 사람은 죄를 금하는 명령을 가리킵니다. 그리고 은밀한 죄를 대적하기로, "맹인 앞에 장애물을 놓지"(레 19:14) 않기로 마음먹습니다. 많은 이들이 사소하게 여기는 죄, 율법 중 가장 작은 죄까지 대적하기로 합니다. "누구든지 이 계명 중의 지극히 작은 것 하나라도 버리고 또 그같이 사람을 가르치는 자는 천국에서 지극히 작다 일컬음을 받을 것이요"(마 5:19). 영적인 죄, 영의 더러움을 대적하기로 합니다. "그런즉 사랑하는 자들아 이 약속을 가진 우리는 하나님을 두려워하는 가운데서 거룩함을 온전히 이루어 육과 영의 온갖 더러운 것에서 자신을 깨끗하게 하자"(고후 7:1). 작위(作爲)의 죄는 물론 부작위의 죄까지 대적하기로 합니다. 왜냐하면 사람은 그런 죄로도 판단을 받기 때문입니다. "또 왼편에 있는 자들에게 이르시되 저주를 받은 자들아 나를 떠나 마귀와 그 사자들을 위하여 예비된 영원한 불에 들어가라 내가 주릴 때에 너희가 먹을 것을 주지 아니하였고 목마를 때에 마시게 하지 아니하였고"(마 25:41-42). 자기가 타고난 기질과 성질에 녹아들어 있는, 그래서 그 사람에게는 "오른쪽 눈이나 오른손"일 수도 있는 죄도 대적하고자 합니다. "만일 네 오른 눈이 너로 실족하게 하거든 빼어 내버리라"(마 5:29). 이 새로운 삶의 원칙은 하나님의 선하신 손길로써 이 사람이 유무형의 모든 죄에 대적하게 해줍니다. 적어도 인간에게 알려진 그 어떤 어둠과의 평화로운 공존도 허용하지 않게 만듭니다. "의와 불법이 어찌 함께하며 빛과 어둠이 어찌 사귀며"(고후 6:14). (2) 또한 이 사람은 본분과 관계된 명령, 인간 안에 있는 은총이 일깨워져야 함을 지적합니다. 이는 사람으로 하여금 "주의 모든 계명에 주의"(시 119:6)하게 만들고 "신중함과 의로움과 경건함으로 이 세상에 살"(딛 2:12)게 해줍니다. 또한 어떤 일을 할 때 올바르고 진실한 방식과 태도로 하며, 이 땅에 사는 동안 하나님의 뜻에 순응하려는 진지한 노력을 중단하지 않고 여전히 "푯대를 향하여 그리스도 예수 안에서 하나님이 위에서 부르신 부름의 상을 위하여 달려가"(빌 3:14)기로 결단합니다. 이것이 바로 참된 거룩함으로서, 거룩하신 하나님과 친밀하게 동행하고 교제하며 그 거룩한 처소의 후사(後嗣)를 자처하는 모든 사람과 모든 면에서 아주 잘 어울립니다. 우리는 "그가 나타나시면 우리가 그와 같을 줄을"(요일 3:2) 압니다.

어떤 이들은 이런 일들을 대단한 성취로 여기고, 이런 수준에 도달하기는 매우 힘들다고 생각합니다. 사실임을 인정합니다. 그렇지만,

1. 언약에는 엄청난 내용이 주어져 있다는 것을, 그것이 하나님의 백성들에게 약속되어 있고, 그 덕분에 위와 같은 일들이 비교적 수월해진다는 것을 기억하십시오. 주님께서는 "굳은 마음을 제거하고 부드러운 마음"(겔 36:26), "한 마음…을 주어…항상 나를 경외하게 하"(렘 32:39)겠다고 약속하셨습니다. "나의 법을 그들의 속에 두며"(렘 31:33), "나를 경외함을 그들의 마음에 두어"(렘 32:40) 그 법을 지키게 하며 "내 영을 너희 속에 두어 너희로 내 율례를 행하게"(겔 36:27) 할 것이라 약속하셨습니다. "기름으로 제사장들의 마음을 흡족하게" 해서 사람들의 영혼이 "내 복으로…만족하게"(렘 31:14) 하며, "때때로 물을 주며 밤낮으로 간수"(사 27:3)하실 것이라 약속하셨습니다. "이같이 자기들에게 이루어 주기를 내게 구하"(겔 36:37)면 "내가…은총과 간구하는 심령을 부어 주"(슥 12:10)겠다고 하셨습니다. 그리하여 이런 일들을 구하는 법, 이 모든 일이 자신에게 이루어지도록 하기 위해 마음을 하나님께로 향하는 법을 배우게 해주겠다고 말입니다.

2. 비교적 연약한 그리스도인의 경우를 위해 한 가지 인정하자면, 우리가 새 피조물의 범위를 제한하기도 하고 확장하기도 했다시피 은혜 입은 사람이라고 해서 새로운 피조물의 존재가 모두 동일한 수준으로 드러

나지는 않는다는 것입니다.

(1) 하지만 어느 정도라도 새 사람이라면 좋습니다. 그에 미치지 못하는 경우는 인정할 수 없습니다. "누구든지 그리스도 안에 있으면 새로운 피조물이라"(고후 5:17). 이것이 새 사람이며, 그리스도에 대해 구원에 이를 만큼 가르침을 받은 사람은 모두 새 사람을 입어야 합니다. "진리가 예수 안에 있는 것같이 너희가 참으로 그에게서 듣고 또한 그 안에서 가르침을 받았을진대 너희는 유혹의 욕심을 따라 썩어져 가는 구습을 따르는 옛사람을 벗어 버리고 오직 너희의 심령이 새롭게 되어 하나님을 따라 의와 진리의 거룩함으로 지으심을 받은 새 사람을 입으라"(엡 4:21-24). 그리스도 안에 있게 된 사람의 영혼과 몸에는 하나님의 형상을 좇아 어떤 새롭게 됨이 있을 것입니다. 그 사람은 모든 부분에서 하나님을 가리키는 뭔가가 있습니다. 모든 이들이 다 이 사실을 다른 이에게 가르칠 수는 없고 자신도 그 새로움을 다 분별하지 못하기는 합니다. 영혼의 독특한 부분도 잘 모르고 영혼과 몸의 모든 부분을 다 변화시킬 역량이 있는 그런 변혁도 모르는 사람들이 많기 때문입니다. 하지만 그 사람들 안에 어떤 변혁이 있다는 게 드러날 것이고, 이들은 자기 안에서 일어난 그 변화를 증거합니다. 그게 무엇인지 분명하고 명료하게 해주기만 하면 말입니다.

(2) 하나님께서 알게 하신 명령에 대한 존중이 있어, 이 사람은 어떤 불법이 자기 안에 평화롭게 거하는 것을 허용하지 않습니다. "의와 불법이 어찌 함께하며 빛과 어둠이 어찌 사귀며"(고후 6:14). 이 사람은 불법을 존중해서는 안 됩니다. "내가 주의 모든 계명에 주의할 때에는 부끄럽지 아니하리이다"(시 119:6). "내가 나의 마음에 죄악을 품었더라면 주께서 듣지 아니하시리라"(시 66:18). 사람들이 많은 계명과 많은 죄에 무지할 수도 있

다는 걸 인정합니다. 그리고 어떤 죄는 하나님께 그다지 가증하지 않다고 생각하는 경우도 있습니다. 그러나 사람들이 이런 일들에 관해 가르침을 받는다는 걸 생각하면, 의와 불법 사이에 조화는 있을 수 없습니다.

(3) 사람은 정직한 결단으로 하나님의 모든 법을 지향해야 합니다. 자기 마음을 하나님께 넘겨드리는 것, 어떤 예외도 없이 하나님의 법을 마음에 두는 바로 그것이 우리가 하나님과 맺어야 할 언약의 한 부분이기 때문입니다. "내가 이스라엘 집과 맺을 언약은 이것이니 내 법을 그들의 생각에 두고 그들의 마음에 이것을 기록하리라"(히 8:10). 자신의 모든 행보에서 하나님의 법을 지향하는 방법을 모르는 사람도 많습니다. 하지만 어떻게 해서 그렇게 되는지 분명하게 보여 주면 사람들은 그쪽을 향할 것입니다. 사실 사람들은 결단을 해놓고 실천하지 못하는 경우도 많을 것입니다. 하지만 실천하지 못했을 때도 결단을 했었다는 말은 할 수 있을 것이며, 여전히 정직하게, 그리고 간사한 꾀를 부리지 않고 다시 한번 결단을 할 것입니다. 그리고 이런 사실은 결단을 실천에 옮기지 못한 이들의 고통을 입증할 것입니다. 주님께서 밝혀 주시면 말입니다. 때가 되면 주님께서 그렇게 해주실 것입니다.

(4) 새로운 피조물이 되었느냐로 우리의 상태를 판단해야 할 경우, 이 일은 적절한 때에 해야 합니다. 적어도 우리 상황이 좋을 때 해야지, 상황이 최악일 때 해서는 안 됩니다. "육체의 소욕은 성령을 거스르고 성령은 육체를 거스르"(갈 5:17)기 때문이며, 어떤 때는 육체의 소욕이 우세하고 어떤 때는 성령의 소욕이 우세하기 때문입니다. 제 말은, 형편이 좋을 때, 즉 영적인 부분이 어떤 유혹 때문에 최악의 상태에 있거나 육체에게 압도당하지 않는 때를 골라야 한다는 것입니다. 위의 성경구절에 따르면, 형편이 좋지 않을 때 새로운 피조물은 그 흐름 속으로 뒷걸음질치며,

많은 부분이 그 안에 잔재해 있는 부패한 본성과 습관으로 돌아가기 때문입니다. 쉽게 분별되지 않는 어떤 사소한 일들, 새 피조물로 하여금 육체에 대적하게 만드는 그 일의 경우를 제외하고 말입니다. 왜냐하면 이때는 영혼의 겨울이고, 겨울에는 다른 계절처럼 열매를 기대할 수도 없고 잎사귀도 기대할 수 없기 때문입니다. 바로 이때, 불경한 무신론자들이 이 기회를 이용하지 못하도록 우리는 말할 것입니다. 경건한 사람이라고 해도 성령이 육체보다 항상 우세하지는 않지만, 그 사람의 의지의 범위·목표·행로 그리고 주된 경향은 "여호와의 율법을 따"(시 119:1)르며, 그것이 경건한 사람이 가는 길이라고 말입니다. 반면, 잠언에 자주 암시되어 있다시피, 악인의 길, 곧 악인의 통상적 행로는 죄입니다. 경건한 사람들이 어떤 죄에 압도당하는 일이 벌어진다 해도 이는 대개 이들이 겪어야 할 안타까운 의례입니다. 그리고 우리는 이 사람이 그 행실을 교정받기 위해 여전히 하나님께 의지한다고 믿습니다. 다윗이 "주께서 나로…실족하지 아니하게 하지 아니하셨나이까"(시 56:13)라고 말하고 있는 것처럼 말입니다.

그리스도 안에서 참으로 새로워진 사람과 외식자의 차이점

반론. 무신론자와 외식자들도 자기들에게, 그리고 자기들 안에 큰 변화와 혁신이 일어나게 할 수 있습니다. 저의 변화와 혁신도 혹시 그런 것이 아닐지 염려됩니다.

답변. 무신론자와 외식자도 새로운 피조물을 닮은 것을 자기 안에 소유할 수 있음을 인정합니다.

1. 일부 사람들에 대해 말하자면, 이들은 (1) 많은 지식에 이를 수 있습니다. 즉, 교화될 수 있습니다(히 6:4). (2) 이들의 정서에 흥분이 있을 수 있습니다. "돌밭에 뿌려졌다는 것은 말씀을 듣고 즉시 기쁨으로 받되"(마 13:20). (3) 이들은 죄에서 자유케 되고 긍정적 의무를 이행하게 되는 등 겉사람에 상당한 외적 변화가 있을 수 있습니다. 바리새인의 경우가 그랬습니다. "하나님이여 나는 다른 사람들 곧 토색, 불의, 간음을 하는 자들과 같지 아니하고 이 세리와도 같지 아니함을 감사하나이다 나는 이레에 두 번씩 금식하고 또 소득의 십일조를 드리나이다"(눅 18:11-12). (4) 실제적 이해 면에서 이들은 하나님께 속한 어떤 일들을 훌륭하다고 판단할 수 있습니다. "아랫사람들이 대답하되 그 사람이 말하는 것처럼 말한 사람은 이때까지 없었나이다 하니"(요 7:46).

2. 외식자에게도 많은 신앙고백이 있을 수 있습니다. (1) 이들은 율법과 복음에 대해, 언약에 대해 말할 수 있습니다. 그래서 악인에게 하나님께서는 말씀하셨습니다. "네가 어찌하여 내 율례를 전하며 내 언약을 네 입에 두느냐"(시 50:16). (2) 사울 왕이 그랬듯 이들은 수치스러움에도 공개적으로 자기 죄를 고백하기도 합니다. "사울이 이르되 내가 범죄하였도다 내 아들 다윗아 돌아오라 네가 오늘 내 생명을 귀하게 여겼은즉 내가 다시는 너를 해하려 하지 아니하리라 내가 어리석은 일을 하였으니 대단히 잘못되었도다 하는지라"(삼상 26:21). (3) 이들은 아합처럼 베옷을 입고 자기를 낮출 수도 있습니다. "아합이 이 모든 말씀을 들을 때에 그의 옷을 찢고 굵은 베로 몸을 동이고 금식하고 굵은 베에 누우며 또 풀이 죽어 다니더라"(왕상 21:27). (4) 이들은 부지런히 본분을 찾아다니고, 기분 좋게 그 일을 받아들입니다. "그들이 날마다 나를 찾아 나의 길 알기를 즐거워함이 마치 공의를 행하여 그의 하나님의 규례를 저버리지 아니하는 나라 같아서 의로운 판단을 내게 구하며 하나님과 가까이 하기를 즐거워하는도다"(사 58:2). (5) 이들은 어렵고 힘들 때 하나님을 위해 일하는 사람들과 하나가 될 수도 있습니다. 사도행전에서 데마와 다른 외식자들도 그렇게 했다가 나중에 등을 돌렸습니다. (6) 이들은 자기가 가진 것 상당 부분을 하나님과 성도들 앞에 내놓기도 합니다. 아나니아처럼 비록 전부는 아닐지라도 말입니다(행 5:1-2). "내가 내게 있는 모든 것으로 구제하…지라도 사랑이 없으면 내게 아무 유익이 없느니라"(고전 13:3). (7) 게다가 자기 명성 문제가 밀접하게 맞물려 있는 경우 이 사람들이 위에 인용한 구절에서처럼 "자기 몸을 불사르게 내어 주는" 것도 불가능하지 않습니다.

3. 외식자들은 일반적이고 통상적인 단계의 그리스도인다운 행동 면에서 큰 진보를 보일 수 있습니다. 택함 받은 자를 하나님께서 사로잡아

이끄실 때처럼 말입니다. (1) 이들은 유다가 그랬듯 죄를 크게 깨우칠 수 있습니다. "그때에 예수를 판 유다가 그의 정죄됨을 보고 스스로 뉘우쳐 그 은 삼십을 대제사장들과 장로들에게 도로 갖다 주며 이르되 내가 무죄한 피를 팔고 죄를 범하였도다 하니 그들이 이르되 그것이 우리에게 무슨 상관이냐 네가 당하라 하거늘 유다가 은을 성소에 던져 넣고 물러가서 스스로 목매어 죽은지라"(마 27:3-5). 사울 왕도 자주 그랬습니다. (2) 이들은 벨릭스처럼 하나님의 말씀 앞에서 떨며 큰 공포에 사로잡힐 수 있습니다. "바울이 의와 절제와 장차 오는 심판을 강론하니 벨릭스가 두려워하여 대답하되 지금은 가라 내가 틈이 있으면 너를 부르리라 하고"(행 24:25). (3) 이들은 돌밭에 뿌려지는 씨를 받는 자처럼 진리를 받으며 기뻐할 수 있습니다(마 13:20). (4) 이들은 그리스도로 말미암은 구원을 기대하면서 어떤 평강과 평화 가운데 있을 수 있습니다. 미련한 다섯 처녀들처럼 말입니다(마 25:1-13). (5) 바리새인의 경우처럼, 이 모든 것을 배경으로 상당한 개심(改心)이 이뤄질 수 있습니다. "바리새인은 서서 따로 기도하여 이르되 하나님이여 나는 다른 사람들 곧 토색, 불의, 간음을 하는 자들과 같지 아니하고 이 세리와도 같지 아니함을 감사하나이다 나는 이레에 두 번씩 금식하고 또 소득의 십일조를 드리나이다"(눅 18:11-12). 더러운 귀신이 사람에게서 나갈 수 있는 것입니다(마 12:43). (6) 어떤 특별한 경험과 "하나님의 선한 말씀을 맛보"(히 6:5)는 것으로써 이런 일이 확증받는 것으로 보일 수도 있습니다.

4. 외식자들은 구원에 이르게 하는 성령의 은혜와 아주 흡사한 어떤 것을 가지고 있을 수도 있습니다. (1) 이들은 마술사 시몬 같은 일종의 믿음을 가질 수 있습니다. "시몬도 믿고 세례를 받은 후에 전심으로 빌립을 따라다니며 그 나타나는 표적과 큰 능력을 보고 놀라니라"(행 8:13). (2) 이

들은 일종의 회개를 하고 애통해하는 태도로 처신할 수 있습니다. "만군의 여호와 앞에서 그 명령을 지키며 슬프게 행하는 것이 무엇이 유익하리요"(말 3:14). (3) 이들은 하나님을 크게 두려워할 수도 있습니다. 은금이 가득한 집을 준다 해도 하나님께 청하여 허락을 받지 않으면 발락의 사자들과 함께 가지 않으려 했던 발람처럼 말입니다(민 22:18). (4) 이들은 일종의 소망을 품을 수도 있습니다. "저속한 자의 희망은 무너지리니"(욥 8:13). (5) 이들에게도 어떤 사랑이 있습니다. 헤롯이 요한에게 품었던 것과 같은 사랑 말입니다. "왕이 심히 근심하나 자기가 맹세한 것과 그 앉은 자들로 인하여 그를 거절할 수 없는지라"(막 6:26). 외식자들이 구원에 이르는 모든 은혜의 모조품을 갖고 있는 게 틀림없다는 점을 굳이 강조할 필요는 없을 것입니다.

5. 외식자들은 하나님과의 특별한 교통, 성령의 증거와 좀 닮은 것, "내세의 능력"과 좀 비슷한 것을 가지고 있습니다. "한 번 빛을 받고 하늘의 은사를 맛보고 성령에 참여한 바 되고 하나님의 선한 말씀과 내세의 능력을 맛보고도 타락한 자들은 다시 새롭게 하여 회개하게 할 수 없나니"(히 6:4-6). 이 모든 사실에도 이들은 아그립바처럼 "적은 말로 권면받아 거의 그리스도인이"(행 26:28) 될 뻔한 사람들에 지나지 않습니다. 이런 것들은 다 거짓이고 기초가 튼튼하지 않은 만큼, 이 일들에 대해 하나하나 다 이야기하기가 지루했습니다. 여기서부터는 그리스도 안에서 참으로 새롭게 된 사람이 어떤 점에서 외식자와 유기자들과 다른지 겸손한 자세로 몇 가지만 살펴보겠습니다.

(1) 외식자에게 어떤 변화가 일어나든, 그 사람의 마음은 변하지 않고 새로워지지 않습니다. 새로운 마음은 오직 택함 받은 자가 회심하고 "언약의 줄"(겔 20:37) 아래 들어올 때 주어집니다. "내가 그들에게 한 마음과

한 길을 주어…항상 나를 경외하게 하고"(렘 32:39). "또 새 영을 너희 속에 두고 새 마음을 너희에게 주되 너희 육신에서 굳은 마음을 제거하고 부드러운 마음을 줄 것이며"(겔 36:26). 외식자들은 절대 그리스도를 사람에게 만족을 주실 수 있는 세상 유일의 선(善)으로 이해하지 않습니다. 그 선을 위해 기쁨으로 모든 걸 포기할 때, 그때에야 하나님 나라가 그들 안으로 들어오는데 말입니다. "천국은 마치 밭에 감추인 보화와 같으니 사람이 이를 발견한 후 숨겨 두고 기뻐하며 돌아가서 자기의 소유를 다 팔아 그 밭을 사느니라"(마 13:44). 참으로 새롭게 된 사람은 담대히, 그리고 충분한 근거를 갖고 말할 수 있습니다. 자기 마음이 변화하여 그리스도께 몰두하게 되었으며, 자신을 풍요롭게 하는 유일한 보화요 "그 안에서 발견되기…위하여 모든 것을 잃어버리고 배설물로 여"(빌 3:8-9)길 만한 분으로 판단해 그분을 따라나서게 되었다고 말입니다. 그리고 이 사람에게는 이 말이 사실임을 입증해 주는 위로부터의 증거가 있습니다.

(2) 외식자가 그 어떤 변혁 혹은 신앙고백에 이르렀든, 새 마음과 하나님을 향한 열심이라는 순수한 원칙에서 나온 게 아니므로 이 변혁이나 신앙고백은 늘 뭔가 악하고 이기적인 동기를 갖고 있습니다. 예를 들어 "사람에게 보이려고"(마 6:5), 혹은 어떤 외적인 곤경을 모면하거나 피하려고, 하나님의 진노와 자기 양심의 괴로움에서 벗어나려고 하는 목적이 있는 것입니다. "우리가 금식하되 어찌하여 주께서 보지 아니하시오며 우리가 마음을 괴롭게 하되 어찌하여 주께서 알아주지 아니하시나이까"(사 58:3). "만군의 여호와 앞에서 그 명령을 지키며 슬프게 행하는 것이 무엇이 유익하리요"(말 3:14). 이에 대한 증거로 이들은 인간에게 명백하게 알려진 하나님의 모든 명령을 전혀 존중하지 않습니다. 그게 아니라면 그들은 절대 "부끄럽지 아니"(시 119:6)할 것입니다. 또한 이들은 마음

에 그 어떤 간교한 속임수 없이 모든 불의를 대적하기로 결단하지 않습니다. 그게 아니라면 자기 마음의 정죄에서 벗어나 정당하게 "하나님 앞에서 담대함을 얻"(요일 3:21)을 것입니다. 만약 그들이 아주 빈약하게라도 그리스도께 대한 사랑, 그리고 그리스도께 대한 열심의 원칙에서, 그리고 올바른 목적을 위해 그리스도를 시인하고 그분께 대한 믿음을 고백했다면, 그리스도께서는 당신 스스로 하신 말씀에 따라 "하늘에 계신 내 아버지 앞에서 그를 시인할"(마 10:32) 수밖에 없으실 것입니다.

(3) 사람들이 그리스도께로 인도되는 과정이 있는데, 외식자들은 이 과정을 얼마나 오래 진행하든 절대 "먼저 그의 나라와 그의 의를 구하"(마 6:33)지 않습니다. "한 가지만이라도 족하니라." 즉, 그리스도와의 교제와 친교만으로 족합니다. 그러나 외식자들에게는 절대 이것이 "한 가지", 마음에 흡족한 선택이 될 수 없습니다. 그게 아니라면 이들은 "이 좋은 편을 택하였으니 빼앗기지 아니"(눅 10:42)할 것입니다.

(4) 외식자들 안에 그 어떤 모조품 은혜가 있든, 그 모조품은 다 구원에 이르게 하는 그리스도의 영의 역사 없이 그들 안에서 만들어진 것들입니다. 외식자들은 이런 것들과 무관하다고 절대 말하지 않고 이런 것들을 자기 안에서 비워 내지 않으며 여전히 그것을 자기의 구원자로 의지하며, 그럼으로써 "하나님의 의에 복종하지 아니"(롬 10:3)하므로, 이것만으로도 이들은 참된 믿음의 표지가 주는 유익에서 배제되기에 충분합니다. 또한 이것만으로도 이들은 그리스도와의 거리를 좁힐 수 없습니다. 그리스도께서는 당신의 생베로 외식자들의 낡은 곳을 고쳐 주지 않으실 것이며, "새 포도주를 낡은 가죽 부대에 넣지 아니하"(마 9:16-17)실 것입니다.

(5) 외식자나 유기자, 무신론자들이 할 수 있는 데까지 다 해도 이들에게는 궁극적으로 신앙과 참 기독교의 세 가지 중요 요소가 결여되어 있

다고 말할 수 있습니다. ① 이들은 심령이 상(傷)하고 자기 의(義)를 버려 마침내 자기 혐오에 이르지 못합니다. "인자가 온 것은" 바로 그런 "잃어버린 자를 찾아 구원하려 함"(눅 19:10)인데 말입니다. ② 이들은 그리스도 예수를 결국 자기를 부요케 하고 흡족케 하는 유일한 보화이자 보물로 받아들이지 않습니다. 그래서 이들은 언약에 나타난 하나님의 구원 방책에 진심으로 동의하지 않고, 따라서 이들은 그분에게 어울리지 않으며 하나님의 나라도 구원에 이를 만하게 이들의 심중에 들어오지 않습니다. "천국은 마치 밭에 감추인 보화와 같으니 사람이 이를 발견한 후 숨겨 두고 기뻐하며 돌아가서 자기의 소유를 다 팔아 그 밭을 사느니라"(마 13:44). ③ 이들은 그리스도의 모든 "뜻을 의롭고 선하고 신령하게"(롬 7:12) 여겨 그분의 멍에를 단 하나의 예외도 없이 다 메려고 애쓰지 않습니다. 그래서 이들에게는 그리스도께서 주시는 안식이 없습니다. "나의 멍에를 메…라 그리하면 너희 마음이 쉼을 얻으리니"(마 11:29). 그러므로 그대가 어떤 사람이든 여기서 언급한 이 세 가지를 분명하고도 정당하게 자기 것이라고 주장할 수 있다면, 그대는 세상 모든 무신론자와 외식자와 유기자들이 손을 뻗칠 수 없는 곳에 있는 것이며, 율법과 복음의 큰 목표와 의도에 부응하고 있는 것이라 하겠습니다.

반론. 어떤 때는 저에게 새로운 피조물의 그 표지가 확실히 있는 것 같고 어떤 때는 죄가 저를 압도한 나머지 제 안에서 일어나는 모든 역사에 의문을 품게 됩니다.

답변. 그리스도의 이름을 고백하는 사람들이 다른 많은 이들처럼 죄 때문에 망가지고 죄에 예속된다는 것은 크게 통탄할 일입니다. 그러나 위의 반론이 진지하게 제기된 반론이라 보고 답변하자면, 성경에 등장하는 성도들은 죄가 자기를 이길 때도 하나님과 그분의 언약을 정당하게 자랑했던 것을 보게 됩니다. "죄악이 나를 이겼사오니 우리의 허물을 주께서 사하시리이다"(시 65:3). 바울은 "내 지체 속에서 한 다른 법이…죄의 법으로 나를 사로잡는"(롬 7:23) 것을 인정하면서도 "그리스도로 말미암아 하나님께 감사"(롬 7:25)를 드립니다. 하지만 그런 진리를 좀더 잘 이해하고 안전하게 적용하기 위해서는 크고 심각한 범죄 행위와 평범한 허물 혹은 사전에 생각한 것도 아니고 고의성도 없이 자기도 모르게 다가오는 마음의 악이나 죄를 구별해야 합니다. 중대한 범죄 행위의 경우, 사람이 그 죄의 세력 아래 있는 동안에는 설령 자기 안에서 은혜로운 변화가 일어났다 해도 그 변화를 알아차리기 힘듭니다. 그래서 그 사람이 어느 정도 회복이 되고 그런 죄에 심각하게 분노하며 그 죄를 대적하기로 마음 먹기까지는 그 변화에서 어떤 위로를 이끌어 내기가 매우 어렵습니다. 우리는 다윗이 백성의 수를 조사한 직후 자기 자신을 일컬어 하나님의 종이라고 하는 것을 봅니다. 그러나 이때 그는 자기 죄에 대해 심각하게 분개하던 중이었습니다. "다윗이 백성을 조사한 후에 그의 마음에 자책하고 다윗이 여호와께 아뢰되 내가 이 일을 행함으로 큰 죄를 범하였나이다 여호와여 이제 간구하옵나니 종의 죄를 사하여 주옵소서 내가 심히 미련하게 행하였나이다 하니라"(삼하 24:10). 요나는 하나님께 반역하고 있으면서도 자신은 하나님을 주인으로 모실 자격이 있다 주장합니다. 하지만 이때 요나는 그 반역을 회개하는 중이었고, 자신의 죄 때문에 자기 자신을 징벌하는 태도를 보이고 있었습니다. 다음으로, 평범한 허물과 마음의 죄가 일상적으로 급습하는 것에 대해 말하자면, 이는 아마도 바울이 푸념하는 죄들과 비슷하다고 하겠습니다.

로마서 7장에서 몇 가지 사실을 이끌어 내 볼 텐데, 바울은 그 사실을 근거로 자신이 구원에 이를 만하게 그리스도와 관계를 맺고 있다고 주장합니다. 여러분도 그걸 응용할 수 있다면 좋겠습니다. 1. 바울은 자신이 크게 부족하며 하나님의 법에 순응하는 데 미치지 못한다는 것을 깨닫고도 외식자들이 늘 그러듯 율법이 너무 엄격해서 사람으로서는 이를 지킬 수 없다고 율법 탓을 하지 않습니다. 오히려 자기 자신이 육신에 속했다며 자기 탓을 하고, 율법에 대해서는 "선하고 거룩하고 신령하다"고 말합니다. 2. 바울은 선을 행하려고 마음먹었으나 그렇게 하지 못했고, 자기가 행하려고 했던 선은 자기 역량을 넘어서는 것이었다고, 악으로 떨어졌으나 그 악을 대적하기로 여러 번 솔직하게 결단했다고 말합니다. "내가 행하는 것을 내가 알지 못하노니 곧 내가 원하는 것은 행하지 아니하고 도리어 미워하는 것을 행함이라…내 속 곧 내 육신에 선한 것이 거하지 아니하는 줄을 아노니 원함은 내게 있으나 선을 행하는 것은 없노라…내가 원하는 바 선은 행하지 아니하고 도리어 원하지 아니하는 바 악을 행하는도다"(롬 7:15, 18-19). 3. 바울은 죄가 자신을 이긴 것은 결국 자신이 한 일이라고 말하며, 그래서 그런 사망의 몸을 지녔기에 자기 자신을 곤고한 사람으로 여기며 그 사망의 몸에서 건짐 받기를 갈망합니다. 4. 바울은 자신이 비록 죄의 권세와 죄의 법 아래 있고 비록 그것에 제압당하고 있지만 마음 깊은 곳에서는 다소 그에 대적을 하고 있으며 그것이 또 하나의 길일 것이라 말합니다. 그리고 죄의 권세와 법을 대적하는 마음이 우세해지면 이는 반가운 일이라고 말합니다(롬 7:22-25). 이에 근거해서 바울은 "그리스도 예수 안에 있는 자에게는 결코 정죄함이 없"(롬 8:1)으니 그 사람은 육체를 따라 행하지 않고 성령을 따라 행한다고 하며 이에 대해 "그리스도로 말미암아 하나님께 감사"한다고 말합니다.

그렇다면 이제 여러분도 그렇게 말할 수 있는지 살펴보십시오. (1) 율법을 지키지 못했을 때 자기 자신을 탓하고 율법에 대해서는 호의적으로 판단하는지 살펴보십시오. (2) 정직하게, 그리고 아무 간사한 꾀 없이 죄에 대적하기로 자주 결단하는지, 죄악이 틈입하기 전에 죄와 상극인 선을 결단하는지 살펴보십시오. (3) 선을 행하지 못한 적이 너무 많은 나머지, 그런 일 때문에 자신을 곤고한 자로 여기며 사망의 몸을 그런 일들의 뿌리요 원천으로 여긴다고 말할 수 있는지 살펴보십시오. (4) 자기 안에 이런 악들에 대적하는 부분이 있다고, 그 부분이 바른 길에 서 있다고, 이를테면 하나님의 길이야말로 그 부분의 본령이라고 말할 수 있다면 다행입니다. 제가 조언할 것은, 위에 제기된 반론의 근거를 어느 정도 제거할 때까지, 아니 적어도 내가 이런 일들과 싸움을 벌이고 있다고 아주 명쾌하게 말할 수 있을 때까지 쉬지 말라는 것입니다. 자신을 압도하는 죄의 권세에 맞서는 데 크게 도움이 되는 것은, 믿음으로 그리스도 예수께 가까이 붙어 있는 것입니다. 이것이 성화의 바람직한 면이요 하나님의 뜻에 대한 수준 높은 순응이며 복음에 나타난 하나님의 계획에 매우 유용한 자세입니다. "이제 내가 육체 가운데 사는 것은 나를 사랑하사 나를 위하여 자기 자신을 버리신 하나님의 아들을 믿는 믿음 안에서 사는 것이라"(갈 2:20). "내가 하나님의 은혜를 폐하지 아니하노니"(갈 2:21), 그러므로 이 일을 하나님께서 기뻐하시는 일로 알고 크게 힘써야 할 것입니다. "하나님께서 보내신 이를 믿는 것이 하나님의 일이니라 하시니"(요 6:29), 이것이 바로 어떤 형편에서든지 많은 열매를 맺기 위해 복되신 뿌리이신 그리스도에게서 언제든지 생명과 자양분을 이끌어 낼 수 있는 길입니다. "내 안에 거하라 나도 너희 안에 거하리라 가지가 포도나무에 붙어 있지 아니하면 스스로 열매를 맺을 수 없음같이 너희도 내 안에 있지 아니하면 그러하리라 나는 포도나무요 너희는 가지라 그가 내 안에, 내가 그 안에 거하면 사람이 열매를 많이 맺나니 나를 떠나서는 너희가 아무것도 할 수 없음이라"(요 15:4-5).

하나님과의 특별한 교통, 그리고 성령의 독특한 은혜의 역사에 대하여

반론. 성경에는 하나님과의 특별한 교통이 언급되어 있는데, 저는 그런 성령의 교통하는 역사에 참여하고 있지 않습니다. 은혜 상태에 있는 사람들은 그 교통에 대해 자주 이야기하고 또 그런 수준에 도달해 있는데 말입니다. 이런 것이 부족한 탓에 저는 제 상태에 대해 심히 의심하게 됩니다.

답변. 이런 탁월한 교통에 대해 짤막하게 다뤄보겠습니다. 바라기는, 이 문제에 대해 올바로 알게 됨으로, 은혜 입은 사람들 다수의 조심스러운 불평에 별 근거가 없다는 게 밝혀졌으면 합니다.

1. 사람들의 영혼에 그리스도의 길을 안내하곤 하는 성령의 이런 깨우침, 그리고 나중에 통상적으로 사람들에게 수반되는 성령에 대한 그런 확신 외에 성경에서 말하는 성령의 인(印)이 있습니다. 그중 가장 주된 것은 성결하게 하시는 성령의 역사로, 하나님의 형상과 하나님의 계시된 뜻 그 밑그림과 윤곽을 인간에게 새겨 넣습니다. 봉인된 물건에 문장(紋章)이나 도장이 비슷한 자국과 흔적을 남기는 것처럼 말입니다. 정말로 그렇습니다. "하나님의 견고한 터는 섰으니 인 침이 있어 일렀으되 주께서 자기 백성을 아신다 하며 또 주의 이름을 부르는 자마다 불의에서 떠

날지어다 하였느니라"(딤후 2:19). 그래서 저는 이 인을 '증거'로 불러야 한다고 생각합니다. "믿는 자는 자기 안에 증거가 있고"(요일 5:10). 즉, 이 인은 그리스도께 대한 관심이 증명되고 입증되는 근거로서, 이 근거는 신자라면 누구에게나 있습니다. 정도의 차이는 있지만 모든 신자에게는 성령의 성결케 하는 역사가 있으며, 이 역사는 확실합니다. 늘 명료하고 분명한 증거는 아닐지라도 말입니다.

2. 그리스도인들 사이에서는 하나님과의 '교통' 이야기가 많이 오갑니다. 그리스도인은 이 교통으로써 자기 영혼을 대단히 활기차게 해주는 하나님의 임재를 이해하고 분별합니다. 그러나 엄밀히 말해 하나님과의 교통은 하나님과 사람이 상호 관계를 맺는 것이며, 사람은 그리스도 안에서 하나님과 관계를 맺습니다. 이는 공동의 관계, 혹은 하나님과 인간이 공동으로 관계를 맺는 것이며, 사람은 하나님하고만 관계를 맺는 게 아니라 주님의 소유인 모든 것과 관계를 맺고, 주님께서도 사람뿐만 아니라 사람에게 속한 모든 것과 특별한 관계를 맺으십니다. 남편과 아내 사이에는 교통이 있습니다. 남편과 아내는 이 교통으로 서로의 인격과 소유물과 관심사와 특별한 관계를 맺습니다. 하나님과의 관계에도 그런 교통이 있습니다. 그분은 우리의 하나님이시고, 모든 것이 다 우리 소유입니다. 왜냐하면 그분이 우리 소유이기 때문입니다. 나중에 살펴보겠지만, 모든 참 신자에게는 언제나 하나님과의 이런 교통이 있습니다. 그 교통에도 실제적 발전이 있을 수 있다는 걸 인정합니다. 이런 발전이 있기에 사람은 담대히 하나님께 다가가기도 하고 그분을 자기 하나님으로 여겨 지극히 소박하고 친숙하게 대화를 나누기도 합니다. 특히 예배 면에서 그러한데, 예배 때 사람의 영혼은 살아 계신 하나님과 대화를 나누면서 신성한 성품에 참여하고, 그분에게까지 자라며, 기분 좋게 그분의 속

성을 두루 훑어볼 수 있으며, 관계에 대한 어떤 확신으로 이런 일들을 인간 고유의 재산과 보화로 여깁니다. 우리는 이것을 일컬어 규례 중에 나누는 하나님과의 교통이라고 합니다. 사실 이런 교통은 사람들에게 일반적으로나 자주 증명되는 교통이 아니고, 하나님의 백성이라고 해서 모두 다 이 교통에 참여하는 것은 아닙니다. 그리고 하나님 안에 있는 것이 사람의 유익을 위해, 즉 언제 어느 때나 똑같이 터득될 수 있도록 드러나는 것도 아닙니다. 그렇지만 엄밀한 의미에서의 하나님과의 교통, 즉 하나님과 구원의 언약을 맺은 사람과 하나님이 공동의 관계를 맺는 건 언제나 확고하고 확실한 사실입니다. 모든 신자는 규례를 통해 하나님과 교통하며, 그리하여 그 시간을 통해 살아 계신 하나님과 마음으로 대화를 나누며, 하나님의 형상으로 어느 정도 변화됩니다. 이 점에 대해서는 더는 의심을 품을 필요가 없습니다.

3. 하나님과의 '교제'라는 것이 있는데, 이는 신자들 사이에서 자주 오해되곤 합니다. 교제가 우리를 보시고 우리가 하는 말을 들으시며 우리의 모든 행실에 대한 증인이신 살아 계신 하나님이 지켜보시는 가운데 우리의 본분을 행하는 것을 뜻한다면, 이는 은혜 상태에 있는 모든 사람에게 공통되는 일입니다. 은혜 상태에 있는 사람들은 습관적으로 이 교제를 행하며, 그 교제를 행할 마음을 품습니다. "내가 여호와를 항상 내 앞에 모심이여"(시 16:8). 신자들은 이들의 영혼이 어떤 바람직한 틀 안에 있을 때는 실제로 자주 이 교제를 행합니다. 이들은 마치 자기 옆에 서 계신 하나님을 보는 것처럼 행동하며, 그리스도를 통해 오는 하나님의 은총을 생각합니다. "우리의 사귐은 아버지와 그의 아들 예수 그리스도와 더불어 누림이라"(요일 1:3). 교제가 의무감으로 행하는 것만이 아니라 하나님과 더불어 다정하고, 심신을 상쾌하게 하고, 친숙하고, 실감나는

대화를 나눈다는 뜻이고, 그 대화가 영혼에 기쁨을 주며 새 힘을 북돋아 준다면, 그렇다면 이는 하나님의 얼굴의 빛 가운데 행하는 것이요, 하나님의 임재를 현실적으로 체감하는 것이라 하겠습니다. 에녹은 "하나님과 동행"(창 5:24)했다고 한 것으로 보아 이런 교제를 많이 했던 것으로 보입니다. 그러나 하나님과의 교제는 에녹의 경우처럼 그렇게 일반적이지도 않고 모든 그리스도인이 이런 교제를 공통적으로 다 누리는 것도 아닙니다. 왜냐하면 이 교제 때 영혼은 마치 골수와 기름진 것을 먹은 듯 충만해져서 그 인도자를 열심히 따르며 그분의 오른손으로 각별히 붙들리기 때문입니다. "골수와 기름진 것을 먹음과 같이 나의 영혼이 만족할 것이라 나의 입이 기쁜 입술로 주를 찬송하되…나의 영혼이 주를 가까이 따르니 주의 오른손이 나를 붙드시거니와"(시 63:5, 8).

4. 하나님께 '가까이 나아감'도 있습니다. 저는 이것을 인간과 하나님 사이에 있는 길에서 장애물을 치우는 것, 그래서 인간이 하나님 가까이 다가가는 게 허용되는 것으로 이해합니다. 어떤 대단한 사람의 집 대문이 활짝 열리고 호위병이 물러가 그 사람 가까이 다가갈 수 있게 될 때 우리는 그 사람에게 나아간다고 말합니다. 하나님께 나아가는 게 바로 그런 것입니다. 성경에서 이 나아감은 때로 그리스도께서 길을 예비하시는 것, 하나님과 죄인 사이에 있는 적의를 없애는 것, 그래서 이제 인간이 그리스도를 통해 하나님께 가는 분명한 길이 생기는 것으로 제시됩니다. "이는 그로 말미암아 우리 둘이 한 성령 안에서 아버지께 나아감을 얻게 하려 하심이라"(엡 2:18). 때로 이는 인간이 자신과 하나님 사이에 통상 떨어져 있는 모든 장애물과 불화가 다 제거되어 있는 것을 보고 그리스도께서 획득하신 그 나아감을 실제로 활용하는 것으로 이해되기도 합니다. 하나님은 그 사람을 낯선 사람 취급하며 그 사람과 거리를 두시거

나 그 사람을 향해 얼굴을 찌푸리시지 않습니다. 오히려 그 사람에게는 "그의 처소에 나아가"(욥 23:3)는 게 허용됩니다. 그게 허용되지 않는 것에 대해 욥은 이렇게 불평합니다. "그런데 내가 앞으로 가도 그가 아니 계시고 뒤로 가도 보이지 아니하며 그가 왼쪽에서 일하시나 내가 만날 수 없고 그가 오른쪽으로 돌이키시나 뵈올 수 없구나"(욥 23:8-9). 첫 번째 방식의 나아감은 모든 신자에게 공통됩니다. 신자라면 누구나 언약의 피로써 하나님 가까이 인도되며, 하나님과 그들 사이의 치명적 불화가 제거됨에 따라 더는 하나님과 멀리 떨어져 있지 않습니다. 그러나 또 다른 의미에서 '나아감'은 주님의 절대적 주권과 기뻐하심에 따라 더 많이 베풀어지며, 이 나아감을 자기 자신에게 가로막는 것은 신자 자신의 권한으로 남겨져 있습니다. 주님께서 그 기뻐하시는 뜻에 따라 자비롭게, 그리고 아무 값 없이 그 나아감을 이들에게 다시 한 번 허락하실 때까지 말입니다. 나아감에는 이렇게 기복이 있기 때문에 이와 관련한 어떤 사람의 상태에 대해서는 의문을 품을 필요가 없습니다.

5. 하나님 앞에서의 '자유'라는 것이 있습니다. 하나님 앞에서의 자유라는 이 속성은 스스럼없음, 혹은 하나님께 기탄없이 말씀드리는 것을 말합니다. 때때로 이런 자유가 없는 까닭에 자신의 상태에 심히 의문을 품는 사람들이 많습니다. 그도 그럴 것이 성경에서 "주의 영이 계신 곳에는 자유가 있느니라"(고후 3:17)고 말하기 때문입니다. 그러나 이들은 여기서 말하는 자유를 하나님 앞에서 거침없이 이야기하는 것에 국한하는 잘못을 저지르고 있습니다. 성경에서 주의 영이 하나님의 뜻을, 구원에 이를 만큼 인간에게 밝혀 보여 주시는 곳에는 의식법에 대한 그 모든 의무, 인간을 정죄하는 도덕법의 권세, 그리고 자연인의 마음속에서 복음에서 말하는 그리스도를 덮어 가리는 휘장으로 작용하는 그 심각한 우매

함과 무지 등 이 모든 것으로부터의 자유가 있음을 저는 인정합니다. 또한 때로 이런 자유, 즉 하나님과의 자유로운 교통, "그 앞에서 내가 호소하며 변론할 말을 내 입에 채우"(욥 23:4)는 자유가 경건한 자에게 주어지는 것도 인정합니다. 하지만 이는 위에서 말한 그런 의미의 자유가 아닙니다. 주님께서 "다윗의 집…에게…기도의 영을 부어 주시겠다"(슥 12:10)고 자청하시긴 했지만, 성령의 이 교통, 즉 우리가 '자유' 혹은 하나님께 기탄없이 말하기라고 일컫는 이것을 언제 어느 만큼 허용하시느냐는 상당 부분 하나님께서 기뻐하시는 절대적인 뜻에 달려 있습니다. 이 자유, 곧 우리가 일컫는 '스스럼없음' 혹은 기도 중 하나님 앞에서 '기탄없이 말하기'는 때로 어떤 큰 확신에서 상당히 많이 벗어나기도 합니다. 적어도 기도가 끝나갈 때까지는 말입니다. 이 자유는 하나님 앞에 자기 사정을 아뢰되 아무 거침없이 쾌활하게 그 일을 거론할 수 있다는 암묵적 이해에 바탕을 두고 있고, 그래서 이 사람은 하나님 앞에 호소를 할 수 있습니다. 그리고 이 자유에는 말, 혹은 언어 표현, 기품 있고 적절하고 아주 강한, 혹은 강력하고 날카로운 언어 표현이 있습니다. 성경이 말하는 열렬한 태도가 어우러집니다. 이런 자유로움으로 기도하는 사람은 그 영혼이 뜨겁고 간절하며 매우 열심이 있습니다. 또한 이 자유를 누릴 때는 마음이 녹아내려 "은총과 간구하는 심령"(슥 12:10)과 어우러지는 게 보통입니다. 그래서 장자로서 그 영혼을 하나님 앞에 쏟아 냅니다. 이런 것이 바로 많은 성도가 하나님 앞에서 얻는 자유입니다. 이 성도들은 심히 상한 마음과 뜨겁고 간절한 심령으로 자기 마음을 하나님 앞에, (적어도) 이들의 기도에 주목하시는 살아 계신 하나님 앞에 털어놓는 게 허용됩니다. 때로 이 자유가 확신과 어우러지기도 합니다. 그럴 때면 이 사람은 하나님 앞에서 스스럼없이 말할 뿐만 아니라 담대하게 말하기까지 합니다. 이것이 바로 "담대함과 확신"입니다. "우리가 그 안에서 그를 믿음으로 말미암아 담대함과 확신을 가지고 하나님께 나아감을 얻느니라"(엡 3:12). 이는 예의 그 자유에 비해 사람에게 주어지는 경우가 좀 드물지만, 그래도 통상적이기는 합니다. 이 자유에는 우리가 앞에서 언급한 것 외에도 믿음에 대한 성령의 영향력도 있어, 기도 때 어떤 힘찬 행동을 하게 만들기도 합니다. 또 기분 나쁘지 않게 애통해하는 틀이 있어, 이 틀로써 사람은 자기 마음을 하나님의 품에 쏟아 내놓으며, 하나님의 은총과 선의에 대한 확신으로 하나님을 살아 계신 하나님으로 여겨 자기 사정을 호소합니다. 많은 성도가 이렇게 이 자유의 존재를 체감하는 상태에 도달할 수 있습니다. 이런 의미에서 볼 때 하나님 앞에서의 자유라는 부분에서 어떤 사람의 상태에 관해 의심할 근거는 없습니다. 여기서는 은혜 상태를 결정짓는 데 반드시 필요한 요소라고 할 만한 게 아무것도 없기 때문입니다. 어떤 사람에게는 자유가 있고, 어떤 사람에게는 없으며, 어떤 사람에게는 자유가 있었다가 없었다가 하고, 그래서 이 자유는 상당히 기복이 큽니다. 하지만 은혜 상태에 있는 사람은 아주 일상적인 감화만으로도 그런 정신적 태도의 틀에 도달할 수 있고 그 틀을 유지 혹은 보존할 수 있습니다.

6. '감화' 혹은 성령의 호흡이라는 것이 있습니다. 이 은혜로운 감화력(지금은 그렇게만 말할 뿐입니다) 또한 평범합니다. 이는 사람의 영혼에 일어나는 성령의 역사인데, 이 역사가 일어날 때 심겨진 (지식·믿음·소망·사랑 등과 같은) 은혜로운 행동 원리에 따라 이 사람의 영혼은 여전히 살아 있게 되고, 아주 명쾌하게 분별 가능하지는 않더라도 어느 정도 활동하며 움직일 수 있습니다. 제가 생각하기에 이 감화력은 언제나 신자를 돌보며, 신자의 "포도원지기"가 되어 "때때로 물을 주며 밤낮으로 간수"(사 27:3)해

줍니다. 아니 이 감화력은 비교적 독특하고 특별하며, 은혜 상태에 있으나 활기를 잃은 영혼에게 "마른 뼈에 불어오는 바람과 생기"(겔 37:9-10)같이, 풀밭에 내리는 이슬이나 비같이, "벤 풀 위에 내리는 비같이"(시 72:6)되어 그의 상황을 호전시킵니다. 그런 감화력의 의미는 "남풍아 오라 나의 동산에 불어서 향기를 날리라"(아 4:16)는 말씀으로 유추해 볼 수 있습니다. 성령께서 이렇게 역사하실 때 그 영혼 안에서 하나님의 은혜가 날을 세워 좀더 활기차게 역사하게 됩니다. "마음이 넓어진다"는 게 바로 이런 의미이며, 이렇게 마음이 넓어짐으로써 사람은 "하나님의 길로 달려갑니다"(시 119:32). 이 감화력은 앞서 말한 '자유'보다 좀더 쉽게 알아볼 수 있고, 그 '자유'처럼 그렇게 통상적으로 사람에게 주어지지는 않습니다. 바람이 어느 한 은혜 위에 좀더 많이 불어올 때도 있고 다른 은혜 위에 더 뚜렷하게 불어올 때도 있으며 많은 은혜 위로 한꺼번에 불어올 때도 자주 있습니다. 이 감화력이 많고 적음에 따라 사람의 영혼이 하나님을 향해 생기 있게 움직이는 정도가 더하기도 하고 덜하기도 합니다. 그리고 믿음은 한 영혼 안에 창조된 은혜이기에, 성령의 이 감화력은 바로 그 믿음 위에 때로는 더 많이 때로는 더 적게 임하며, 그에 따라 믿음의 확신이 크기도 하고 작기도 합니다.

7. 성경에서 자주 말하는 '기도를 들으심'이 있습니다. 경험적으로 이에 대해 아는 것이 아무것도 없다면서 자기 자신을 괴롭히는 사람들이 많습니다. 하나님께서 호의적으로 기도를 들으시는 경우가 있는 것도 사실입니다. 하지만 이 경우에도 두 가지가 있다는 것을 기억해야 합니다. (1) 성경을 근거로 논증하는 방식으로 단순히 그렇게 믿는 사람이 있습니다. 내가 그리스도께로 피했고, 그리스도 안에서 하나님께 다가가며 그분의 뜻에 따라 기도하되 마음에 죄를 품지 않고 내가 절대적으로 혹은

조건적으로 기도하는 일들의 성격과 그에 대한 약속에 따라 그 일에 대해 믿음을 발휘하는 듯이 말입니다. 즉, 하나님께서 내 기도를 들으시며 "너희가 내 이름으로 무엇을 구하든지 내가 행하리니"(요 14:13)라는 말씀에 따라 하나님께서 내게 선한 것을 주실 줄로 믿을 의무가 있다는 것입니다. "그를 향하여 우리가 가진 바 담대함이 이것이니 그의 뜻대로 무엇을 구하면 들으심이라"(요일 5:14). "무엇이든지 기도하고 구하는 것은 받은 줄로 믿으라 그리하면 너희에게 그대로 되리라"(막 11:24). "내가 나의 마음에 죄악을 품었더라면 주께서 듣지 아니하시리라"(시 66:18). (2) 어떤 사람은 하나님께서 자기 기도를 들으시는 것을 확연히 알아차립니다. 이 사실은 어떤 삼단논법적 추론 없이도 그 사람의 마음에 증명됩니다. 한나는 하나님께서 자기 기도를 들으시는 것을 그런 식으로 깨달았습니다. "얼굴에 다시는 근심 빛이 없더라"(삼상 1:18). 확실히 주님께서는 한나의 믿음에 숨결을 불어넣으셨고, 한나로 하여금 자신의 기도가 하나님께 들렸다 믿게 만드셨습니다. 한나는 어떤 논증으로 이 사실을 증명하지는 못했습니다. 성경에 따라 그 논증의 전제를 그렇게 구체적으로 세워 나갈 아무 근거가 없었기 때문입니다. 하나님께서는 한나의 기도를 들으셨다는 사실을 모종의 방식으로 한나의 마음에 체감되도록 나타내 주셨고, 그래서 한나는 그 사실을 믿게 되었습니다. 하지만 이는 보기 드문 경우입니다. 성경에서 명확히 추론되는 사례로서는 특히 더 그렇습니다. 그러므로 사람들은 첫 번째 경우에 대한 믿음을 발휘하는 데 더 만족해야 하며, 두 번째 같은 경우는 하나님께서 기뻐하시는 대로 허락하시도록 그분께 맡겨야 합니다. 하나님께서 그렇게 어떤 사람의 기도를 들으셨느냐를 근거로 그 사람이 은혜 상태에 있느냐에 대해 이러쿵저러쿵해서는 안 됩니다.

8. 우리 자신의 태도가 증거를 해줌으로써 하나님의 은총을 '확신'할 수 있습니다. 그래서 이 확신은 삼단논법적 논증을 통해 추론됩니다. 누구든 그리스도를 믿는 사람은 멸망하지 않는다고 했습니다. 그리고 나는 그리스도를 믿습니다. 그러므로 나는 멸망하지 않을 것입니다. 누구든 하나님의 모든 계명에 주의하는 사람은 부끄럽지 아니할 것이라고 했습니다. 나는 하나님의 모든 계명에 주의합니다. 그러므로 나는 부끄러움을 당하지 않을 것입니다. 무슨 말이냐면, 이렇게 추론함으로써, 그리고 영적인 일을 영적인 일과 비교함으로써 사람은 자신이 은혜 상태에 있다는 정당한 확신에 도달할 수 있다는 것입니다. 다음과 같이 생각할 수 있습니다. '행함과 진실함으로 형제를 사랑함으로써 우리는 하나님 앞에서의 우리 마음을 확신할 수 있다'(요일 3:18-19). 사람은 선한 양심의 증거에 기뻐할 수 있습니다. "만일 우리 마음이 우리를 책망할 것이 없으면 하나님 앞에서 담대함을 얻고"(요일 3:21). 그렇다면 우리는 우리 자신의 태도가 증거를 해줌으로써 비록 완전한 확신은 아니더라도 어느 정도의 확신에 이를 수 있습니다. 확신과 관련해 우리 자신의 태도가 증거를 할 때 성령의 역사가 동시에 진행된다는 것을 부인하지 않겠습니다. 하지만 제가 생각하기에 거기엔 아주 평범한 감화가 필요합니다. 그것 없이 우리는 아무것도 할 수 없습니다. 확신이란 게 이런 것이므로 이제 똑똑한 신자들, 늘 선한 양심으로 행하는 신자들은 이 확신에 도달할 수도 있습니다. 그래서 제가 생각하기는, 확신 문제와 관련해서 어떤 사람이 은혜 상태에 있는지 논쟁할 필요가 없다는 것입니다. 자기 마음의 정죄에 대해 스스로 결백하다면, 그 사람은 신속히 이 확신에 이르게 될 것입니다.

9. "우리의 영과 더불어 우리가 하나님의 자녀인 것을 증언"(롬 8:16)하신다고 언급된 '성령의 증거'가 있습니다. 성령의 역사는, 어떤 삼단논법

적 추론을 만들어 내고 그 추론으로 말미암아 우리 태도가 우리의 자녀 됨을 증거할 때 가장 잘 이해될 수 있습니다. 예를 들어, 누구든 형제를 사랑하는 사람은 사망에서 생명으로 옮겨 가고, 결과적으로 그리스도 안에 있게 된다고 했습니다. 나는 형제를 사랑합니다. 그러므로 나는 사망에서 생명으로 옮겨 갑니다. 여기엔 성령의 3중 역사, 아니 그보다는 성령의 세 가지 역사가 있습니다. 첫째는 첫 번째 전제를 조명하는 거룩한 빛으로, 이 전제의 신적 권위, 즉 이것이 하나님의 말씀임을 분명히 나타내 보여 줍니다. 주님의 영이 성경의 신적 기원을, 성경이 하나님의 무오한 말씀임을 증언해야 하되, 이 신적 기원을 밝히는 데 활용될 수 있는 다른 모든 논증보다 훨씬 앞서 증언해야 합니다. 두 번째 역사는 성령에게서 나오는 영광스러운 한 줄기 빛으로, 이 빛은 두 번째 전제를 조명하며, 그리하여 성령 자신이 그 영혼 안에서 맺은 은혜로운 결과들을 조명해 그 결과들이 참으로 은혜로운 결과들이며 성경이 은혜로 주신 것들이라 칭하는 바로 그 결과임을 밝혀 줍니다. '우리에게 값없이 주어진 하나님의 일들을 성령으로써 알게 된다'(고전 2:12-13)는 건 바로 그런 의미입니다. 세 번째 역사는 위 논증의 세 번째 전제 혹은 결론과 연관되어 있으며, 제가 생각하기에 이것은 믿음에 끼치는 감화력에 다름 아니며 이 감화력이 믿음을 강화시켜 첫 번째와 두 번째 전제들을 완전히 확신하는 결론을 이끌어 내는 것입니다.

이제 성경 지식도 더 많고 이와 같은 소중한 교통 경험도 더 많은 분들에게 정중히 말씀드리거니와 제가 생각하기에 성령의 증거 혹은 "성령이 친히 우리의 영과 더불어 우리가 하나님의 자녀인 것을 증언"(롬 8:16)하신다고 언급된 성령의 증언은 첫 번째 전제에 대한 첫 번째 역사가 아닙니다. 성령의 그 첫 번째 역사는 성령께서 성경 전체의 신적 기원을 증언하고 은혜 상태에 있는 사람의 영혼에게 성경의 신적 권위를 주장하는 그 증언이기 때문입니다. 성령의 그런 역사는 성경의 진리를 대상으로 하는 것으로, 어떤 사람이 하나님의 자녀가 되는 것이나 그리스도와 관계를 맺는 것하고는 전혀 상관이 없습니다. 성령께서는 신자의 본분과 관련된 진리나 다른 어떤 기본적 진리를 밝게 조명하사 그 진리의 신적 기원을 사람의 영혼에 각인하시되 어떤 사람이 그리스도와 관계를 맺었는지와 관련해서는 아무것도 말해 주지 않습니다. 성령의 세 번째 역사도 마찬가지입니다. 이 세 번째 역사로써 성령께서는 우리가 믿음으로 담대히 성령의 이 증언을 결론 내리게 만듭니다. 왜냐하면 세 번째 역사는 다름 아니라 믿음에 감화력을 끼쳐 완전한 확신에 이르게 만드는 것이기 때문입니다. 그러나 세 번째 역사를 바탕으로 완전한 확신이 도출되거나 생겨나온다는 것은 이미 어느 정도 확인되고 증거된 사실입니다. 그러므로 저는 두 번째 전제에 대한, 그리하여 사람 안에 있는 은혜를 조명하는 성령의 두 번째 역사가 바로 성령의 증거요 그 은혜 위에 비취는 거룩한 빛이며, 이 은혜는 이 빛으로 말미암아 아주 두드러지게 자각된다고 생각합니다. 그것이 바로 증언, 그 은혜 위에 그렇게 빛이 비취는 것이 바로 성령의 증언입니다. 오직 여기에서만, 즉 이 전제, 이 역사에서만 성령께서는 우리 영과 더불어 증언하시기 때문입니다. 우리 영이 주로 증언하는 것은 두 번째 전제와 관련되어 있습니다. 그래서 성령께서 우리 영과 더불어 증언하시는 것 또한 그 두 번째 전제입니다. 이렇게 두 증인이 하나의 동일한 사실, 즉 그 사람 안에 정말로 이러저러한 은혜가 있다는 사실을 확인하고 증언하며 우리 자신의 영 혹은 양심이 그 지식을 따라 역시 그 사실을 선서하고 증언하고 주님의 영이 확실히 그러하다고 확증하고 증언하므로, 한 가지 판결, 곧 믿음으로써 그 사람의 자녀 됨을 결론 내리게 되는데, 이 믿음은 이 목적을 위해 성령께서 불어넣어 주신 믿음입니다. 그리고 이 결론에는 어떤 사람의 자녀 됨에 대한 완전한 확신이 담겨 있습니다. 한 가지 추정할 수 있는 건, 참 성도라고 해서 모두가 다 살아 있는 동안 줄곧 이런 경험에 참여하는 건 아니라는 것입니다. "죽기를 무서워하므로 한평생 매여 종노릇하는 모든 자들을 놓아 주"(히 2:15)소서.

10. 많은 성도의 경험에 근거하여 이야기하거니와, 성경에 따르면, 앞에서 이야기한 것처럼 자녀 됨에 대한 증언 그 이상으로, 아니 그 증언 외에 이따금 하나님의 백성들에게 허용되는 성령의 교통이 있다고 말할 수 있기를 바랍니다. 이는 하나님이 사람의 영혼에 영광스럽고 거룩하게 현현하시어 하나님의 사랑을 그 사람의 마음 도처에 흩뿌리는 것입니다. 이런 건 말로 표현되는 것보다 훨씬 잘 느껴집니다. 이는 귀에 들리는 음성은 아니지만, 사람의 영혼을 생명과 빛과 사랑과 자유이신 하나님으로 충만케 하는 영광의 번득임으로, 귀에 들리는 음성으로 "너는 크게 은총을 입은 자라"(단 9:23)고 말하는 것과 같아서 마음으로 이 소리를 들은 사람은 황홀 상태가 되어 "여기 있는 것이 좋사오니"(마 17:4)라고 말하게 됩니다. 그리스도에게서 마리아에게 나간 것이 바로 이것이었습니다. 단지 마리아의 이름을 불렀을 뿐인데 말입니다. "예수께서 마리아야 하시거늘 마리아가 돌이켜 히브리 말로 랍오니 하니(이는 선생님이라는 말이라)"(요 20:16). 바로 전에 그리스도께서 마리아에게 몇 마디 말씀을 하셨지만 마리아는 그분이 그리스도인 줄 몰랐습니다. 그런데 그분이 '마리아야'라고 이 한 마디를 하자 마리아의 마음에 뭔가 감탄할 만한 신적 속성을 지닌 것이 전달되고 현시되었고, 이로써 마리아는 아주 흡족할 만하게 마음이 충만해져서 그분이 정말 그리스도인지 아닌지, 그리고 자신이 그

분과 관계를 맺었는지 따지고 논쟁할 여지가 없을 정도였습니다. 이 현시는 그 자체로 믿음이 살아 움직이게 만들었고, 신용과 신뢰를 샀으며, "여호와가 이같이 말하노라"라는 말과 동일한 효과를 냈습니다. 영광을 언뜻 보는 것만도 이러하기에, 가장 고상한 의미에서 이는 "우리 기업의 보증"(엡 1:14) 혹은 첫 열매라고 일컬을 수 있습니다. 왜냐하면 이는 거룩하신 하나님이 실감나게 현시되어 사람을 하나님의 형상으로 거의 완전히 변화시키고, 그 사람을 완전히 집어삼켜 눈앞의 그 현시 외에 다른 모든 것은 다 잊어버리게 할 정도이기 때문입니다. 오, 성령의 이 현시는 얼마나 영광스러운지! 여기서 믿음은 완전한 확신에 이르러, 하나님의 임재를 지각하는 상태로 들어갑니다. 이런 상태야말로 '지각될 만한 임재'라는 이름을 붙여 주기에 가장 합당한 상태이며, 아마도 이런 상태가 모든 신자에게 다 주어지지는 않을 것이며 그중엔 "무서워하므로 한평생 매여 종노릇하는"(히 2:15) 사람도 있을 것입니다. 하지만 여기서 사랑, 거의 완벽하다 할 수 있는 사랑이 두려움을 내쫓습니다(요일 4:18). 이는 절대적으로 주님이 기뻐하시는 뜻에 달린 일이고, 실제 이런 일이 일어날 때도 너무 순간적이거나 일시적이고, 혹은 순식간에 지나가기 때문에 어떤 사람도 이런 경험이 없다는 이유로 자신의 은혜 상태에 대해 이러쿵저러쿵할 수 없습니다.

11. 우리가 '화평'이라고 일컫는 게 있는데, 많은 이가 이에 대해 초조해합니다. 화평은 어떤 사람의 상태, 즉 그 사람이 예수 그리스도로써 하나님과 화해한 상태를 말하거나, 아니면 그 사람의 현재 형편과 처지, 즉 그 사람이 하나님의 인정을 받을 만한 행보를 보이는, 적어도 징책받을 우려가 있을 정도로 하나님과 그 사람 사이에 불화나 갈등이 없는 상태를 말하거나 둘 중 하나입니다. 두 경우 모두 성경의 법정에서 봐도, 그

리고 결과적으로 하나님께서 판단하시기로도 화평이고, 인간 자신의 양심의 법정에서 보기에도 화평입니다. 인간의 상태, 즉 그리스도 안에 있는 상태에 관련한 화평은 성경의 법정과 천국의 법정에서 확실히 화평으로 인정됩니다. 이런 화평 상태에 있는 사람은 믿음으로써 그리스도 및 새 피조물과 가까워집니다. "우리가 믿음으로 의롭다 하심을 받았으니… 하나님과 화평을 누리자"(롬 5:1). 성경의 법정에서 이 화평이 확실하고 견고한 만큼, 인간의 양심이 사실을 제대로 알고 있기만 한다면 양심의 법정에서도 화평은 확실히 유지될 것입니다. 그 경우, 양심은 여전히 성경에 따라 말합니다. 그러나 양심이 잘못된 정보를 전달받거나 무지 가운데 있는 경우가 많고, 그래서 어떤 사람이 성경을 따라서는 화평 상태에 있는데 양심은 그렇지 않다고 위협하고, 여전히 정죄하며, 그리스도를 통해 하나님과 화해한 것으로 알아 그 사람을 방면해 주기를 거절합니다. 이 경우, 양심은 사실을 올바로 알아야 하는데, 그 사람이 은혜 상태에 있다는 사실은 우리가 앞에서 살펴본 은혜의 표지에 따라 밝혀집니다. 그래서 여기서는 내 영의 증언이 양심의 부르짖음을 진정시키는 데 큰 역할을 할 것입니다. 그리고 주의 영께서 함께 증언하고 증거해 주시면 양심은 완전히 납득하고 그 사람에게 화평을 선언합니다.

어떤 사람의 현재 형편이나 처지와 관련된 또 하나의 화평, 즉 복음적 의미에서 하나님의 인정을 받은 화평은, 설령 상태와 관련된 화평이 확실하다 해도 이따금 부족하기도 하고, 당연히 그럴 수 있습니다. 어떤 사람의 현재 형편이나 처지와 관련된 이 화평은 성경의 법정에서 그렇게 화평으로 판단됩니다. 사람이 마음에 죄악을 품지 않고 하나님의 계명을 예외 없이 다 존중한다면 말입니다. 이럴 때 성경은 이 사람이 평탄한 데 서 있다고(시 26:12), 하나님과의 사이에 어떤 분명한 불화가 있어 일시적

징책을 받을까 두려워할 필요가 없다고 말합니다. 상황이 이러면 이 사람의 양심 또한 동일한 방식으로 이 사람을 면죄해야 하며, 실제로 면죄할 것입니다. 양심이 실상을 바로 알기만 한다면 말입니다. 그러나 양심이 몽매에 빠져 있을 때가 많고, 그래서 사람은 양심의 법정에서 죄가 드러나는 것을 보고 무서워할 수도 있습니다. 그 죄 때문에, 그리고 하나님과의 불화 때문에(비록 하나님께서 이 사람의 구원을 작정하셨을지라도) 하나님의 징책을 예상하는 게 당연하기라도 한 것처럼 말입니다. 이것만으로도 이 사람은 실상 성실하고 온전하게 행하고 있으면서도 불안에 빠질 수 있고 자신에게 허용된 기쁨을 누리지 못할 수도 있습니다. 그러므로 이런 경우엔 자기 양심에 실상을 바로 알려 줘야 하고, 양심에게서 그 어떤 고소나 정죄도 받지 말아야 합니다. 양심의 고소나 비난이 성경에 비추어 명백한 사실로 드러나지 않는 한 말입니다. 자신의 상태에 관해서, 그리고 자신의 현재 처지나 형편에 관해서도 사람은 모두 그 법정에 서야 합니다. 그리고 다른 모든 기준에서도 공정한 판단을 구해야 하고, 하나님의 진리에 합한 것이 아니면 그 어떤 고소도 받아들이지 말아야 하며, 양심은 그 진리로써 모든 것을 판단해 나가야 합니다. 그리고 이렇게 잘 되어 나가기를 기대하려면, 주님의 백성들 사이에 자신의 상태에 관해서든 자신의 형편에 관해서든 수많은 근거없는 의심들이 없어야 합니다. 그런 의심들을 바탕으로 온갖 생각이 마음으로 들어오기 때문입니다.

12. 성령의 '희락'이 있습니다. 성령께서 우리에게 내밀히 말씀하사 하나님으로 말미암아 기뻐하게 하실 때 바로 이런 희락이 있습니다. 이 은혜는 많은 사람에게 별로 활용되지 않는 은혜로, 성령께서 이 희락이 실감나고 활발하게 시작되게 하십니다. 그리고 성령께서는 사람의 영혼 안에 희락과 즐거움이라는 강렬한 감정을 불러일으키고 북돋우시며, 그래

서 그 영혼은 자신이 하나님과 교제를 나누고 있고 하나님과 가까이 있다는 것을 깨닫는 가운데 "말할 수 없고 영광스러운 기쁨"을 느낍니다. "이제도 보지 못하나 믿고 말할 수 없는 영광스러운 즐거움으로 기뻐하니"(벧전 1:8). 이 희락은 화평 뒤에 이어지고, 화평은 의(義) 뒤에 이어집니다. "하나님의 나라는…성령 안에 있는 의와 평강과 희락이라"(롬 14:17). "믿고…기뻐한다"는 말씀에서 보다시피, 이 희락은 신앙의 확신 그 크기에 대체로 비례합니다. 다른 부분들에 관한 오해를 없애면 이 희락에 관한 의심도 가라앉을 것입니다.

성령과의 이 탁월한 교통 중 어떤 것은, 만일 사라질 경우 혹시 그게 사탄의 기만 아니었나 하고 의심을 받게 됩니다. 그게 사탄의 기만이 아니라 성령의 교통임을 입증하기 위해 우리는 이렇게 말합니다. 고도의 성령의 역사는 대개 심령이 상한 뒤에 사람에게 전해진다고 말입니다. "내게 즐겁고 기쁜 소리를 들려 주시사 주께서 꺾으신 뼈들도 즐거워하게 하소서"(시 51:8). 그리고 그 역사는 신자가 신앙의 의무를 행하면서 이례적인 고통을 당한 뒤에 전해집니다. "내가 금식하며 베옷을 입고 재를 덮어쓰고 주 하나님께 기도하며 간구하기를 결심하고…곧 내가 기도할 때에 이전에 환상 중에 본 그 사람 가브리엘이 빨리 날아서…내게 이르더니"(단 9:3, 21). 혹은 의를 위해 많은 고난을 당하고 있을 때 전해집니다. "너희가 그리스도의 고난에 참여하는 것으로 즐거워하라 이는 그의 영광을 나타내실 때에 너희로 즐거워하고 기뻐하게 하려 함이라 너희가 그리스도의 이름으로 치욕을 당하면 복 있는 자로다 영광의 영 곧 하나님의 영이 너희 위에 계심이라"(벧전 4:13-14). 만일 성령의 역사가 사람을 기다리지 않는 비처럼(미 5:7) 느닷없이 밀고 들어올 경우 이 역사는 사람을 지극히 겸손하게 만들고 자세를 낮추게 만듭니다. "화로다 나여 망하게 되었도다 나는 입술이 부정한 사람이요…만군의 여호와이신 왕을 뵈었음이로다"(사 6:5). 그리고 그 사람에게서는 수많은 은혜의 증거들이 발견됩니다. "성령이 친히 우리의 영과 더불어 우리가 하나님의 자녀인 것을 증언하시나니"(롬 8:16). 이런 일들은 이리하여 거룩함을 이루게 하고, 만사가 하나님의 이 현시(顯示)에 부응하고 순응하게 만듭니다. "주의 이름을 부르는 자마다 불의에서 떠날지어다"(딤후 2:19). 성령의 이런 역사 아래 있는 사람은 하나님과의 친교와 교제 외의 모든 것을 싫어합니다. "베드로가 예수께 여쭈어 이르되 주여 우리가 여기 있는 것이 좋사오니"(마 17:4). 그리고 이런 일들이 사람의 영혼 안에서 벌어질 때 그 일에는 엄청난 신적 권위가 있고 신적 기원을 알려 주는 표지가 있어서, 이것이 하나님의 특별한 교통이요 특별히 은혜로운 성령의 역사이지 "광명의 천사로 가장"(고후 11:14)한 사탄의 속임수가 아니라고 충분히 판단할 수 있을 것입니다. 또한 섬광과 같은 성령의 그런 일반적 역사는 나중에 돌이킬 수 없을 만큼 하나님을 배신하는 행위를 허용하지 않을 것입니다. "한 번 빛을 받고 하늘의 은사를 맛보고 성령에 참여한 바 되고 하나님의 선한 말씀과 내세의 능력을 맛보고도 타락한 자들은 다시 새롭게 하여 회개하게 할 수 없나니"(히 6:4-6).

지금까지 우리가 구원에 이를 만큼 그리스도와 관계를 맺었는지 어떻게 판단하고 분별할 것인지에 대해 이야기했습니다. 이제 이 부분을 결론지어야 할 텐데, 저에게 지금까지 이야기한 이런 소중한 성령 부음이 부족하다고 호소하는 모든 분들께 다음과 같이 말씀드리겠습니다. ① 구원에 이를 만큼 그리스도와 관계를 맺는 데 반드시 필요한 요소들이 부족하지 않다면 그에 대해 하나님께 감사하십시오. 하나님께서는 사람에게 주실 수 있는 가장 큰 선물 그리스도 예수를 여러분에게 주셨습니다. 그리고 여러분의 마음이 하나님 앞에 드려졌으므로, 하나님은 그리스도뿐만 아니라 여러분에게 유익이 될 만한 것을 알맞은 때에 여러분에게 주실 것입니다. ② 엄격한 탐구와 시험에 근거해 저는 이렇게 믿습니다. 지금까지 많은 일에 대해 자기 자신을 미더워하지 못했지만, 성령의 교통에 대해 알고 나면 여러분은 이제 그 일들에 대해 그렇게 문외한이 아니라고 말입니다. ③ 그리고 생명의 약속, 하나님과의 화평에 관한 약속은 성경 어디를 찾아봐도 여러분이 스스로 부족하다고 여기는 그 특별한 일들에 대해 주어진 약속이 아니라는 것을 기억하십시오. 그 약속들은 믿음에 대하여, 거룩함과 더불어 오는 믿음에게 주어집니다. 영광의 후사들 중 이생에서는 이런 특별한 일들에 모두 다 참여하지 못한 채 "죽기를 무서워하므로 한평생 매여 종노릇하는"(히 2:15) 자들도 있다고 추측할 수 있습니다. 그러므로 이런 일들에 대한 오해가 없어야 합니다. 우리가 이런 일들을 추구할 수는 있지만, 하나님께서는 무엇에도 매이지 않고 이것을 우리에게 주실 수도 있고 유보하실 수도 있습니다. ④ 믿음으로 하나님의 말씀을 신뢰하기도 전에 이런 현시를 추구하는 이들이 많습니다. 하나님께서는 그리스도 예수 안에 인간에게 충분한 생명이 있다고 기록해 두셨습니다. 사람이 믿음으로써 하나님이 참되시다는 것을 인 친다면(요 3:33), 이런 탁월한 일들에 좀더 많이 참여하게 될 것입니다. ⑤ 성령에 대해 올바른 이해와 생각을 갖지 못한 이들이 많다고 말할 수 있습니다. 성령 고유의 일은 앞에서 말한 그런 고상한 역사를 행하는 것입니다. 그런데 사람들은 성령을 하나님으로 찬미하지 않고 오히려 성령을 거스르고 슬퍼하게 하며 성령을 소멸하고 거부합니다. 그리고 자기에게 이런 성령의 역사가 부족하다고 불평하면서도 성령의 교통에서 성령을 찾아 구하는 수고를 하지 않는 이들이 많으며, 성령의 교통을 받아들이는 그 귀한 일을 위해 자기 자신을 구별하는 사람은 별로 없습니다. 그러므로 경건을 위해 좀더 수고하고, 그분의 말씀을 좀더 신뢰하며, 성령을 좀더 귀히 여기시기 바랍니다. 그러면 이 탁월한 성령의 일들을 좀더 많이 찾아볼 수 있게 될 것입니다.

2부

구원에 이를 만큼 그리스도와
관계를 맺는 방법

1부에서 모든 신자의 상태를 분별하고 판단해 봤으므로 이제 2부에서는 앞에서 언급한 표지들이 자기에게 있다고 주장하지 못하고 감히 그런 주장을 할 수 없는 사람들에게 조언하는 일만 남았습니다.

　질문 2. 참되고 구원에 이를 만하게 그리스도와 관계를 맺고 있음을 보여 주는 표지, 곧 앞에서 이미 언급한 표지를 갖지 못한 사람, 또 표지를 갖고 있는 척하지 못하고 감히 그럴 수도 없는 사람들은 그럼 어떻게 해야 합니까?

　답변. 앞에서 이야기한 표지, 즉 구원에 이를 만하게 그리스도와 관계를 맺고 있다는 표지를 자기 안에서 찾지 못하는 사람들, 그리고 복음을 듣는 모든 사람의 의무는, 그리스도 예수를 통해 죄인을 구원하시는 하나님의 방책에 개인적으로, 그리고 진심으로 응하는 것입니다. 그러면 은혜 상태에 확실히 이르게 될 것입니다.

비교적 무지한 사람들에게 지식을 전하기 위해 전제해야 할 몇 가지 사실

지금부터 다룰 내용을 좀더 잘 이해하기 위해, 상대적으로 무지한 사람들에게 지식을 전달하는 데 필요한 사실들을 몇 가지 전제하고, 그런 다음 곧장 본론으로 들어가겠습니다. 전제해야 할 내용은 다음과 같습니다.

1. 주님께서는 태초에 풍성한 은혜로 아담 안에서 인간과 언약을 맺으셨습니다. "여호와 하나님이 그 사람에게 명하여 이르시되 동산 각종 나무의 열매는 네가 임의로 먹되 선악을 알게 하는 나무의 열매는 먹지 말라 네가 먹는 날에는 반드시 죽으리라 하시니라"(창 2:16-17). 그리고 "하나님은 사람을 정직하게 지으셨"(전 7:29)다는 말씀에서 보다시피 하나님께서는 인간이 그 언약 안에 거할 수 있게 하셨습니다. 그러나 인간은 금지된 열매를 먹음으로써 그 언약을 범했습니다. "그들은 아담처럼 언약을 어기고"(호 6:7). 그리고 그 언약을 영원히 무효로 만들었습니다. "율법의 행위로 그의 앞에 의롭다 하심을 얻을 육체가 없나니"(롬 3:20). 그리고 거기서 비롯되는 모든 비참함에 그 자신이 말려들었습니다. "한 사람으로 말미암아 죄가 세상에 들어오고 죄로 말미암아 사망이 들어왔나니 이와 같이 모든 사람이 죄를 지었으므로 사망이 모든 사람에게 이르렀느니라"(롬 5:12).

2. 주님께서는 그 무엇에도 제한받지 않으시고 영원부터 다른 방식으로, 즉 그리스도 예수로써 인간을 구원하실 목적이었고 작정이었습니다. 그리고 은혜 언약 가운데 그리스도 예수를 통해 택자들과 화해하실 작정이었는데, 이 그리스도 예수는 하나님이자 사람이신 분으로, 때가 되자 한 여인에게서 태어나 이 언약을 효력 있게 하셨습니다. 하나님께서는 자신의 공의를 충족시키고 그리스도로써 택자를 구원하는 이 방책을 낙원에서 우리 조상들에게 다음과 같은 말씀으로 맨 처음 암시하셨습니다. "여자의 후손은 네(뱀의) 머리를 상하게 할 것이요"(창 3:15). 그리고 주님께서는 이후 모든 세대에 걸쳐 자신의 교회에 이 사실을 알리셨습니다.

3. 주님께서는 당신의 규례에 순종함으로써 이 구원 방책에 만족함을 고백하고 이 방책을 묵묵히 따르며 하나님께서 복음에서 그리스도 예수를 주셨으므로 그분을 통해 구원을 찾기로 한 모든 사람과 화해하고 그들의 하나님이 되시기로 만대의 언약을 맺으셨습니다. 그래서 이스라엘 모든 백성은 하나님의 백성이라 부르며, 이 하나님을 자기들의 하나님으로 인정한다고 일컫습니다. "네가 오늘 여호와를 네 하나님으로 인정하고 또 그 도를 행하고 그의 규례와 명령과 법도를 지키며 그의 소리를 들으라 여호와께서도 네게 말씀하신 대로 오늘 너를 그의 보배로운 백성이 되게 하시고 그의 모든 명령을 지키라 확언하셨느니라"(신 26:17-18). 그렇습니다. 주님께서는 그렇게 주님의 규례에 순종하는 자들, 그 사람들의 씨와 자녀에게 하나님이 되시기로 스스로 약속하셨습니다. '언약'을 일컬어 그날 하나님과 모든 백성, 즉 어린 사람이나 늙은 사람이나, 그 자리에 있는 사람이나 없는 사람이나 할 것 없이 모든 백성 사이에 맺어졌다고 말합니다(신 29:10-15). 그리고 아브라함에게 명령되었다시피(창 17:9-14) 모든 백성은 그 언약의 인 침을 받도록 정해졌습니다. 이는 구약

성경에서만이 아니라 신약성경에서도 마찬가지입니다. 주님께서는 자기 자신을 내어 주사 그리스도 예수 안에서 우리의 하나님이 되시기로 합니다. 그리고 백성들은 그 제안에 만족한다고 고백하고, 그리하여 하나님의 그 규례에 순종한다는 걸 증명하여 언약 백성으로 인정되어 수천 명씩 그분의 교회에 들어가서 다른 어떤 예비적 시험 없이 언약의 인을 받게 됩니다. "베드로가 이르되 너희가 회개하여 각각 예수 그리스도의 이름으로 세례를 받고 죄사함을 받으라…그 말을 받은 사람들은 세례를 받으매 이날에 신도의 수가 삼천이나 더하더라"(행 2:38, 41).

4. 이 언약에서 하나님을 불성실하게 대하는 이들이 많습니다. "그러나 그들이 입으로 그에게 아첨하며 자기 혀로 그에게 거짓을 말하였으니 이는 하나님께 향하는 그들의 마음이 정함이 없으며 그의 언약에 성실하지 아니하였음이로다"(시 78:36-37). 그리스도를 구주로 여긴다고, 자기 마음이 그리스도로써 죄인을 구원하는 그 구원 방책에 흡족해하며 그리스도로 말미암아 자기들 안에 하나님의 형상이 회복되었다고 고백하기는 하지만, 이들은 하나님께 향하는 마음에 정함이 없고 하나님과 언약을 맺고 그 언약을 인 침 받은 자라는 공허한 호칭에 자족합니다. "아브라함이 우리 조상"이라고 이들은 말합니다. 주님께서는 모든 사람, 곧 하나님께서 마련하신 구원의 방책이신 대속자 그리스도 예수께 만족한다고 고백하는 모든 이를 향해 그 고백에 진심과 성실을 다하라고 요구하시며, 오직 이런 사람들에게만 그 언약에 따른 신령한 약속을 이뤄 나가시고, 그런 사람들만 진실로 그리스도를 영접하여 "하나님의 자녀가 되는 권세"(요 1:12)를 받습니다. 그런데 신구약을 막론하고 그리스도 안에서 하나님과 언약을 맺고 긴밀한 관계가 되었다고 고백하면서도 마음으로는 그런 관계를 맺지 않은 사람들이 많고, 하나님은 이를 허용하십니

다. 그리고 이들을 교회의 일원으로 인정하사 교회의 규례를 활용하게 해주시고, 언약 관계에 있지 않은 이방인에게는 주지 않는 다른 많은 외적 자비와 특권을 주십니다.

5. 상당수 사람들이 자신은 그리스도 예수 안에서 성실하게, 그리고 진심으로 하나님과 언약을 맺었다고 어리석게 자만합니다. 아니, 최소한 어떤 근거나 보증도 없이, 세상을 떠나기 전 자기 자신에게 새로운 마음이 있을 것을 기대합니다. 그러나 복음에 제시된 그리스도 예수 안에서 실제로, 그리고 진심으로 하나님과 관계를 맺는 사람은 극소수입니다. 그래서 다음 말씀에서 밝히 보다시피 구원받는 사람도 극소수입니다. "생명으로 인도하는 문은 좁고 길이 협착하여 찾는 자가 적음이라"(마 7:14). "청함을 받은 자는 많되 택함을 입은 자는 적으니라"(마 22:14). 사람들이 이 사실을 믿는다면 이는 그들을 경계시키는 데 도움이 될지도 모릅니다.

6. 택함 받은 사람들 외에는 누구도 그리스도 예수 안에서 진심으로 하나님의 언약에 응하고 하나님께서 마련하신 그 대속물을 순순히 받아들이지 않습니다. "오직 택하심을 입은 자가 얻었고 그 남은 자들은 우둔하여졌느니라"(롬 11:7). 그리고 그 복된 선택을 하도록 주님께서 주권적으로 마음을 결정해 주신 사람들 외에는 말입니다. "나를 보내신 아버지께서 이끌지 아니하시면 아무도 내게 올 수 없으니"(요 6:44). 하지만 주님께서는 그리스도 예수를 통해 구원을 베푸시겠다는 자신의 제안에 응하는 것은 이 복음을 듣는 사람들의 의무로 남겨 두셨습니다. 마치 그들에게 그렇게 할 능력이 있기라도 한 것처럼 말입니다. 그리고 주님께서는 이 명령과 권면, 즉 사람들에게 이 같은 의무를 지우신 명령과 권면을 통해, 택함 받은 자들에게 생명과 능력을 전해 주시고, 그리하여 이들에게

새 마음을 주시며, 그래서 이들이 죄인을 구원하기 위해 하나님께서 마련하신 방책을 충심으로 받아들이고 그분과의 언약 관계 안에서 그리스도를 영접하게 하십니다. 왜냐하면 사람들에게 어떤 의무를 지우사, 그 의무를 이용해 주님과 사람들 사이에 어떤 행동이 동시에 일어나게 함으로써 그 목표를 이루는 게 이 명령과 초청에 담긴 주님의 뜻이기 때문입니다. 그래서 우리 입장에서는 '가는 것'이 하나님 편에서는 '이끄시는 것'이 됩니다. "나를 보내신 아버지께서 이끌지 아니하시면 아무도 내게 올 수 없으니." 하나님 편에서는 '인도하시는 것'이 우리 입장에서는 '달리는 것'이 됩니다. "너는 나를 인도하라 우리가 너를 따라 달려가리라"(아 1:4). 우리는 '다가가고' 주님은 "택하시고 가까이 오게 하"(시 65:4)십니다. 우리 입장에서는 '믿는다' 혹은 '영접한다'고 하지만 "영접하는 자 곧 그 이름을 믿는 자들에게는 하나님의 자녀가 되는 권세를 주셨"(요 1:12)으되, 이를 "주신 것은 다만⋯믿⋯게 하려 하심"(빌 1:29)입니다.

그리스도 예수로써 죄인을 구원하시는 하나님의 방책에 응한다는 것,

그리고 그것이 필수 의무라는 것은 무슨 의미인가

❦

Ⅰ항. 그리스도 예수로써 죄인을 구원하시는 하나님의 방책에 응한다는 것, 그리고 그것이 필수 의무라는 것은 무슨 의미입니까

위의 사실들을 전제하면서 한 가지 말씀드릴 것은, 1부에서 이야기했던 표지, 즉 구원에 이를 만하게 그리스도와 관계를 맺고 있음을 보여 주는 표지를 자기 안에서 발견할 수 없을 경우, 자신이 정말 은혜 상태에 있는지를 확실히 하기 위해 복음에 제시된 대로 그리스도 예수로 죄인을 구원하신다는 하나님의 구원 방책을 개인적으로, 그리고 진심으로 성실하게 받아들이고 이에 응할 의무가 있다는 것입니다.

이제 이 장에서 이 문제를 다루면서 이야기할 내용들은 다음과 같습니다.

1. 그 고귀한 계획을 받아들이고 그 계획에 응한다는 게 무엇인지 설명하겠습니다.
2. 이는 하나님의 은총 가운데 살며 자기 영혼을 안전하게 지키고자 하는 사람들의 필수 의무라는 사실을 설명하겠습니다.
3. 이 의무를 이행하는 사람들에게 먼저 요구되는 사항이 무엇인지 살

펴보겠습니다.

4. 이 의무를 제대로 다룬다고 할 때 그 의무의 요소와 고유한 성질이 무엇인지 알아보겠습니다.

5. 이 의무를 올바로 이행할 경우 그에 따르는 고유의 결과는 무엇인지 알아보겠습니다.

1. 첫 번째로 다룰 것은, 복음에 제시된 대로 그리스도 예수로써 죄인을 구원하시려는 하나님의 구원 방책에 응한다는 게 무슨 의미인가 하는 것입니다. 앞에서 설명했다시피, 여기서 우리가 기억해야 할 것은, 처음에 하나님께서는 인간이 창조될 당시 애초의 그 흠 없는 상태를 견실히 유지함으로써 하나님의 은총 가운데 거하게 하실 의도였다는 것입니다. 그러나 인간은 범죄하여 하나님의 은총을 잃었고, 그 행위 언약을 취소하게 했으며, 죄 때문에 잃어버린 하나님과의 교제를 회복하고 죄로 말미암아 당연히 받아야 할 저주와 진노에서 자기 자신을 건져 내기에는, 아니 어떤 식으로든 스스로 구원을 이뤄 내기에는 전적으로 무능력한 상태를 자초하고 말았습니다. 하지만 하나님께서는 어찌할 도리없는 인간의 그 상태를 회복시킬 다른 방법을 값없이 보여 주셨는데, 그 방식은 바로 하나님의 아들 그리스도 예수에게 육신을 입혀 이 세상에 보내사 택함 받은 자들의 죄에 대해 당신의 공의를 만족시키고 이제는 훼손된 당신의 형상을 택자들 안에 회복시키시며, 그들을 영광으로 인도하시는 것입니다. 그리고 교회 안에 공개적으로 선언하시기를, 누구든 행위 언약이나 인간에게 내재된 의로 자기 자신을 구원하려는 생각을 다 접어 두고 그리스도 예수로 말미암은 구원에 진심으로 동의하는 사람은 전보다 더 좋은 상태로 회복될 것이며 구원받을 것이라고 하셨습니다. 그러므

로, 그리스도 예수로 죄인을 구원하시는 하나님의 방책에 응한다는 것은 자신의 의가 구원의 수단이 된다는 모든 생각을 다 버리고, 하나님께서 마련하신 이 방법을 따르는 것입니다. 이는 그리스도 예수를 궁핍한 사람을 족히 부요하게 하는 보화로 알아 귀히 여기며 높이 존중하는 것이며, 그분 안에 인간을 위한 생명이 충분하다는 이 기록을 진심으로 믿는 것입니다. 그리고 이는 하나님께서 마련하신 구원의 방책이야말로 참 행복에 이르는 유일한 길임을 알고 기뻐하며 이에 묵묵히 순종하는 것입니다. 또한 하나님께서 복음을 통해 제시하신 이 중보자에게 주목하되 우리의 상태에 대한 강조점을 오로지 그분에게 두려는 소원을 품고 그분을 바라보는 것입니다. '신앙' 혹은 '믿음', '예수를 영접한다' 혹은 '그분의 이름을 믿는다'고 하는 건 바로 이런 의미입니다. 바울과 실라가 간수에게 "주 예수를 믿으라"(행 16:31)고 명하면서 그러면 안전할 것이라고 했는데, 여기서 말하는 믿음이 바로 그런 믿음입니다. 이는 성경에서 의롭다 함을 얻는 믿음에 관해 설명한 그 모든 내용에 합치되는 믿음입니다. 이 믿음은 "광야에서 높이 들린 뱀을 바라보는"(요 3:14-15) 예표에 부응하는 믿음이며, 성경에서 갖가지 약속이 주어지는 모든 일상적 믿음의 행위에는 바로 이런 믿음이 가정되어 있습니다. 이 믿음은 하나님에게서 새 마음을 받은 모든 사람에게서 찾아볼 수 있을 것이며, 그 외 다른 어떤 사람에게서도 이런 믿음은 발견되지 않을 것입니다.

2. 두 번째는 하나님의 구원 방책을 믿음으로 받아들이는 것이 하나님의 은혜를 입어 자기 영혼의 안전을 확보하고자 하는 모든 이의 필수 의무라는 것입니다.

(1) 성경 어디를 보든 주님께서는 이렇게 하나님의 구원 방책에 응하

는 것, 혹은 그리스도를 믿는 것을 새 언약의 조건으로 명령하시며, 이것이 언약에 따르는 모든 영적 복을 누릴 자격과 권리를 줍니다. 모든 영적인 복을 누리는 자격과 권리의 문제에 관한 언약의 조건이 바로 그리스도를 영접하는 것이기 때문입니다. 하나님의 구원 방책에 응하라고 명령된다고는 하지만, 한편으로 하나님께서는 "와서 사라"(사 55:1)고 말씀하십니다. 즉, 그 구원 방책에 응함으로써 모든 걸 우리 것으로 삼으라는 것입니다. "수고하고 무거운 짐 진 자들아 다 내게로 오라 내가 너희를 쉬게 하리라"(마 11:28). 곤고한 자들은 이렇게 그분께 가서 쉼을 얻으라는 명령을 받습니다. "그의 계명은 이것이니 곧 그 아들 예수 그리스도의 이름을 믿고"(요일 3:23). 이 말씀만으로도 이것이 우리에게 의무로 지워진다는 것을 입증하기에 충분합니다. 그러나 더 나아가 이는 오로지 하나님의 자녀가 될 수 있는 자격과 권리를 주는 의무입니다. 왜냐하면 그분을 영접하는 자들만이 하나님의 자녀가 되는 특권을 받기 때문입니다. "영접하는 자 곧 그 이름을 믿는 자들에게는 하나님의 자녀가 되는 권세를 주셨으니"(요 1:12).

(2) 그러므로 이 의무는 모두에게 필수 의무로 보입니다. 이 의무는 다름 아니라 하나님께 기회를 드려, 그분 자신이 그리스도 안에서 우리의 하나님이 되실 수 있게 합니다. 이 의무는 다름 아니라 우리가 하나님의 가시적 교회의 일원으로 그분과 언약 관계에 있다는 우리의 신앙고백에 부응합니다. 하나님께서는 그리스도 안에서 우리의 하나님이 되시겠다고 제안하십니다. 우리가 그 제안에 응하여 행복에 도달할 수 있는 다른 방법들에 대한 생각을 다 접어 두지 않는다면 그것은 그분께 기회를 안 드리는 것입니다. 하나님께서는 "이는 내 사랑하는 아들이요 내 기뻐하는 자니 너희는 그의 말을 들으라"(마 17:5)고 하십니다. 그 제안에 응하

지 않는다면 우리는 하나님께 화답하지 않는 것입니다. 우리는 모두 "예수 그리스도의 이름으로 세례를 받고 죄사함을 받"(행 2:38)습니다. 앞에서 말했다시피, 그리스도와 연합하지 않는 한 우리는 허위로 그 고백을 하는 것입니다. 그러므로, 이것이 복음 안에 있는 하나님의 제안에 응하는 일이고 하나님의 교회의 일원으로서 우리의 신앙고백을 실증하는 일이므로, 이는 우리 앞에 놓인 필수 의무입니다.

(3) 사람에게 다른 무엇이 있든, 그리스도 예수와 관련된 하나님의 구원 방책에 이렇게 응하지 않는다면, 즉 그분을 영접하지 않는다면 그 사람이 가진 것은 하나님께서 그 사람이나 그 사람의 행위를 받아들이는 데도 쓸모가 없고 그 사람의 영혼을 구원하는 일에도 쓸모가 없습니다. 사람은 하나님께서 사랑하시는 분인 그리스도 안에서만 하나님께 받아들여집니다. "이는 그가 사랑하시는 자 안에서 우리에게 거저 주시는 바 그의 은혜의 영광을 찬송하게 하려는 것이라"(엡 1:6). 아벨과 그의 자녀는 믿음으로써 하나님께 받아들여졌습니다. "믿음이 없이는 하나님을 기쁘시게 하지 못하나니"(히 11:4, 6). "믿지 아니하는 자는…벌써 심판을 받은 것이니라…영생을 보지 못하고 도리어 하나님의 진노가 그 위에 머물러 있느니라"(요 3:18, 36). 이것이 없는 이유로 그 어떤 외적 근거도 다 쓸모가 없습니다. 이것이 없으면 "그 나라의 본 자손들은 바깥 어두운 데 쫓겨"(마 8:12)납니다. 은혜 없는 상태에서는 이스라엘 백성도 다른 이방 족속들과 똑같이 하나님의 진노 앞에 있습니다. "여호와의 말씀이니라 보라 날이 이르면 할례 받은 자와 할례 받지 못한 자를 내가 다 벌하리니 곧 애굽과 유다와 에돔과 암몬 자손과 모압과 및 광야에 살면서 살쩍을 깎은 자들에게라 무릇 모든 민족은 할례를 받지 못하였고 이스라엘은 마음에 할례를 받지 못하였느니라 하셨느니라"(렘 9:25-26). 예루살렘에서

죽임 당하신 분, 그리스도 예수라 불리셨고 선지자들이 증언했고 여러 가지 능한 일들로 하나님의 아들임을 선언하신 분이 바로 그분임을 믿지 않는다면, 분명히 말씀드리거니와 그분이 길임을 믿지 않고 그분을 유일한 길로 알아 그분께 응하지 않는다면 그 사람들은 죄 가운데 죽을 것입니다. "그러므로 내가 너희에게 말하기를 너희가 너희 죄 가운데서 죽으리라 하였노라 너희가 만일 내가 그인 줄 믿지 아니하면 너희 죄 가운데서 죽으리라"(요 8:24).

그러므로 우리 말은, 그리스도 예수께 응하는 것을 죄인에게 정해진 복된 구원의 방책으로 알고 그렇게 행하는 것이 아주 필수적인 의무라는 것입니다. 분별력을 갖는 나이가 되어 이 복음을 듣는 모든 사람은 자신이 파멸된 상태에 있다는 사실, 그리고 하나님께서 그리스도 예수를 통해 화평과 구원을 주시겠다는 은혜로운 제안을 하신다는 사실을 명심해야 할 의무, 그리고 이 제안을 받아들이고 응하며 이것이야말로 멸망해 가는 죄인들을 구원하는 만족스러운 방법임을 알고 이에 순순히 따름으로써 다가올 진노를 신속히 피할 의무가 있습니다. 하나님께서 사람들과 화해하기를 바라신다는 말을 듣고 사람들이 더더욱 용기를 내어 이 의무를 시작할 수 있도록, 그 화평과 구원이 모든 사람에게 공통되는 조건과 함께 누구도 예외없이 모든 사람에게 제시된다는 점을 기억할 수 있게 해야 합니다. "원하는 자는"(계 22:17) 환영받을 것입니다. 아무 이득도 안 되는 것들을 추구하다가 목마른 사람이 있다면, 위에서 언급한 조건대로 이곳에 오면 환영받을 것입니다. "오호라 너희 모든 목마른 자들아 물로 나아오라 돈 없는 자도 오라 너희는 와서 사 먹되 돈 없이, 값 없이 와서 포도주와 젖을 사라 너희가 어찌하여 양식이 아닌 것을 위하여 은을 달아 주며 배부르게 하지 못할 것을 위하여 수고하느냐 내게 듣고 들을지어다 그리하면 너희가 좋은 것을 먹을 것이며 너희 자신들이 기름진 것으로 즐거움을 얻으리라 너희는 귀를 기울이고 내게로 나아와 들으라 그리하면 너희의 영혼이 살리라 내가 너희를 위하여 영원한 언약을 맺으리니 곧 다윗에게 허락한 확실한 은혜이니라"(사 55:1-3). 모두가 '믿으라는 명령을 받았습니다.' "그의 계명은 이것이니 곧 그 아들 예수 그리스도의 이름을 믿고"(요일 3:23). 약속은 외적으로 복음으로 말미암아 부름 받은 모든 이들을 대상으로 합니다. 하나님은 아무도 배제하지 않으십니다. 사람이 자기 자신을 스스로 배제하지 않는 한 말입니다. "이 약속은 너희와 너희 자녀와 모든 먼 데 사람 곧 주 우리 하나님이 얼마든지 부르시는 자들에게 하신 것이라"(행 2:39). 그래서 누구든 구원을 바라는 사람이라면 그분께 나갈 수 있습니다. 그분은 자기에게 "오는 자는…결코 내쫓지 아니하"(요 6:37)실 것이며, "자기를 힘입어 하나님께 나아가는 자들을 온전히 구원하실 수 있"(히 7:25)습니다. 그리고 이 사실을 마음에 새기기를 오래 지체한 사람이라면 이제 더더욱 이 사실에 주의를 돌릴 필요가 있습니다. 화평에 이르게 해주는 일들이 시야에서 가려지지 않으려면 말입니다(눅 19:42). 그러나 하나님께서 "위에서부터 영을…부어"(사 32:15) 주사 사람으로 하여금 그리스도 안에서 하나님께 다가가게 하시기 전에는 이 모든 말씀이 사람들에게 아무런 효력을 갖지 못할 것입니다. 그래도 우리는 사람의 의무를 계속 그들에게 강권해야 합니다. 그리고 마지막 날 주 예수 그리스도께서 출두하사 사람들을 판단하실 것이라는 사실로 사람들에게 간청하고 요구해야 합니다. "구하는 자에게"(눅 11:13) 성령을 주사 화평을 위해 있어야 하는 것을 알게 하시고 그리스도를 믿어야 할 그 의무를 다하게 하실 때까지 주님을 "쉬지 못하시게"(사 62:7) 하라고 말입니다.

II항. 그리스도 예수를 믿고자 하는 이들에게 사전에 요구되는 사항

3. 이제 세 번째로 다뤄야 할 내용에 이르렀는데, 그것은 이 의무를 이행하는 사람들에게 사전에 요구되는 게 무엇인가 하는 것입니다. 인간은 이 문제에 성급하게, 분별없이, 무지하게 달려들어, 그리스도로 죄인을 구원하시는 이 방책을 기뻐하며 이에 묵묵히 따르고 구원을 위해 그분을 의지한다고 말해서는 안 됩니다. 사람들이 이 부분에서 자기 자신을 기만하고, 이 의무를 다했다고 생각하는 경우가 많습니다. 그러므로 그리스도 예수에게 응하려 하는 사람에게 사전에 요구되는 것 몇 가지를 살펴보겠습니다. 그러나 "오라…돈 없이, 값 없이 오라"(사 55:1)는 말씀에서도 알 수 있다시피, 이는 그런 것이 있어야 그리스도에게 어울리는 사람이 된다는 절대적 자격 요건으로 제시하는 게 아닙니다. 하지만 이것을 갖추고 있지 않으면 그 사람은 그리스도 예수를 믿어야 한다는 이 의무를 빈틈없이, 진심으로 이행할 수가 없으며, 사전에 요구되는 것은 바로 이런 것들을 말합니다.

복음의 규례 아래 사는 사람들에게 당연히 전제하는 몇 가지 결정적 특질이 있습니다. 이를테면 이들에게는 다음과 같은 지식, 즉 인간에게는 불멸의 영혼이 있다, 영혼과 몸은 마지막 날에 다시 하나가 될 것이다, 세상에는 천국과 지옥이 있으며 둘 중 한 곳이 모든 인간에게 영원한 분깃이 될 것이다, 신구약성경은 참된 하나님의 말씀이며 믿음과 태도의 규범이다, 모든 인간에게는 본래 하나님의 은혜가 없고 모두 하나님의 원수며 정죄의 상속자다, 화목은 오직 중보자 그리스도 예수로써만 이뤄진다, 믿음은 그분께 연결되며 새 언약의 조건이다, 거룩은 참 믿음의 열매요 참 믿음에는 반드시 거룩함이 따라야 하며 이것이 없으면 어떤 사람도 하나님을 볼 수 없다는 지식이 있습니다. 그런데 그리스도 예수를 믿고자 하는 이들에게는 이런 필수 지식 외에 다음과 같은 것이 요구됩니다.

첫째, 자기의 본성적 상태를 마음 깊이 새겨야 합니다. 그리고 이 부분에서 몇 가지 사실을 알아야 하며 그 사실들에 관해 매우 진지해야 합니다. 알아야 할 사실들은 다음과 같습니다.

(1) 자신이 하나님께 대해 반역자요 무법자로 태어났으며, 그래서 수많은 실제적 범죄로 하나님께 불순종했고 그분의 은총을 상실했음을 실증했다는 것입니다. 그렇습니다. 사람은 자신이 모든 면에서 하나님께 반역한 수많은 구체적 사례들, 예를 들어 자기가 거짓말쟁이에다 안식일을 범한 사람이고 참람한 자라는 것을 잘 알 것입니다. 바울도 자기 자신에 대해 아주 구체적으로 말합니다. "내가 전에는 비방자요 박해자요 폭행자였"(딤전 1:13)다고 말입니다.

(2) 그리스도 예수를 믿고자 하는 사람은 성경에서 선포된 하나님의 진노는 내가 저지른 바로 그 죄를 대거 대적하여 서 있다는 사실을, 그래서 그 결과 거짓말하실 수 없는 하나님께서 전쟁을 선포하신 대상은 바로 나라는 사실을 알아야 합니다. 성경이 "흠 있는 것으로…내게 드리는 자는 저주를 받으리니"(말 1:14)라고 말할 때 그 말씀은 바로 나, 마음은 멀리 가 있고 겉 사람으로 피상적인 예배를 드린 바로 나를 향한 말씀이라는 것을 알아야 합니다. 성경이 "여호와는 그의 이름을 망령되게 부르는 자를 죄 없다 하지 아니하리라"(출 20:7)고 말할 때 이 말씀도 바로 나, 모두가 그 앞에 무릎 꿇어야 할 그 이름(빌 2:10), "주의 원수들이…헛되이 맹세"(시 139:20)하는 그 두려운 이름을 걸핏하면 무분별하게 남용하곤 하

던 나를 향한 말씀이라는 것을 알아야 합니다. "여호와의 일을 게을리하는 자는 저주를 받을 것이요"(렘 48:10)라는 말씀도 바로 나 자신, 예배 시간에 속으로 다른 생각을 하거나 졸면서 경건치 못하게 설교를 들으며 의미도 없고 믿음도 없고 지식도 없는 기도를 하나님 앞에 종종 드리는 나를 향해 하는 말씀이라는 걸 알아야 합니다. 성경이 "이웃에게 술을 마시게 하되 자기의 분노를 더하여 그에게 취하게 하고 그 하체를 드러내려 하는 자에게 화 있을진저"(합 2:15)라고 말할 때, 이 말씀 또한 이웃을 취하게 만드는 걸 자랑으로 여기는 나를 향해 하는 말이라는 걸, 그 성경 말씀에 따라 주님께서 나에게 그 두려운 진노를 내리기로 정하신다는 걸 알아야 합니다. "음행하는 자들과 간음하는 자들을 하나님이 심판"(히 13:4)하시며 그들을 새 예루살렘에서 배제하실 것이며, 그래서 이들이 "불과 유황으로 타는 못에 던져"(계 21:8)질 것이라고 성경이 말할 때, 이 말씀이 바로 정결치 못한 나를 향해 하는 말씀이라는 것을, 그래서 율법의 저주가 직접 타격을 입히는 사람은 바로 자신이라는 것을 알아야 합니다.

(3) 자기에게는 화평을 이룰 만한 것이, 자신이 처해 있는 그 위험에서 벗어나게 해줄 만한 것이 아무것도 없다는 걸 알아야 합니다. 왜냐하면 "우리의 의는 다 더러운 옷"(사 64:6) 같기 때문입니다. 이 사람의 기도, 하나님께 드리는 그 외의 섬김, 가난한 사람에게 자비를 베푸는 행위 등은 하나님 앞에 받아들여질 만한 것이 못됩니다. 왜냐하면 이런 행동들은 그의 마음 속에 있는 올바른 원리에서 나온 행동들이 아니고, 올바른 방식으로, 올바른 근거에서, 올바른 목적을 위해 행해진 게 아니기 때문입니다. 이 사람의 제물은 하나님 보시기에 가증합니다(잠 21:27).

(4) 자기에게는 구원에 이를 만한 은혜의 결과들, 예를 들어 하나님께 대한 참 사랑, 하나님의 이름에 대한 진정한 두려움, 죄에 대한 경건한

슬픔 등이 없다는 것을 알아야 합니다. 그리고 특별히 자신에게는 그리스도께 대한 믿음, 당신을 믿는 모든 이들의 죄를 다 제거하신 그분을 믿는 믿음이 없다는 것을 알아야 합니다. 이 사실을 알게 될 때까지 그 사람은 모든 죄와 짐을 아무 데나 무신경하게 방치해 둘 것이며, 이 사실을 알고 나서야 비로소 모든 걸 확실히 해결해 주실 분께로 그 죄와 짐을 가져갈 것입니다.

사람은 지금까지 이야기한 이런 일들을 알아야 할 뿐만 아니라 이 일들을 진지하게 마음에 새겨야 합니다. 무슨 말이냐면, 이런 사실들로 정서적 충격을 받아야 하며, 다른 어떤 심각한 문제를 만났을 때 그러는 것처럼 이 문제에 관해 아주 진지해야 한다는 것입니다. 아니, 다른 어떤 경우보다 더 진지해야 합니다. 이 사람에게 이는 훨씬 중대한 문제이기 때문입니다. 이 진지함은 다음과 같은 결과를 낳습니다.

① 구원 문제를 다른 어떤 것보다 깊이 고민하게 됩니다. 사람은 먼저 하나님의 나라를 구해야 하지 않을까(마 6:33)? 필요한 것은 오직 한 가지뿐이지 않을까(눅 10:42)? 바울은 이 한 가지를 위해 "모든 것을 잃어버리고 배설물로 여"(빌 3:8)기지 않았는가? 사람이 "온 천하를 얻고도 자기 목숨을 잃으면"(막 8:36) 그 사람이 과연 승리자일까? 내 "이름이 하늘에 기록된 것"(눅 10:20), 이것이 기쁨의 유일한 근거여야 하지 않을까? 진지하다고 인정될 만한 사람은 자기 영혼과 자기 구원 문제를 다른 어떤 것보다도 신경 쓰지 않을까? 이런 고민은 반드시 유익할 결과를 낳을 것입니다. 누구도 자기 자신을 기만해서는 안 됩니다. 자기 영혼이 위험에 처해 있고, 그로 말미암아 구원도 불확실하고, 하나님의 은총 가운데 있는 법도 모르는데 세상의 다른 어떤 문제보다 이런 일들에 더 관심을 쏟지 않는다면, 이 사람이 정말 죄를 혹은 하나님을, 또는 하나님의 진노의 영원

함을 올바로 알고 있는 것이라 판단할 근거가 없다고 하겠습니다.

② 이 진지함은 사람의 심령을 상하게 하고, 그 심령의 완악함을 약하게 만들며, 그 심령으로 하여금 장자를 위해 슬퍼하듯 슬퍼하게 만듭니다(슥 12:10). 그리스도께서 자신들의 죄 때문에 찔리셨다는 걸 나중에 알게 되면, 이 슬픔은 스가랴서의 이 말씀에 더 잘 부합할 것입니다.

③ 이 진지함은 사람으로 하여금 자기를 미워하게 만듭니다. 스스로 그런 태도를 취한 사람은 자신의 가증함, 자기 자신을 파멸시켜 온 그 가증함 때문에 자기를 미워할 수밖에 없습니다. 참된 회개의 열매로 언급된 것에는 그렇게 자기 자신을 응징하는 태도도 어느 정도 포함되어 있습니다. "하나님의 뜻대로 하게 된 이 근심이 너희로 얼마나 간절하게 하며…얼마나 벌하게 하였는가"(고후 7:11).

④ 이 진지함은 단호히 구원을 찾게 만듭니다. 이 구원은 자기 자신 안에 있는 게 아니기 때문에 구원을 찾는 일을 감히 전처럼 뒤로 미루거나 지체할 수 없습니다. 구원은 정말로 필요한 것이기에 자기도 모르게 이 구원을 끈질기게 추구하고 열망하며, 어딘가 피난처를 찾아 피합니다. 1부에서 살펴봤다시피 이 진지함에는 당연히 정도의 차이가 있습니다. 그러나 사람이 어느 정도 분별력이 생기는 나이가 되었을 때 주님께서 그 사람에게 역사하시는 일반적인 방식을 생각한다면, 그 사람은 자기 영혼의 상태를 매우 진지하게 고민해야 하고, 자기 자신 안에는 그 어떤 도움도 없다는 사실에 절망해야 합니다. "건강한 자에게는 의사가 쓸 데 없고 병든 자에게라야 쓸 데 있"(마 9:12)기 때문입니다. 구원에 이르는 수단에 대해 말하자면, 위와 같은 과정이 아마도 다음과 같은 내용을 가정하고 있다고 주장할 뿐입니다. 즉, 자기 안에 도움이 없다는 자각 때문에, 그리스도께서 어떤 조건으로 자신을 내주시든 그에 응하여 진심으로 그분

과 관계를 맺을 마음이 생길 수밖에 없다고 말입니다.

그리스도 예수를 믿고자 하는 사람에게 두 번째로 요구되는 전제 조건은, 하나님의 진노를 피하는 길을 알고 그것을 마음에 새겨야 한다는 것입니다. 그 길은 바로 의(義)인데, 이 의에 대해서는 성령께서 그 사람에게 납득시켜 주셔야 합니다. 이때 사람이 명백히 깨우쳐야 할 것은, 속수무책 상태인 가련한 인간을 구원하시기 위해 하나님께서 예수 그리스도라는 방책을 마련하셨으며 이분의 완전한 의는 인간이 범한 하나님의 공의를 완전히 만족시켰고, 복음을 듣고 설득되어 하나님의 제안을 받아들이는 모든 사람에게 죄사함과 영원한 은총이 임하게 해주셨다는 사실입니다. "그러므로…너희가 알 것은 이 사람을 힘입어 죄사함을 너희에게 전하는 이것이며 또…모든 일에도 이 사람을 힘입어 믿는 자마다 의롭다 하심을 얻는 이것이라"(행 13:38-39). "영접하는 자 곧 그 이름을 믿는 자들에게는 하나님의 자녀가 되는 권세를 주셨으니"(요 1:12). 앞으로 살펴보겠지만, 어떤 지위와 어떤 형편에 있든, 과거에 어떻게 살아왔든, 성령을 거스르는 죄, 즉 죄인을 위해 마련된 처방을 악의적으로 싫어하고 거부한 사람이 아닌 한 누구도 제외되지 않습니다(마 12:31). 죄의 모양이 어떠하든 하나님의 방식으로 주어진 제안을 받아들이는 사람에게는 죄사함이 주어지기 때문입니다. "자기를 힘입어 하나님께 나아가는 자들을 온전히 구원하실 수 있으니"(히 7:25).

세 번째 전제 조건은, 하나님께서는 당신이 마련하신 구원에서 이 사람을 배제하지 않으시는 만큼, 그리스도를 통해 기꺼이 사람과 화목하시고자 하며, 사람이 그리스도 예수를 통해 하나님께 응하고 그리하여 그 구원을 자기 것으로 삼을 의무를 지우신다는 사실을 알아야 합니다. 하나님께서는 당신께로 나오라고 모든 이에게 권유하십니다. "오호라 너희 모든 목마른 자들아 물로 나아오라 돈 없는 자도 오라 너희는 와서 사 먹되 돈 없이, 값 없이 와서 포도주와 젖을 사라"(사 55:1). 그리고 복음서에서 보다시피, 나오는 사람들을 모두 환영하시고 백부장이나 가나안 여인의 경우에서처럼 칭찬도 하시고(마 8:10; 15:28), 나와서 하나님과 친밀한 관계를 맺지 않는 것에 대해서는 꾸짖으십니다. "그러나 너희가 영생을 얻기 위하여 내게 오기를 원하지 아니하는도다"(요 5:40). 그리고 그렇게 당신께 응하지 않는 자들을 정죄하십니다. "믿지 아니하는 자는…벌써 심판을 받은 것이니라"(요 3:18). 이뿐만 아니라 하나님은 그리스도를 믿으라고 모든 이에게 명하십니다. "그의 계명은 이것이니 곧 그 아들 예수 그리스도의 이름을 믿고"(요일 3:23). 그러므로 사람은 정직하게 그리스도께 나아가는 사람을 과연 주님께서 기꺼이 받아들여 주실지 의심해서는 안 됩니다. 그 점에 대해서는 하나님께서 성경에 충분히 밝혀 주셨습니다. 이 정도까지 알지 못하는 한 그 사람은 죄인을 구원하시려는 그 고상한 방책에 자기 마음을 열어 놓지 않을 것이며, 혹은 자신의 구원을 온전히 그리스도 예수께 맡기는 모험을 감행하지 못할 것입니다.

네 번째 전제 조건은, 그리스도 예수께 응하고자 하는 사람은 지옥 및 죽음과 맺은 모든 언약을 다 파기하기로 결단해야 한다는 것입니다. "너희가 말하기를 우리는 사망과 언약하였고 스올과 맹약하였은즉 넘치는 재앙이 밀려올지라도 우리에게 미치지 못하리니 우리는 거짓을 우리의 피난처로 삼았고 허위 아래에 우리를 숨겼음이라 하는도다"(사 28:15). 세상에 알려진 그 어떤 악에 연루되었든, 그 악을 버리기로 결단해야 합니다. "그리스도와 벨리알이 어찌 조화되며"(고후 6:15). 주님께서는 하나님과 "함께 지내"기를 기대하는 사람은 "다른 남자를…따르지 말"(호 3:3)기를 요구하십니다. 믿음으로 그리스도께 응하기에 앞서 사람이 할 일은, 과거에 헌신했던 일들을 무시하고 과거에 열중했던 일들을 멸시하는 것뿐인데, 이처럼 하지 않는다면 그것은 복음적 회개와 거리가 멉니다. 그런 것들이 자기 자신을 망쳤다는 것을, 그리고 이제 구원이 주어졌다는 것을 알게 되었으니 말입니다. 이 사람의 마음은 이 구원에 전보다 더 열중하기 시작합니다. 이렇게 해서 오직 그리스도만 바라보게 되면 그분의 가치와 아름다움이 드러나게 되며, 다른 모든 신 중에 그리스도 같은 분은 없다는 것을 알게 되고, 그리스도는 그분을 얻은 모든 자의 수치를 덮어 가리기에 충분한 분으로 드러나게 됩니다. 이런 사실을 바탕으로 이 사람은 새 언약 가운데 있는 하나님의 구원 방책을 사랑하게 되고, 다른 어떤 길보다도 그리스도를 중시하기를 소원하여 그분을 향하게 됩니다. 그리하여 이 사람은 신자가 되는 것입니다.

지금까지 이야기한 모든 내용이 그리스도 안에서 하나님과 친밀한 관계를 맺으려는 모든 사람에게서 공식적으로, 질서 있게, 그리고 뚜렷하게 나타난다고 말하지는 않겠습니다. 어떤 사람의 심령이 그리스도와 함께하는 방식에는 "기이히 여기고도 깨닫지 못하는 것 서넛이"(잠 30:18) 덧붙여질 수도 있기 때문입니다. 사람의 마음이 어둠에서 빛으로 옮겨지는 과정을 추적하기는 어렵습니다. 그 길을 묻는 사람에게 가장 통상적이고 그럴 법한 길을 제시할 뿐입니다. 그럼으로써 무지하고 분별없는 사람이 이 일에 함부로 개입하는 걸 막고, 여전히 무지하고 분별없는 상태에 있으면서도 혹 그리스도와 관계를 맺은 척하지 못하도록 하는 것입니다.

Ⅲ항. 참 믿음의 속성과 그 고유의 결과

4. 네 번째로 우리가 이야기하고자 하는 것은, 그리스도 예수를 믿어야한다는 이 의무를 제대로 이해한다고 할 때 그 의무의 속성이 무엇이냐하는 것입니다. 몇 가지만 언급하겠습니다.

(1) 그리스도를 믿는 것은 '개별적인' 일이어야 합니다. 어떤 한 사람자신이 자기 고유의 독특한 인격으로 그리스도 예수께 응해야 하는 것입니다. "의인은 그의 믿음으로 말미암아 살리라"(합 2:4). 이 말이 무슨 뜻이냐면, 부모가 하나님의 규례에 순종한 덕분에 가시적 교회의 일원으로태어나 하나님과 언약 관계에 있는 것만으로는 영적 안전과 구원을 얻기에 충분하지 않으리라는 것입니다. 또한 어린아이들이 그렇듯 여기에 세례라는 입문의 인(印)이 추가되고 그다음 그리스도의 보혈로 얻는 구원을실질적으로 추구하는 데 몰두한다 해도 역시 충분하지 않을 것입니다.믿는 부모에게서 태어났다고 해도 충분하지 않기는 마찬가지입니다. 부모에게 신앙이 있다고 해서 언약에 따른 영적 복에 대한 권리가 그 자녀에게 자동적으로 수여되지는 않습니다. 부모가 어떤 면에서 자녀에 대해약속을 하고 자녀를 하나님께 바친다고 해도 마찬가지입니다. 이 모든게 다 소용없습니다. 그 나라의, 그리고 경건한 조상의 자손들은 쫓겨날것입니다(마 8:12). 사람이 자기 고유의 인격으로 그리스도 예수께 믿음을두고 자기 고유의 마음으로 죄인을 구원하시는 그 방책을 기뻐하고 순종하지 않는 한, 그 사람은 구원받을 수 없습니다. 물론 이 믿음은 그리스도께서 그 사람에게 주십니다. 하지만 확실한 것은, 그 믿음이 인격적이어야 한다는 것입니다.

(2) 그리스도 예수를 믿어야 한다는 이 의무는 '진심'과 '성심'으로 이

행해야 합니다. "사람이 마음으로 믿어 의에 이르고"(롬 10:10). 그리스도께 응할 때 사람은 진실해야 하고 속임수가 없어야 하며, 자기의 모든 수치를 덮어 가려 줄 수 있는 유일한 분으로 알고 다른 길에 연연해하지 말아야 합니다. 이 문제는 머릿속에서 혹은 지식 속에서만 떠도는 일이 되어서는 안 되며, 마음의 문제가 되어야 합니다. 이 사람은 그리스도가 길이라는 사실에 설득되어야 할 뿐만 아니라 애정으로 이 사실을 납득하여 이를 사랑하고 좋아해야 하며 이 사실에 흡족해해야 합니다. 그래서 다윗이 언약에 대해 말하듯 이 일이 "나의 모든 소원"(삼하 23:5)이 되어야 합니다. 사람이 성심을 다하고 애정을 가져야 할 어떤 일이 있다면 "필요한 것 한 가지"(눅 10:42)인 이 일에 그런 태도를 보여야 할 것입니다. 이는 단순히 머릿속의 공상에 그쳐서는 안 되고, 마음의 일, 영혼의 일이 되어야 합니다. 더 나아가 이 일은 감정의 바깥 뜰에 속한 일이 아니라 감정의 꽃, 가장 내밀한 영혼의 사실(私室)에 속한 일로서, 바로 그곳에서 그리스도의 형상이 이뤄집니다. 사람이 이 일 아닌 다른 어떤 일에 성심을 다하고 그 일이 그 사람의 주된 관심사가 되고 영원한 형세가 되어야겠습니까? 주님께서 말씀하시기를, "신랑이 신부를 기뻐함같이…너를 기뻐하"(사 62:5)고, "너를 잠잠히 사랑"(습 3:17)할 것이라 하지 않으셨습니까? 그러므로 사람이 마음으로 나아가 그분을 맞아야 하지 않겠습니까? 마음이 아니면 아무것도 아닙니다. 사랑이 아니면 아무것도 아닙니다. 마음에서 마음으로 전해지는 부부간의 사랑, 신랑신부의 사랑이 아니면 아무것도 아닙니다. "내 아들아 네 마음을 내게 주며"(잠 23:26). "내가 내게 있는 모든 것으로 구제하고 또 내 몸을 불사르게 내줄지라도 사랑이 없으면 내게 아무 유익이 없느니라"(고전 13:3). 믿는 순간 그 즉시 압도적으로 체감하는 사랑, 병이 날 정도의 사랑이 생긴다고 말하지는 않겠습니다. 하지만 믿음에는 분별 있고 친절한 사랑, 정당한 근거가 있고 아주 매력적이어서 많은 물로도 끌 수 없는 사랑이 있습니다. 그 사랑은 "죽음같이 강하고" 그 사랑에 담긴 "질투는…불길같이 일어"(아 8:6-7)납니다.

(3) 그리스도를 향하는 믿음의 세 번째 속성 혹은 요소는, 이 믿음은 '분별 있는' 믿음이라는 것입니다. 무슨 뜻인가 하면, 사람은 그리스도 안에서, 지식과 이해로 하나님을 향해 나아가 성경이 제시하는 대로 그리스도로써 죄인을 구원하시는 하나님의 구원 방책을 취해야 한다는 말입니다. 복음이 말하는 그리스도가 아니라 자기 마음대로 그리스도를 상상해서는 안 되고, 그리스도로 구원받되 하나님의 말씀이 제시하는 방식이 아닌 다른 방식으로 구원받으려 해서도 안 됩니다. 그러므로 우리는 하나님과 사람 사이의 언약에 어우러진 지식을 하나의 필수 요건으로 삼아야 합니다. "내가 여호와인 줄 아는 마음을 그들에게 주…리니 그들은 내 백성이 되겠고 나는 그들의 하나님이 되리라"(렘 24:7). "그들이 다시는 각기 이웃과 형제를 가리켜 이르기를 너는 여호와를 알라 하지 아니하리니 이는 작은 자로부터 큰 자까지 다 나를 알기 때문이라…여호와의 말씀이니라"(렘 31:34). 또한 내 말은 사람이 그리스도 예수께 응할 때는 침착한 태도로, 말하자면 냉혹하게 해야 한다는 뜻입니다. 곧 사라지고 말 감정이 한번 격동한 상태에서 그렇게 해서는 안 됩니다. "돌밭에 뿌려졌다는 것은 말씀을 듣고 즉시 기쁨으로 받되"(마 13:20). 이스라엘 백성들이 그랬듯, 육신의 어떤 고통 때문에 정신 상태가 정상이 아닐 때 그리스도를 찾아서도 안 됩니다. "하나님이 그들을 죽이실 때에 그들이 그에게 구하며 돌이켜 하나님을 간절히 찾았고"(시 78:34). 마술사 시몬이 믿을 때 그랬던 것처럼 일시적인 관심에 마음이 끌려서도 안 됩니다. 이 문제에서 사람은 자기 자신을 잘 제어하는 사람으로서 분별 있게 행동해야 하며, 자기

앞에 있는 일이 선한 일인지 악한 일인지 어느 정도 판단할 수 있어야 합니다.

(4) 네 번째는 신뢰입니다. 참된 믿음은 분별 있게 표현될 뿐만 아니라 결연하게 표현됩니다. 복음서에 보면, 고통 중에 있는 가련한 사람들이 가장 결연하게 자기 자신을 그리스도께 던집니다. 이 결연한 태도는 그 사람들 앞에 놓인 이런저런 난관들과 관련 있습니다. 이 결연함은 격렬하기까지 합니다. 그리스도 예수께 마음을 바친 사람은 "거리에 사자가 있다"(잠 26:13)고 말하지 못합니다. 문으로 들어가지 못하면 지붕을 뚫고서라도 그 사람을 데리고 들어갑니다. "무리 때문에 메고 들어갈 길을 얻지 못한지라 지붕에 올라가 기와를 벗기고 병자를 침상째 무리 가운데로 예수 앞에 달아내리니"(눅 5:19). 이 사람은 세상 사람들이 '신중함' 혹은 '조심성'이라 일컫는 것을 중시하지 않을 때가 많습니다. 마음속에 믿음이 형성되고 있을 때 삭개오가 그랬던 것처럼 말입니다. 이 결연한 태도는 불편함이 따를지도 모르는 일을 예상하고, 모든 불편함을 개의치 않습니다. 적어도 그 모든 것을 감안하고 결단을 내립니다. "망대를 세우고자 할진대 자기의 가진 것이 준공하기까지에 족할는지 먼저 앉아 그 비용을 계산하"(눅 14:28)는 지혜로운 건축자처럼 말입니다. 이런 결연함은 그 사람이 우상으로 섬기던 모든 것에도 적용됩니다. 그 우상들을 제치고 즉시 그리스도를 따르지 않을 경우 필시 극심한 중압감에 짓눌리게 되는데, 그 중압감이 얼마나 심했던지 그리스도께서 부르셨을 때 맹인은 겉옷을 벗어던지고 뛰어나갔습니다(막 10:50). 이 결연함은 사도행전의 간수의 경우처럼 그 사람 내면의 절박한 자기 필요에서 비롯되기도 하고, 하나님의 주권적 명령에서 비롯되어 사람으로 하여금 그리스도를 향해 나가지 않을 수 없게 만들기도 합니다. "그의 계명은 이것이니 곧 그 아

들 예수 그리스도의 이름을 믿고"(요일 3:23). 그리고 하나님에 관하여 널리 전해진 소식을 듣고 그런 결연한 태도를 보이기도 하며, 그러면 하나님께서는 당신께 "오는 자는…결코 내쫓지 아니하"(요 6:37)시고, 가나안 여인의 경우처럼 크디큰 난관을 헤치고 그런 모험을 감행한 사람들을 오히려 칭찬하십니다. 그러나 무엇보다도 이 결연함은 여호와의 팔에서 비롯되며, 이 팔이 죄인을 은밀하게, 그리고 힘차게 그리스도에게로 이끌어 갑니다. "나를 보내신 아버지께서 이끌지 아니하시면 아무도 내게 올 수 없으니"(요 6:44).

복음의 제안으로 그리스도께 응하는 사람 모두가 다 공식적으로 위와 같은 생각을 마음에 품는다고 말하지는 않겠습니다. 그러나 찾아보면 알게 될 것입니다. 이런 생각을 하면, 이런 일을 마음에 품으면 그 일은 그 사람의 영혼에서 가장 중요한 일이 된다는 것을 말입니다.

지금까지 필자가 한 말에서 분명히 드러나는 사실은, 가시적 교회에 속해 있다가 분별력이 생길 만한 나이가 되면 세례로 인증받은 하나님과 교회 사이 언약 가운데 자기 영혼의 안전을 확보하기 위해 뭔가를 더 할 필요가 있는 사람들이 많다는 점입니다.

또 한 가지 분명한 사실은, 복음에는 하나님의 값없는 은혜를 지키는 능력 있는 파수병이 있다는 것입니다. 이 파수병은 그리스도 예수를 통해 모습을 드러내며, 그래서 무지하고 분별없고 하나님을 모독하는 사람이 어떤 이유를 가장해서 그 은혜에 관심있는 척할 수 없습니다. 사실 그리스도를 믿는 것, 완전한 구주로서 그분과 친밀한 관계를 맺는 것은 별로 어렵지 않아 보이기도 합니다. 그래서 경건치 못한 자들은 한 목소리로 말합니다. 자기도 그리스도를 믿는다고. 하지만 이들은 자기 자신을 속이고 있습니다. 이들의 영혼은 단 한 번도 앞에서 우리가 말한 것처럼 성심으로, 분별 있게, 그리고 결단력 있게 그리스도 예수를 좇아 나선 적이 없기 때문입니다. 악인 중에도 빛을 받고(히 6:4) 두려움 가운데 마음의 동요를 느끼는 사람이 있을 수 있습니다. 총독 벨릭스가 두려워 떨었던 것처럼 말입니다(행 24:25). 혹은 기뻐하는 사람도 있을 수 있습니다. "돌밭에 뿌려졌다는 것은 말씀을 듣고 즉시 기쁨으로 받되"(마 13:20). "헤롯이…달갑게 들음이러라"(막 6:20). 그러나 "담대한 마음으로…가까이"(렘 30:21) 나오지 않았기에 이들은 일상의 일이 마치 자신들의 성소인 양 거기 주저앉아 버립니다. 시련이 다가올 때까지 말입니다. 이들은 "말씀으로 말미암아 환난이나 박해가 일어날 때에는 곧 넘어지"(마 13:21)거나 "우리 주 되신 구주 예수 그리스도를 앎으로 세상의 더러움을 피한 후에"(벧후 2:20) "개가 그 토하였던 것에 돌아가"(벧후 2:22)는 것처럼 그 더러움으로 돌아가 버립니다. 혹은 그리스도와 그분과의 관계를 싫어하고 악의적으로 멸시하고 핍박하는 태도로 돌아가 좀체 돌이키지 못하기도 합니다. "한 번 빛을 받고 하늘의 은사를 맛보고 성령에 참여한 바 되고 하나님의 선한 말씀과 내세의 능력을 맛보고도 타락한 자들은 다시 새롭게 하여 회개하게 할 수 없나니 이는 그들이 하나님의 아들을 다시 십자가에 못 박아 드러내 놓고 욕되게 함이라"(히 6:4-6). "우리가 진리를 아는 지식을 받은 후 짐짓 죄를 범한즉 다시 속죄하는 제사가 없고…하물며 하나님의 아들을 짓밟고 자기를 거룩하게 한 언약의 피를 부정한 것으로 여기고 은혜의 성령을 욕되게 하는 자가 당연히 받을 형벌은 얼마나 더 무겁겠느냐 너희는 생각하라"(히 10:26-29). 우리가 이 엄청난 일에 진지한 태도로 임하지 않을 수 없게 만드는 말씀입니다.

5. 이제 다섯 번째로 제시할 내용에 이르렀습니다. 그것은, 참 믿음에 따르는 고유의 결과가 무엇인가 하는 것입니다. 이 결과에 대해 이제부터 할 이야기를 두 가지로 요약해 보면, 하나는 하나님과의 연합이고 또 하나는 교통입니다. 첫째, 죄인이 앞에서 이야기한 것처럼 그리스도 예수께 응하면 이내 하나님과 인간 사이에 놀라운 연합, 기이한 하나됨이 생깁니다. 남편과 아내, 머리와 몸, 뿌리와 가지는 두 개로 여기지 않고 하나로 봅니다. 마찬가지로 그리스도 혹은 그리스도 안에서 하나님, 그리고 믿음으로 그분께 응한 죄인은 하나입니다. "우리는 그 몸의 지체임이라"(엡 5:30). "주와 합하는 자는 한 영이니라"(고전 6:17). 아버지께서 아들 안에 있고 아버지 안에 아들이 있는 것같이, 신자들도 다 아버지와 아들 안에서 하나이며, 아버지와 아들이 하나인 것같이 우리도 하나입니다. 아버지가 그리스도 안에 있고 그리스도가 신자들 안에 있어 온전함을 이루어 하나가 되는 것입니다(요 17:21-26). 오, 거기엔 얼마나 기이한 엮임, 풀 수 없는 연합이 있는지요!

하나님과 신자 간의 이런 연합 때문에 다음과 같은 결과가 생깁니다.

(1) 하나님과 신자는 서로 미워할 수 없습니다. 하나님께서는 절대 신자를 미워하지 않으실 것입니다. "누구든지 언제나 자기 육체를 미워하지 않고 오직 양육하여 보호하"(엡 5:29)는 것처럼 그리스도께서도 자기 백성을 그렇게 대하실 것입니다. 신자인 사람을 교정하고 징계하기 위해 화를 내실 수는 있을 테지만, 신자를 그렇게 대하시는 것은 오로지 신자의 유익과 선을 위해서입니다. "여호와의 모든 길은 그의 언약과 증거를 지키는 자에게 인자와 진리로다"(시 25:10). "모든 것이 합력하여 선을 이루느니라"(롬 8:28). 한편, 신자도 절대 하나님을 악의적으로 미워할 수 없습니다. "하나님께로부터 난 자마다 죄를 짓지 아니하"(요일 3:9)기 때문입

니다. 주님께서 일을 그렇게 정하시고 결정하시고 규정하시기 때문에 주님의 손이 모든 신자 위에 그들의 유익을 위해 틀림없이 임할 것이고, 따라서 이들이 주님을 미워하도록 방치되거나 그리하여 주님의 손에서 뽑혀 나가는 일은 절대 없을 것입니다.

(2) 이 연합 덕분에 하나님과 신자 사이에는 기이한 공감과 상호 이해가 생깁니다. 하나님께서는 "그들의 모든 환난에 동참"(사 63:9)하십니다. 마치 하나님께서 고통당하시는 양 따뜻하게, 세심하게, 시기적절하게 그 고통에 분개하십니다. 신자를 범하는 자는 하나님의 눈동자를 범하는 것입니다(슥 2:8). 하나님은 "우리의 연약함을 동정"(히 4:15)하시며, 신자들의 피는 "여호와께서 보시기에 귀중"(시 116:15)합니다. 한마디로, 신자들에게 한 일은 곧 하나님께 한 것이고, 신자들에게 하지 않은 일은 하나님께 하지 않은 것입니다. "너희를 영접하는 자는 나를 영접하는 것이요"(마 10:40). "너희가 여기 내 형제 중에 지극히 작은 자 하나에게 한 것이 곧 내게 한 것이니라…이 지극히 작은 자 하나에게 하지 아니한 것이 곧 내게 하지 아니한 것이니라"(마 25:40, 45). 한편, "주의 집을 위하는 열성"(시 69:9)이 신자의 마음에 작용합니다. 하나님의 책망은 신자에게 빛을 비춥니다. 그 책망을 자기 상황에 잘 적용하는 것, 그것이 신자가 할 일입니다. 이렇게 하나님과 신자 사이에는 기이한 공감이 생기는데, 이는 모두 하나님과 신자 사이의 연합 덕분이며, 이 연합 때문에 인간은 사랑이나 애정 면에서 하나님과 경쟁할 만한 모든 것을 다 미워할 것이며 피조물에게 종노릇하는 걸 멸시할 것입니다. 이런 것들은 다 신자들의 하나님이요 남편이신 분의 종이며, 그분으로 말미암아 신자들의 종이기도 하기 때문입니다. 왕비가 왕이자 자기 남편인 사람의 종들과 악하게 사귄다면 그것은 얼마나 가증한 일입니까? 마찬가지로, 신자가 "흉한 소문을 두려

워"(시 112:7)하는 것 또한 부끄러운 일입니다. 왜냐하면, 신자와 하나이신 하나님만이 만물을 다스리시고 "그가 기뻐하시는 모든 일을 천지와 바다와 모든 깊은 데서 다 행하셨"(시 135:6)기 때문입니다. "다 너희의 것이요 너희는 그리스도의 것이요 그리스도는 하나님의 것이니라"(고전 3:22–23). "그는 영원히 흔들리지 아니함이여…그는 흉한 소문을 두려워하지 아니함이여 여호와를 의뢰하고 그의 마음을 굳게 정하였도다 그의 마음이 견고하여 두려워하지 아니할 것이라"(시 112:6–8). "오직 우리 하나님은 하늘에 계셔서 원하시는 모든 것을 행하셨나이다"(시 115:3).

믿음의 엄청난 결과 또 한 가지는, 감탄할 만하고 비할 데 없는 '교통'입니다.

(1) 이 교통은 하나님과 신자가 서로에게 속해 있는 덕분입니다. 하나님은 자기 백성의 하나님이십니다. 그 자신이 아버지요 아들이고 성령이신 그분께서 공의와 자비, 지혜와 권능, 거룩함 등 그 모든 영광스러운 속성 가운데 계신 그들의 하나님이십니다. 언약에서 자주 말씀하시다시피 그분이 그 백성들의 하나님이 되시기 때문입니다. 한편, 신자들은 그분의 백성입니다. 언약이 말하는 것처럼, 바로 그 인격 가운데 이들은 그분의 백성입니다. 이들은 하나님의 백성일 것이며, 이들의 머리, 이들의 마음, 이들의 손 등 무엇이 됐든 이들은 다 그분의 것입니다.

(2) 이 교통 덕분에 하나님과 신자는 서로의 장점과 속성에 상호 관심을 가집니다. 그렇게 해서 유익이 되는 한 말입니다. 하나님의 모든 말씀은 다 신자에게 속하여, 약속뿐만 아니라 경고가 되어 신자에게 유익을 끼칩니다. 하나님의 모든 방식, 온갖 종류의 역사, 특별한 소통, 죽음, 마귀 등 신자에게 유익이 되는 한 모든 것이 다 마찬가지입니다. "바울이나 아볼로나 게바나 세계나 생명이나 사망이나 지금 것이나 장래 것이나

다 너희의 것이요 너희는 그리스도의 것이요 그리스도는 하나님의 것이니라"(고전 3:22-23). 한편 신자에게 속한 것은 다 주님의 것입니다. 기업, 자녀, 생명, 아내, 신용 등 모든 것이 다 하나님의 처분에 맡겨집니다. 이 중 어떤 것이라도 주님께 쓸모가 있다면 신자는 그것 없이 지내야 합니다. 그렇지 않으면 그 교통이 거짓임을 증명하는 것이요, 그렇게 해서 스스로 그리스도께 아무 가치 없는 자임을 선언하는 것입니다. "무릇 내게 오는 자가 자기 부모와 처자와 형제와 자매와 더욱이 자기 목숨까지 미워하지 아니하면 능히 내 제자가 되지 못하고"(눅 14:26).

(3) 이 교통 덕분에 하나님과 신자 사이에는 서로에 대한 깊은 이해와 친밀함이 생깁니다. 하나님께서는 신자에게 속한 어떤 일에든 간섭하실 수 있으며, 신자에게 유익해 보이는 일을 해주십니다. 사람은 하나님께서 하시는 일을 잘못 판단해서는 안 됩니다. 아니 자기 본분에 관한 일일 경우를 제외하고는 하나님을 향해 "무슨 일을 하시는 것입니까?"라고 물어서는 안 됩니다. 어떤 경우든 "여호와의 말씀과 뜻은 선하다"(사 39:8)고 말해야 합니다. 한편 신자는 겸손한 태도로 그리스도 안에서 하나님을 편안하고 친밀하게 대할 수 있습니다. 신자는 "은혜의 보좌 앞에 담대히 나아갈"(히 4:16) 수 있으며, 하나님께 인사할 때 정중한 인사말을 많이 하지 않아도 됩니다. 왜냐하면 신자는 이제 하나님께 낯선 사람이 아니고, 그래서 매시간 얼굴을 익혀야 할 사람으로서 하나님께 이야기할 필요가 없기 때문입니다. 신앙고백자들 중 이렇게 하는 사람들이 많은데, 이는 심히 앞뒤가 맞지 않는 신앙의 모습입니다.

신자는 하나님 앞에 자기 온 마음을 다 털어놓을 수 있습니다. "여호와 앞에 내 심정을 통한 것뿐이오니"(삼상 1:15). 그리고 오해에 대한 두려움 없이 자기 모든 비밀을, 모든 시험 거리를 다 하나님께 말씀드릴 수 있습니다. 또한 하나님께서 하시는 일에 대해 물을 수 있습니다. 자신의 본분에 관한 일인 한, 혹은 하나님께서 일하시는 방식에 대해 오해를 물리치고 하나님께서 하시는 말씀을 듣고 그 방식을 감수하기 위해서인 한 말입니다(창 18:23; 렘 12:1; 사 63:17). 그래서 욥은 말합니다. "그가 나를 죽이시리니 내가 희망이 없노라 그러나 그의 앞에서 내 행위를 아뢰리라" (욥 13:15). 이런 점에서 신자는 하나님의 친구입니다. 주님께서 무슨 일을 하시는 건지 알고 있으니 말입니다.

신자는 하나님을 편하게 대하면서, 약하고 부족한 모습 그대로 날마다 그분께 나갈 수 있고, 그리스도의 대언을 통해 회개와 죄사함과 평강을 구할 수 있습니다. "이스라엘에게 회개함과 죄사함을 주시려고 그를 오른손으로 높이사 임금과 구주로 삼으셨느니라"(행 5:31). "만일 누가 죄를 범하여도 아버지 앞에서 우리에게 대언자가 있으니 곧 의로우신 예수 그리스도시라"(요일 2:1). 오, 하나님을 조롱할 생각이 아니라면, 혹은 은혜를 무법 상태로 만들 생각이 아니라면, 신자는 하루에도 얼마나 여러 번 죄사함을 구해야 하는지! 주님께서는 사람들에게 "일곱 번을 일흔 번까지라도"(마 18:22) 용서하라고 명령하셨고, 자기 종들과 결산하는 임금의 비유를 통해 주님께서는 얼마나 더 많이 용서하실지를 넌지시 알려 주셨습니다.

신자는 평안한 마음으로 자신의 모든 물질적인 염려를 다 주님께 맡길 수 있습니다. 주님께서는 이런 일들을 다 보살펴 주시니 말입니다. "오늘 있다가 내일 아궁이에 던져지는 들풀도 하나님이 이렇게 입히시거든 하물며 너희일까보냐 믿음이 작은 자들아 그러므로 염려하여 이르기를 무엇을 먹을까 무엇을 마실까 무엇을 입을까 하지 말라 이는 다 이방인들이 구하는 것이라 너희 하늘 아버지께서 이 모든 것이 너희에게 있어야 할 줄을 아시느니라"(마 6:30-32). "너희 염려를 다 주께 맡기라 이는 그가 너희를 돌보심이라"(벧전 5:7). 그렇습니다. 신자는 하나님께 겸손히 요청할 수 있습니다. 신자가 당연히 겪을 수 있는 모든 형편 가운데로 기꺼이 다가오사 때마다 그에 어울리는 열매를 맺게 도와달라고, "때를 따라 돕는 은혜를"(히 4:16) 내려 달라고 말입니다. 오, 신자는 자기 자신이나 이웃을 위해 그리스도 예수 안에서 하나님께 얼마나 큰 일들을 구할 수 있는지 모릅니다! "그의 뜻대로 무엇을 구하면 들으심이라"(요일 5:14). "너희가 내 이름으로 무엇을 구하든지 내가 행하리니"(요 14:13). "너희가 장래 일을 내게 물으며 또 내 아들들과 내 손으로 한 일에 관하여 내게 명령하려느냐"(사 45:11). 하나님의 백성이 하나님과의 교통을 더 많이 활용하지 않는다면 이는 부끄러운 일이자 큰 편견입니다. "너희가 내 이름으로 아무것도 구하지 아니하였"(요 16:24)고 그리스도께서 꾸짖으시는 것도 당연합니다.

지금까지 이야기한 것을 보면, 믿는다는 이 본분에 얼마나 대단한 결과가 따르는지가 드러납니다. 사람은 이 믿음으로 그리스도 예수, 곧 아버지께서 인 치시고 언약을 위해 백성들에게 보내 주신 분에게 응합니다. 하나님의 바로 그 구상에 화답하고 복음의 전체 계획과 복음이 표명한 사실에 대한 하나님의 관심에 신종하는 것이 하나님께는 큰 영광이고 사람에게는 아주 유익이 됩니다. 사탄과 악한 불신앙자가 이 계획에 맞서 반론을 제기함으로써 이에 강력하게 대적하는 것은 바로 그 때문입니다. 다음 장에서는 사탄의 획책 중 가장 일반적인 것 몇 가지만 알려 드리겠습니다.

인간의 무가치함과 죄의 가증스러움에서 비롯되는 반론,

그리고 그에 대한 답변

∾

반론. 저는 스스로 생각하기에도 지극히 천하고 무가치하고 연약한 존재입니다. 그래서 저 같은 사람이 그리스도 예수를 함부로 집적거리거나, 그분의 보혈로 값 주고 산 구원을 가지고 장난하는 건 너무 주제넘는 짓이라 생각합니다.

답변. "그의 천사라도 미련하다 하시"(욥 4:18)는 분 앞에서 아담의 후손은 다 천하고 사악한 것이 사실입니다. "그의 앞에는 모든 열방이 아무것도 아니라 그는 그들을 없는 것같이, 빈 것같이 여기시느니라"(사 40:17). 하나님과 사람 사이의 불균형은 그 정도여서, 하나님께서 친히 그 언약을 마련하지 않으셨다면, 그리고 인간과 교섭하기 위해 당신의 자유로운 의지로 그 언약을 제안하지 않으셨다면, 성자 하나님께서 자기 자신을 낮추사 종이 되시고 인간의 본성(인성)을 입으시며 위격적 연합으로 그 인성을 복되신 신성에 결합하셨으며, 게다가 십자가에서 수치스러운 죽음을 감당하셨고, 그뿐만 아니라 반역자였던 인간이 영원히 그분과의 거룩한 동행 가운데 있게 됨으로써 하나님과 화목을 이루어 영원히 행복하게 된다고 인간과 천사는 감히 상상조차 하지 못했을 것입니다. 만일 그런 생각을 했다면 그건 엄청난 대역죄가 되었을 것입니다.

제 말은 이 모든 것이 다 하나님께서 친히 마련하신 방책이요 값없이 주어진 선택안이라는 것입니다. 더 나아가, 만일 하나님께서 그리스도 안에서, 그리고 그리스도를 통해 그렇게 하나님의 방책에 응하라고 주권 적으로 인간에게 명령하지 않으셨다면, 어떤 인간도 감히 하나님께서 마 련하신 그 방책을 활용하지 못했을 것입니다. "오호라 너희 모든 목마른 자들아 물로 나아오라 돈 없는 자도 오라 너희는 와서 사 먹되 돈 없이, 값 없이 와서 포도주와 젖을 사라"(사 55:1). "그의 계명은 이것이니 곧 그 아들 예수 그리스도의 이름을 믿고"(요일 3:23). 그러므로 내가 비록 아비 가일처럼 나로 "내 주의 전령들의 발 씻길 종"(삼상 25:41)을 삼아 달라 말 한다 해도, 주님께서 그 거룩한 지혜로 그 방책을 마련하셨고 "너희 마음 의 눈을 밝히사 그의 부르심의 소망이 무엇이며 성도 안에서 그 기업의 영광의 풍성함이 무엇"(엡 1:18)인지 알게 하신다는 말씀과 "내 것은 다 아 버지의 것이요 아버지의 것은 내 것이온데 내가 그들로 말미암아 영광을 받았나이다"(요 17:10)라는 말씀에서 보다시피 그 방책을 통해 풍성히 영 광 받으시는 법을 아시며, 큰 심판의 날 내가 답변을 할 수 있도록 그리 스도 안에서 하나님과 친밀한 관계를 맺을 것을 내게 명하셨으므로, 지 금까지 말한 것처럼 나는 감히 하나님께 불순종할 수도 없고 왜 그런 방 책을 만들어 내셨고 그런 명령을 내리시는지 그 이유를 물을 수도 없습 니다. "하나님의 은혜를 폐하"(갈 2:21)고, 어떤 의미에서 복음을 방해하 며, 그리고 "하나님께서 그 아들에 대하여 증언하신 증거", 즉 그 아들 안 에 인간을 위한 생명이 있다는 게 거짓임을 증명하여 "하나님을 거짓말 하는 자로 만"들어(요일 5:10-11) 과거의 죄과(罪過)에 그 반역의 죄까지 더 하는 자로 드러나지 않으려면, 그 명령에 반드시 순응해야 합니다.

반론. 저는 대단히 죄악된 사람으로, 제가 아는 그 어떤 사람보다도 큰 죄인입니다. 그래서 저는 감히 주제넘게 그리스도 예수 가까이 갈 생각을 한다거나 그분의 의를 통해 얻는 구원을 기대하지 못합니다.

답변. 그대의 죄가 술 취해 근친상간을 저지른 롯의 죄보다 큽니까? 간음을 저지른 뒤 살인으로 덮어 가리려 한 다윗의 죄보다 큽니까? 솔로몬에게서 볼 수 있는 우상숭배와 끔찍한 배교의 죄보다 큽니까? 우상을 섬기고 살인을 하고 점치며 사술을 행했던 므낫세의 죄보다 큽니까? 하나님과 하나님께서 일하시는 방식을 거부하며 화를 낸 요나의 죄보다 큽니까? 미리 경고받았으나 절대 그렇지 않을 것이라 맹세해 놓고 그리스도께 대해 위증을 한 베드로의 죄보다 큽니까? 잔혹한 핍박으로 성도들로 하여금 억지로 하나님을 모독하는 말을 하게 만든 바울의 죄보다 큽니까? 그러나 성경에 기록된 이런 사례들, 하나님의 값없고 풍성한 은혜를 높이도록 하고 회개하는 가련한 죄인들을 권면해 그리스도께 피하도록 하기 위해 여기 제시한 이런 사례들을 보고 마음이 대담해져 죄를 짓는 자에게는 화가 있을 것입니다. 제 말은, 그대의 죄가 과연 위와 같은 죄를 넘어서느냐는 것입니다. 성경이 보여 주다시피 이런 죄들도 그리스도로 말미암아 다 사함을 받았는데 말입니다.

그러므로 "기쁘게…사랑하"(호 14:4)시고 죄의 경중을 보지 않으시는 하나님의 값없는 은혜 앞에서는 모든 죄가 다 똑같다는 걸 아십시오. 그리스도를 "힘입어 하나님께 나아가"려는 마음이 있는 사람이라면 그분께서 "온전히 구원하실 수 있"습니다(히 7:25). 네, 하나님의 제안이 사람에게 임할 때 그에 응하여 그리스도와 가까워지지 않는 것이 그 사람의 다른 모든 죄과보다 하나님 앞에 더 도발적입니다. 왜냐하면 "하나님을 믿지 아니하는 자는 하나님을 거짓말하는 자로 만드나니 이는 하나님께서 그 아들에 대하여 증언하신 증거를 믿지 아니하였음"이고 그 "증거는 이것이니 하나님이 우리에게 영생을 주신 것과 이 생명이 그의 아들 안에 있는 그것"(요일 5:10-11)이기 때문입니다. 또한 "믿지 아니하는 자는 하나님의 독생자의 이름을 믿지 아니하므로 벌써 심판을 받은 것"(요 3:18)입니다. 믿는 것이 사람의 본분 중 가장 주된 부분일 것입니다. 그래서 사람이 그리스도를 거절한다면, 그분의 제안을 거부한다면 그 사람은 큰 죄를 면하지 못할 것입니다. 왜냐하면 "미쁘다 모든 사람이 받을 만한 이 말이여 그리스도 예수께서 죄인을 구원하시려고 세상에 임하셨다"(딤전 1:15)고 하나님께서 선언하셨기 때문입니다. 바울은 "죄인 중에 내가 괴수니라"고 했습니다. 스스로 생각하기에 죄인의 괴수인 사람도 이 말을 믿고 받아들일 수밖에 없는 것입니다.

반론. 제가 처해 있는 형편상 저의 죄는 다른 사람들의 동일한 죄 그 이상으로 심화되고 있습니다. 저는 그 사실이 심히 두렵습니다.

답변. 그대의 죄가 아무리 심화된다 한들 앞에서 언급한 사례들보다 더할 수 있겠습니까? 그대의 죄가 큰 빛을 대적하는 죄입니까? 앞에서 우리가 이야기한 많은 죄가 바로 그러했습니다. 그대의 죄가 유례없는 자비와 구원을 대적하는 죄였습니까? 롯과 노아가 술 취한 죄가 바로 그러했습니다. 그대의 죄가 상당한 의도성을 갖고 저지른 죄였습니까? 우리야를 위험에 빠뜨리려는 편지를 쓴 다윗의 죄가 바로 그런 죄였습니다. 그대의 죄가 하나님의 어떤 이례적 현시에 대적하는, 혹은 그 현시를 보고도 저지른 죄입니까? 솔로몬의 죄가 바로 그런 죄였습니다. 그대의 죄가 사소하고 천한 유혹 때문에 저지른 죄입니까? 요나와 베드로의 죄가 바로 그러했습니다. 이 두 사람의 죄과가 얼마나 가증스러운지 생각해 보십시오. 죄를 자꾸 되풀이하고, 반복해서 저지릅니까? 롯도 그랬고, 베드로도 그랬습니다. 아합을 돕고 여호람과 동맹을 맺은 여호사밧도 그러했습니다. 여러 가지 심각한 죄가 그대 안에서 한꺼번에 발생합니까? 므낫세의 경우가 바로 그러했습니다. 오랫동안 고집스럽게 반역하는 상태에 있습니까? 앞서의 모든 죄와 마찬가지로 이는 그대의 수치입니다. 그러나 십자가상의 그 행악자도 그러했습니다. 마지막 순간까지 그런 상태였습니다. 그러나 그대에게 "들을 귀가 있을진대"(마 13:9) 그대에게는 "들으라"는 명령이 주어집니다. "양식이 아닌 것을 위하여 은을 달아 주며"(사 55:2) 산 지 오래일지라도, 그러면 그만큼 더 급히 서둘러 피난처를 찾을 필요가 있습니다. 그렇게 하면 주님께서 그대를 반갑게 맞아주시고 "결코 내쫓지 아니하"(요 6:37)실 것입니다. 특히 성경에 시효(時效)에 대해서는 정해진 게 없기 때문입니다. 그러므로 그대의 죄가 아무리 가중된다 할지라도 그것이 주님의 제안을 거절할 핑계는 되지 못할 것입니다.

반론. 위에 언급된 모든 사례에도 제가 저지른 특별한 죄는 거명되지 않았습니다. 저와 똑같은 그런 죄책을 지고 있는 사람 중 하나님 앞에 자비를 얻은 사람은 없는 걸로 알고 있습니다.

답변. 양심을 괴롭힐 만한 죄들을 하나하나 구체적으로 지목하기는 어렵습니다. 위에서 언급한 죄들에 비해 가벼운 죄라 하더라도 주님께서 죄의식을 불러일으키시면 마음을 심히 불안하게 할 수 있습니다. 하지만 반론을 충족시키기 위해, 사람의 입장에서 어떤 구체적인 사례를 말하기보다는 죄와 죄의 사례를 보편적으로 다루는 성경의 진리 몇 가지를 구체적으로 살펴보겠습니다. 먼저 하나님은 "악과 과실과 죄를 용서하"(출 34:7)십니다. 즉, 온갖 형태의 죄를 다 용서하십니다. 사람이 "만일 그가 행한 모든 죄에서 돌이켜 떠나…면…그 범죄한 것이 하나도 기억함이 되지 아니"할 것이며 "걸림돌이 되지 아니"할 것입니다(겔 18:21-22, 30). "내게 오는 자는 내가 결코 내쫓지 아니하리라"(요 6:37), 즉 그 사람의 죄가 무엇이든, 그 죄가 얼마나 심각하든 말입니다. "그를 믿는 자마다 멸망하지 않고 영생을 얻게 하려 하심이라"(요 3:16), 즉 어떤 죄든, 어떤 경우든 예외가 없다는 뜻입니다. 그리스도를 "힘입어 하나님께 나아가는 자들을 온전히 구원하실 수 있으니"(히 7:25). 여기서 말하는 '온전히'의 한도가 어디까지인지 그 어떤 인간도 충분히 단언할 수 없습니다. "모든 죄와 모독은 사하심을 얻되"(마 12:31), 즉 "성령을 모독하는 것"만 아니면 죄의 종류를 불문하고 이런저런 사람에게 있는 죄가 사함받지 못할 경우는 한 가지도 없다는 것입니다. 이런 성경구절들이 말하는 죄에는 온갖 종류의 죄가 다 망라됩니다. 그러므로 그대의 죄도 거기 포함된다고, 포함될 수 있다고 생각하십시오. 그리하여 그 죄가 이 구절들이 말하는 진리 중 어느 한 가지 속에 가라앉을 수 있도록 말입니다. 그러면 그대의 죄는 그리스도를 통해 오는 화평과 구원의 제안을 거절할 핑계가 되지 못할 것입니다. 원하는 사람은 누구든 와서 취할 수 있기 때문입니다(계 22:17).

복잡하게 말하지 않겠습니다. 위대하신 천지의 하나님께서 구원의 필요성을 깨우친 모든 이에게 주권적으로 명령하십니다. 그리스도 예수께 의지하라고, 모든 반론과 핑계를 접고 그리스도로써 죄인을 구원하시려는 하나님의 계획에 성심으로 응하라고, 그리하여 하나님께서 산 자와 죽은 자를 심판하시는 날 하나님 앞에 대답할 수 있도록 하라고 말입니다. 그리고 주님께서 친히 그렇게 자주 명령하셨고, 어떤 면에서 주님의 신용을 걸고 약속하셨는데도 당돌하게 자기의 죄와 자기의 처지가 하도 형편없어 그리스도의 완전한 의에 자기 구원을 맡길 수 없을 정도라고 말하려는 자들은 모두 주님의 임재에서 떠나도록 하기 위해서 말입니다.

성령을 거스르는 죄에 대하여

반론. 제가 혹시 "성령을 거스르는" 죄를 지은 게 아닌지, 그래서 죄사함을 받을 수 없으며, 따라서 제 영혼 구원을 위해 그리스도 예수를 믿으려는 생각을 할 필요가 없는 게 아닌가 하는 의심이 듭니다.

답변. "누구든지 말로 인자를 거역하면 사하심을 얻되 누구든지 말로 성령을 거역하면 이 세상과 오는 세상에서도 사하심을 얻지 못하리라"(마 12:32)고 그리스도께서 경고하신 말씀에 따라 혐의를 입증하고 밝힐 수 있지 않은 한 누구도 자기 자신에게나 남에게 그런 죄를 지었다고 고소할 수 없지만, 위와 같은 의심을 해소하기 위해 1. 이른바 성령을 거스르는 죄가 아닌 게 무엇인지 설명하겠습니다. 중대한 죄이긴 하지만 사람들이 부당하게 그 죄를 용서받을 수 없는 죄(성령을 거스르는 죄)로 판단하는 경우가 있기 때문입니다. 2. 그렇다면 과연 무엇이 성령을 거스르는 죄인지 설명하겠습니다. 3. 위의 반론에 대한 직접적 답변으로 몇 가지 결론을 내려보겠습니다.

1. 첫째로, 분명히 심각한 죄이되 다른 모든 죄와 마찬가지로 성령, 곧 하나님과 동등하시고 성부 및 성자와 하나이신 분을 대적하는 죄요 그분의 사역과 움직임을 대적하는 죄이긴 하지만 이것이 "성령을 거역하는"

죄, 사함받을 수 없는 죄는 아닌 경우가 많습니다. 이를테면 다음과 같은 경우입니다.

(1) 몸이 고문당할 때 그 고통을 못 이겨 하나님을 모독하는 것은 사함받을 수 없는 죄가 아닙니다. 성도들 중에 이런 죄에 빠진 이들이 있기 때문입니다. "모든 회당에서 여러 번 형벌하여 강제로 모독하는 말을 하게 하고"(행 26:11). 정신착란이나 발작 상태에서 하나님을 모독하는 행위는 더더구나 그런 죄가 아닙니다. 사람은 그런 상태에서는 무엇에 구애받지 않는 정상적인 언행의 주체가 아니기 때문입니다. 주님은 "자기를 섬기는 아들을 아낌같이…그들을 아끼"(말 3:17)는 분이시고 "아버지가 자식을 긍휼히 여김같이…자기를 경외하는 자를 긍휼히 여기시"(시 103:13)는 분이기에 이런 산만한 상태에 있는 성도들을 아끼시고 긍휼히 여기십니다. 우리가 정신착란 상태에서 육신의 아버지를 모독한다면 그 아버지 역시 그렇게 하실 테니 말입니다. 끔찍할 정도로 하나님을 모독하는 언사가 한 영혼에 화살처럼 날아와 박혀도 이 또한 용서받을 수 없는 죄로 인정하지 않습니다. 그 모독적 언사는 그리스도께도 하나의 제안으로 주어졌고, 성도들을 향할 때도 자주 있기 때문입니다(마 4:1-11).

(2) 다른 사람에게 있는 선을 나는 선이라 믿지 않고 내 관점에서 악으로 판단하여 미워하는 것, 그것에 대해 분명히 반대 의사를 밝히고 핍박하는 것도 성령을 거스르는 죄가 아닙니다. 회심하기 전의 바울에게서 이런 모습을 볼 수 있는데, 이 모든 행동은 다 무지해서 저지른 짓이었기 때문에 그는 자비를 얻었습니다.

(3) 하나님께서 하나님의 방식으로 역사하시는 것을 사랑하지만, 그 과정에서 다른 사람이 번영하는 것을 보고 마음이 격동하는 것, 하나님의 섭리에 마음이 격동되어 자기 손 가장 가까이 있는 피조물을 향해 그

감정을 빈번히 드러내는 것, 이런 격동을 마음에 품고 지속시키는 것도 (예의 그 사함받을 수 없는 죄로 이어지는 두려운 일이긴 하지만) 사함받을 수 없는 성령 거역 죄는 아닙니다. 성도들도 자기 자신에 대한 사랑, 타인 때문에 우울해지는 것을 견디지 못하는 자기 사랑 때문에 그런 모습을 보일 수 있고, 어쩌다 시험을 받을 때 이들이 갖는 잘못된 생각의 훼방 때문에 그런 모습을 보일 수도 있습니다. 요나에게서 이런 모습이 대부분 다 나타났습니다(욘 4장).

(4) 진리를 받아들이고 난 뒤 그 사람 안에 한 번 나타나는 부패한 모습, 빛을 거슬러 심각한 죄에 빠지는 것은 용서받을 수 없는 죄가 아닙니다. 성경에 등장하는 성도들 중에도 그랬다가 다시 돌아간 사람들이 많습니다. 더 나아가 진리의 많은 부분을 버리고 변절하는 것도 사함받을 수 없는 죄가 아닙니다. 솔로몬도 그랬고, 고린도와 갈라디아 교회에도 그런 모습이 있었습니다. 그뿐만 아니라, 시험을 당해 가장 근본적인 진리를 부인하는 것, 실로 그 진리를 극구 부정하는 행위도 사함받지 못할 죄는 아닙니다. 베드로도 한때 그랬다가 다시 돌아갔습니다.

(5) 여러 가지 죄악된 방식으로 성령께 저항하고 성령을 소멸하고 성령을 근심케 하는 것도 이 사함받을 수 없는 죄에 속하지 않습니다. 성경에서는 이런 행동을 하는 사람에 대해 회개를 촉구할 뿐 사함받을 수 없는 죄책으로 여겨 따돌리지 않습니다. 마찬가지로, 빛을 거스르는 죄를 반복하는 것도 비록 성령을 거스르는 죄로 발전하기는 하지만 그 자체로서는 성령을 거스르는 죄가 아닙니다. 그리스도를 부인한 베드로의 죄가 바로 그런 죄였고, 아합과도 어울리고 여호람과도 어울린 여호사밧의 죄가 바로 그런 죄였습니다.

(6) 어떤 사람이 안타깝게도 시험에 들어 자살을 생각하거나 시도하

는 것, 심지어 경건한 사람들을 죽일 생각을 하는 것, 그뿐만 아니라 (결과 면에서 필경 이 사함받을 수 없는 죄를 낳는 경우가 많긴 하지만) 실제 자살 행위도 모든 심령으로 하여금 이 시험을 두려움과 혐오감으로 바라보게 만들어야 하긴 하지만 그렇다고 해서 성령을 거스르는 죄는 아닙니다. 사도행전에 나오는 간수를 예로 들어 보겠습니다. 하나님의 진노의 현장을 보고 그 진노를 체감하고는 자신의 죄와 부패함을 이유로 자살을 하려는 가련한 사람들은 많지만, 그 간수는 그보다 더 나쁜 이유로 자살할 생각을 했습니다. 하지만 간수는 사함을 얻었습니다. 효과적 부르심을 받기 전의 바울은 그 자신이 인정하다시피 많은 성도를 살해하는 일의 종범(從犯)이었고 성도들을 더 죽일 생각이었습니다. "나도 나사렛 예수의 이름을 대적하여 많은 일을 행하여야 될 줄 스스로 생각하고 예루살렘에서 이런 일을 행하여 대제사장들에게서 권한을 받아 가지고 많은 성도를 옥에 가두며 또 죽일 때에 내가 찬성 투표를 하였고 또 모든 회당에서 여러 번 형벌하여 강제로 모독하는 말을 하게 하고 그들에 대하여 심히 격분하여 외국 성에까지 가서 박해하였고"(행 26:9-11).

이 모든 게 다 끔찍한 죄이고, 각각의 죄가 다 영원한 진노를 받아 마땅하며, 회개하지 않을 경우 영원한 복수를 부르는 죄들입니다. 특히 자살이나 살인의 경우엔 통상적인 방식으로 기대할 수 있는 그 어떤 것이 있다 해도 구원에 대한 소망이 차단됩니다. 그러나 이 같은 죄들 중 어느 것도 성령을 거스르는, 용서받을 수 없는 죄는 아닙니다. 그러므로 이 같은 죄 중 어느 경우에 속한다 해도, 언약의 기쁜 소식을 들을 수 있는 귀만 있다면 그 사람에게는 소망이 있습니다. 성경에 명백히 밝혀져 있다시피, 이런 사실들이 언급되는 곳에서는 이 같은 모든 형태의 죄와 참람함이 다 사함받을 수 있습니다.

2. 이제 어떤 죄가 성령을 거스르는 죄인지 알아봅시다. 성령을 거스르는 죄는 단일한 범죄 행위가 아니라 여러 가지 악행이 어우러지면서 영혼과 몸이 일상적으로 죄에 몰두하는 것을 말합니다. 그래서 우리는 이 죄를 이렇게 설명합니다. "이 죄는 복음의 주요 진리와 구원의 길, 성령께서 그 진실성과 유익함을 인간에게 구체적으로 밝혀 보여 주신 그 진리와 그 길을 거부하고 대적하는 행위입니다. 또한 공공연히, 거침없이, 고의적으로, 악의적으로, 심술궂게, 절망적인 두려움을 품는 것도 성령을 거스르는 죄입니다." 성경에서 이런 죄를 말하는 곳이 세 군데인데, 지금 우리가 하는 이야기의 맥락상 도움이 되는 한에서 그 구절을 바탕으로 위의 설명을 한 부분 한 부분 증명해 보겠습니다. 그러면 그리스도를 생각하는 사람은 성경에서 이 죄에 대해 하는 말에 걸려 넘어질 필요가 없다는 사실이 드러날 것입니다. "그러므로 내가 너희에게 이르노니 사람에 대한 모든 죄와 모독은 사하심을 얻되 성령을 모독하는 것은 사하심을 얻지 못하겠고 또 누구든지 말로 인자를 거역하면 사하심을 얻되 누구든지 말로 성령을 거역하면 이 세상과 오는 세상에서도 사하심을 얻지 못하리라"(마 12:31-32). "한 번 빛을 받고 하늘의 은사를 맛보고 성령에 참여한 바 되고 하나님의 선한 말씀과 내세의 능력을 맛보고도 타락한 자들은 다시 새롭게 하여 회개하게 할 수 없나니 이는 그들이 하나님의 아들을 다시 십자가에 못 박아 드러내 놓고 욕되게 함이라"(히 6:4-6). "우리가 진리를 아는 지식을 받은 후 짐짓 죄를 범한즉 다시 속죄하는 제사가 없고 오직 무서운 마음으로 심판을 기다리는 것과 대적하는 자를 태울 맹렬한 불만 있으리라 모세의 법을 폐한 자도 두세 증인으로 말미암아 불쌍히 여김을 받지 못하고 죽었거든 하물며 하나님의 아들을 짓밟고 자기를 거룩하게 한 언약의 피를 부정한 것으로 여기고 은혜의 성령

을 욕되게 하는 자가 당연히 받을 형벌은 얼마나 더 무겁겠느냐 너희는 생각하라"(히 10:26-29).

(1) 그렇다면, 이 죄, 혹은 이 죄를 짓는 사람의 죄 된 행위가 어떤 대상에 정통한지를 생각해 봅시다. 그것은 바로 복음의 주요 진리와 구원의 길입니다. 두 가지 모두 하나로 귀착됩니다. 이는 약속된 메시아요 구주이신 예수 그리스도로써 죄인을 구원하시기 위해 하나님께서 마련하신 방법이며, 하나님께서 당신의 규례 안에 그리스도를 제시하신 대로 인간은 그리스도의 죽음과 의로써 구원받으며, 그 일에 도움이 되는 능력의 역사, 성경에 기록된 수많은 그 능력의 역사도 동일한 사실을 확증합니다. 이 같은 구원의 방식이 이 죄의 대상입니다. 바리새인들은 이 방식, 즉 그리스도가 메시아라는 사실에 저항합니다. "무리가 다 놀라 이르되 이는 다윗의 자손이 아니냐 하니 바리새인들은 듣고 이르되 이가 귀신의 왕 바알세불을 힘입지 않고는 귀신을 쫓아내지 못하느니라 하거늘"(마 12:23-24). 하나님의 아들에게 악행을 저지릅니다. "타락한 자들은 다시 새롭게 하여 회개하게 할 수 없나니 이는 그들이 하나님의 아들을 다시 십자가에 못 박아 드러내 놓고 욕되게 함이라"(히 6:6). 언약의 피에 대해서도, 이 구원의 일들을 우리에게 적용하기 위해 은혜롭게 주어진 성령에 대해서도 악행을 자행합니다. "하물며 하나님의 아들을 짓밟고 자기를 거룩하게 한 언약의 피를 부정한 것으로 여기고 은혜의 성령을 욕되게 하는 자가 당연히 받을 형벌은 얼마나 더 무겁겠느냐 너희는 생각하라"(히 10:29).

(2) 위의 설명으로 볼 때 이 (성령을 거스르는) 죄의 대상이 어떤 조건을 지녔는지 생각해 봅시다. 성령께서는 이 대상이 거짓 없이 사실 그대로이고 유익하기도 하다는 것을 당사자에게 단독으로 밝혀 보여 주십니다.

이 말은 ① 그 당사자에게 이 진리 및 구원의 길에 대한 지식이 있다는 것입니다. 바리새인들은 그리스도가 자기들의 상속자임을 알고 있었습니다. "그 아들을 보고 서로 말하되 이는 상속자니 자 죽이고 그의 유산을 차지하자 하고"(마 21:38). 이 죄의 당사자에게는 지식이 있습니다. "우리가 진리를 아는 지식을 받은 후 짐짓 죄를 범한즉 다시 속죄하는 제사가 없고"(히 10:26). ② 이 지식은 머릿속에서만 떠돌아다니지 않으며, 내키지 않지만 마음은 어느 정도 그 지식에 설득당해 있는 상태입니다. 그리스도께서는 바리새인들의 생각을 아셨습니다(마 12:25). 그래서 그들의 마음은 그들의 입에서 나오는 말과 상반된다고 판단하셨습니다. 이 지식에는 단순히 빛을 받는 것을 넘어 '맛봄'의 차원이 있습니다. "한 번 빛을 받고 하늘의 은사를 맛보고 성령에 참여한 바 되고 하나님의 선한 말씀과 내세의 능력을 맛보고도"(히 6:4-5). 그뿐만 아니라 대개 그 맛봄에는 설득력이 있으며, "자기를 거룩하게 한 언약의 피를 부정한 것으로 여"(히 10:29)긴다는 말씀에서 암시되는 것처럼, 이 설득력은 상당한 외적 성화를 이루게 할 만큼 힘이 있습니다. ③ 이 설득은 성령이 보여 주시는 복음의 진리와 구원의 길에 거짓이 없을 뿐만 아니라 유익하기도 하다는 점에 대한 설득입니다. 이 당사자는 "하나님의 선한 말씀과 내세의 능력을 맛보"며, 복음의 진리와 구원의 길이 모든 면에서 아주 적격임을 직관적으로 이해합니다. ④ 이 설득은 논증의 힘으로 이뤄질 뿐만 아니라, 진리를 비추시고 진리를 알아보기 쉽게 해주시는 성령의 조명 사역으로도 이뤄집니다. 그래서 이 죄를 일컬어 "성령을 모독하는" 죄라고 하는 것입니다. 그래서 자기들을 향한 은혜의 역사에 가장 가까이 있었던 사람들을 일컬어 "성령에 참여한"(히 6:4) 자였다가 "은혜의 성령을 욕되게"(히 10:29) 했다고 말하는 것입니다.

(3) 성령을 거스르는 죄가 무엇을 대상으로 저질러지는지, 그 대상이 어떤 조건을 지녔는지 알아봤는데, 그렇다면 어떤 죄가 과연 성령을 거스르는 죄인지에 대한 애초의 설명에서 이 당사자가 그 대상에게 저지르는 대적 행위를 생각해 봅시다. 이는 그 대상을 거부하고 대적하는 행위입니다. 이 행위에 어떤 의미가 담겨 있느냐면, ① 이 사람이 한때, 적어도 어떤 식으로든 그 대상과 손을 마주잡고 있었거나 혹은 바리새인들의 경우처럼 그 대상이 어떤 제안을 하는지 익히 알고 있었다는 것입니다. ② 그런데 이들은 그 대상을, 혹은 그 대상이 제안하는 것을 거부하고, 심지어 멸시하기까지 했습니다. 바리새인들은 그 대상을 부정하고, 그리스도를 업신여기는 말을 합니다. "바리새인들은 듣고 이르되 이가 귀신의 왕 바알세불을 힘입지 않고는 귀신을 쫓아내지 못하느니라 하거늘"(마 12:24). 이들은 타락하여, 그리스도를 "드러내 놓고 욕되게"(히 6:6) 하려 합니다. ③ 바리새인들이 여전히 그러했듯, 사람들은 핍박하는 태도로 이 대상에게 맞섭니다. 이 대상을 향해 악담을 합니다. 그래서 이 죄를 일컬어 "성령을 모독하는"(마 12:31) 죄라고 하는 것입니다. 이들은 할 수만 있다면 그리스도를 "다시 십자가에 못 박"(히 6:6)으려고 합니다. 이들은 "대적하는 자들"(히 10:27)입니다.

(4) 이 대적 행위의 속성을 생각해 보십시오. ① 이 행위는 '공공연한' 행위입니다. 즉, 숨기거나 감추려 하지 않는다는 것입니다. 바리새인들은 그리스도에 대해 드러내 놓고 이렇게 말합니다. "바리새인들은 듣고 이르되 이가 귀신의 왕 바알세불을 힘입지 않고는 귀신을 쫓아내지 못하느니라 하거늘"(마 12:24). 이들은 그리스도를 "드러내 놓고 욕되게"(히 6:6) 하려 합니다. "모이기를 폐하는 어떤 사람들의 습관과 같이 하지 말고"라는 말씀에 암시되어 있다시피 이들은 그런 식으로 알게 된 규례를 폐합

니다. 그리고 자기 행위에 따를 위험을 얕봅니다. 자기들을 "태울 맹렬한 불"을 기다리며 "언약의 피를" 짓밟으니 말입니다(히 10:25, 27, 29). ② 이 당 사자는 무엇에도 '구애받지 않고' 행동합니다. 이들의 행위는 들어서 아는 게 없기 때문이거나 누가 강요하거나 강제하기 때문이 아니라 다만 자유로운 선택의 행위입니다. 누구도 바리새인들에게 그리스도를 거역 하는 말을 하거나 핍박하라고 강요하지 않습니다. 이들은 스스로 하나님 의 아들을 십자가에 못 박으며, 자기들의 자유로운 합의에 따라, 자기 심 중의 생각으로 살인을 재연할 뿐(히 6:6; 10:26) 아무도 이들에게 강요하지 않습니다. 이들은 무엇에도 구애받지 않는 선택으로 죄를 짓습니다. 아니 성경의 표현은 '자발적으로' 죄를 짓는다고 해석할 수 있습니다. "우리가 진리를 아는 지식을 받은 후 짐짓 죄를 범한즉 다시 속죄하는 제사가 없 고"(히 10:26). ③ 이들의 범죄 행위는 '의도적인' 행위입니다. 이들은 아주 단호합니다. 앞서 인용한 성경구절에서 볼 수 있다시피 이들은 그 어떤 제안으로도, 혹은 가장 귀중한 수단으로도 만류할 수 없습니다. ④ 이들 의 행위는 '악의적으로' 이뤄집니다. 그래서 하나의 시험에서 쾌락으로, 혹은 이득으로, 전혀 혹은 그다지 진척되지 않습니다. 혹은 영예를 얻을 것도 없습니다. 이 행위는 두려움이나 강요에서 비롯되지도 않고, 어떤 선한 목표를 제안받고 하는 행동도 아니며, 다만 하나님과 그리스도를 대적하려는, 하나님의 영광과 그 나라의 진전을 훼방하려는 악한 마음에 서 비롯됩니다. 그래서 이 행위는 본질상 사탄의 죄의 속성을 지녔으니, 사탄은 하나님께 대해 화해가 불가능한 미움을 품고 있습니다. 그리고 죄의 치료책에 대해서도 동일한 미움을 갖고 있는데, 왜냐하면 이 치료 책으로 하나님의 영광이 증진되기 때문입니다. 이 점이 바로 이 죄의 특 별한 구성 요소입니다. 바리새인들은 악의적인 마음으로 그리스도를 대적하는 죄를 지은 것으로 밝혀집니다. 왜냐하면 이들은 그렇게 그리스도를 대적하는 말을 하면서도 자기 자녀들이 귀신을 쫓아내는 것에 대해서는 아무 말도 하지 않기 때문입니다. "내가 바알세불을 힘입어 귀신을 쫓아내면 너희의 아들들은 누구를 힘입어 쫓아내느냐"(마 12:27). 이들은 있는 힘을 다해 그리스도를 "다시 십자가에 못 박아 드러내 놓고 욕되게"(히 6:6) 하려 했습니다. 이들은 마귀와 마찬가지로, "대적하는 자들"입니다. ⑤ 이 행위는 '경멸하는 태도로' 이뤄집니다. 악의는 저절로 그 모습을 드러내기 마련입니다. 바리새인들은 그리스도가 마귀와 통한다고 선포해야 했습니다. 그리스도를 "다시 십자가에 못 박아 드러내 놓고 욕"보여야 했습니다. 그 보혈을 짓밟고 성령을 욕되게 해야 했습니다. 그런즉 이 죄의 당사자들은 구원을 위해 그리스도께 빚을 지기보다는 차라리 수천 번 멸망당하는 편이 낫습니다.

(5) 어떤 죄가 과연 성령을 거스르는 죄인지에 대한 설명에서 마지막으로 살펴볼 것은, 이 죄에 늘 부수되는 것, 혹은 이 죄의 결과가 무엇이냐는 것입니다. 이 죄는 지독하고 절망적인 두려움을 낳습니다. 이 죄의 당사자들은 자기들이 비굴하고 절망적인 두려움으로, 마귀들에게 있는 그 두려움으로 미워하는 그분을 두려워합니다. "오직 무서운 마음으로 심판을 기다리는 것과 대적하는 자를 태울 맹렬한 불만 있으리라"(히 10:27). 이들은 하나님께서 자기들에게 진노를 발하실 것을 알고 있습니다. 이들은 그 사실을 기억하고 두려워 떱니다. 그래서 만일 그리스도보다 우위에 있을 수 있다면 그래서 그분을 죽일 수 있다면 그렇게 하려고 합니다. 그런데 그 우위에 이를 수 없기 때문에 이들은 최대한의 악으로 그분을 미워하며, 멸시하는 태도로 그분과 그분에게 속한 모든 이를 핍박합니다.

3. 세 번째로, 지금까지의 이야기에서 결론을 내려 보고, 그 결론으로써 이 장 서두에 제기된 그 반론에 직접 답변하겠습니다. (1) 앞에서 암시했다시피, 성령을 거역하는 죄는 아주 눈에 두드러지고 또 어디에 그런 죄가 자리잡고 있는지 잘 알 수 있기 때문에, 이 죄의 혐의를 증명하고 분명히 밝힐 수 있지 않은 한 누구도 자기 자신에게 이 죄의 혐의를 두어서는 안 됩니다. 하나님이 절대 나를 용서하시지 않을 거라고 자기 영혼을 설득하려 애쓰는 것은 하나님께 큰 잘못을 저지르는 것이기 때문입니다. 그렇게 하는 게 바로 자기를 절망에 빠뜨리고 자기를 사함받을 수 없는 죄로 이끄는 길입니다. 그러므로, 하나님께서 죄인을 구원하시려고 마련한 길을 미워한다고 감히 말할 수 있지 않은 한, 하나님께 대한 악의와 하나님을 멸시하는 마음에서 자기 자신은 물론 다른 이들과 더불어 하나님 나라의 번영을 대적하기로 결단하지 않는 한, 자기에게 성령을 거역하는 죄가 있는 것 같다고 의심해서는 안 됩니다. (2) 하나님을 대적하여 어떤 행동을 했든, 회개하기만 한다면, 그리고 그 행동이 무효화되기를 바라기만 한다면, 성령을 거역한 죄를 지었다고 할 수 없습니다. 그런 죄가 성립하기 위해서는 악의와 하나님을 멸시하는 마음이 여전히 우세해야 하기 때문입니다. (3) 구원을 위해 그리스도께 빚진 자가 되는 데 만족한다면, 그리고 그런 은혜에 대해 언제까지나 그분께 감사하고자 한다면, 그런 경우 그대는 성령을 거역하는 죄가 있다고 할 수 없습니다. 앞에서 설명한 것처럼, 성령을 거역하는 죄가 있는 사람은 하나님을 지극히 멸시하기에 구원을 위해 그분께 빚진 자가 되려고 하지 않기 때문입니다. (4) 그대가 어떤 짓을 했든, 예수 그리스도를 따르고자 하는 소원이 있다면, 상한 심령으로 그분을 좇는다면, 그분과 함께하는 복된 길에서 떠난다는 건 생각도 할 수 없는 일이라 여긴다면, 설령 그리스도와

헤어져야 할지라도 그분과 그분의 모든 백성의 행복을 빈다면, 그렇다면 내가 혹 이 사함받을 수 없는 죄를 지은 것은 아닌가 의심할 필요가 없습니다. 그대의 가슴에는 그 죄를 구성하는 데 반드시 필요한 요소, 즉 그리스도를 미워하는 마음이 있을 리 없기 때문입니다. (5) 그 죄가 미치지 못하는 곳에 있고자 한다면, 그 죄에서 영원히 자신을 지키고자 한다면, 그렇다면 그리스도 예수로 말미암은 구원을 기뻐하고, 그리스도 안에서 하나님의 언약에 응하며, 지금까지 강조했다시피 그리스도를 충분한 속전이요 안식으로 묵묵히 인정하고, 그분께 자기를 맡겨 그분의 방식으로 구원받기로 마음먹기 바랍니다. 진지한 자세로 그렇게 하십시오, 그러면 그대는 사탄이 하나님을 찾는 수많은 가련한 사람을 두렵게 만들었던 그 끔찍한 죄가 미치지 못하는 곳에 늘 있게 될 것입니다.

믿을 능력이 부족하고 믿음의 열매가 없는 데서
생겨나오는 반론과 그에 대한 답변

반론. 제가 새 언약의 유익에서 배제되지는 않을지라도, 그리스도를 믿는 건 저의 능력 밖의 일입니다. 왜냐하면 믿음은 하나님의 선물이고, 그래서 혈과 육의 힘이 미치지 않는 영역에 있기 때문입니다.

답변. 구원에 이르는 믿음, 오직 이 믿음만으로 사람이 진심으로 그리스도 안에서 하나님과 언약을 맺을 수 있는데, 앞서의 전제들에서 말했다시피 이 믿음이 우리 능력 밖에 있으며 하나님의 선물인 게 사실입니다. 하지만 우리가 기억할 게 있습니다. 1. 성경에 분명히 밝혀져 있다시피 하나님께서는 그리스도를 통한 구원이라는 당신의 제안에 응하는 것을, 믿음으로 이 복음에 성심으로 귀 기울이는 모든 사람의 본분으로 남겨 두십니다. 그리고 또 알아야 할 것은, 그 본분을 이행하는 게 우리 능력 밖의 일일지라도 그 본분을 이행하지 않는 것에 대해서는 주님께서 우리를 정당히 정죄하시며, 우리는 핑계댈 수 없다는 점입니다. 처음에 주님께서 인간을 만드실 때 무엇이든 주님께서 명하시는 건 다 할 수 있는 존재로 만드셨기 때문입니다. 2. 주님께서 우리의 능력을 벗어나는 이 일을 명하시는 것은 이 일에 대한 우리의 무능력을 지각하도록 하시기 위해서이며, 우리 안에 역사해 주시기를 하나님께 요청하도록 하기 위해서입니다. 주님께서는 새 마음을 주시겠다고 약속하셨으며, 그 약속의 유익에서 그 누구도 배제하지 않으십니다. 3. 주님께서는 이 명령과 권면, 그에 대한 인간의 묵상, 그리고 이 일에 대한 인간의 간구를 활용해 사람에게 능력을 전달하사 이 본분을 이행할 수 있게 하십니다.

그러므로 위의 반론에 답변하기 위해 그대에게 주님의 이름으로 간청하나니 주님의 이 명령과 약속을 마음에 새기고, 그 명령과 약속은 물론 그 복된 새 언약의 본분에 대해 묵상하고, 할 수 있는 한 그 일에 대해 하나님께 기도하십시오. "이같이 자기들에게 이루어 주기를 내게 구하여야 할지라"(겔 36:37). 또한 성경에 드러난 하나님의 그 구원 방책에, 그리고 그리스도 예수 곧 언약으로 말미암아 백성들에게 주어진 그분 앞에 그대의 냉랭한 마음을 내어놓고, 그분께서 생명을 주시고 그대를 소성시켜 주실 것을 바라십시오. 가서, 하나님께서 구원을 제시하시는 방식에 따라 그 구원을 기뻐하려고, 그 구원 제안에 응하며, 그 구원을 위해 그리스도를 의지하려고 노력하십시오. 이 모든 일이 다 그대의 능력 안에 있는 일인 양 말입니다. 하지만 이 모든 일이 다 주님에게서 와야 한다는 사실을 알기에 그분을 바라십시오. 그렇게 하면, "주의 길에서 주를 기억하는 자를 선대하시"(사 64:5)는 주님에게는 아무 모자람이 없을 것입니다. 그리고 구원을 향해 나아왔는데 능력이 부족해 이제 더는 어떻게 할 수가 없다고 말할 근거도 없을 것입니다. 하나님의 방법에 맡기십시오. 그대에게 이 일을 향한 마음만 있다면 주님 편에서 그대를 실망시키실 일은 없을 것입니다. 더 나아가, 이 일에 대해 들어 본 이야기를 근거로 마음을 다해 이 일을 사모하고 이 일과 관계맺기를 소원한다면 마음으로 이미 이 의무를 이행한 것입니다. 그래서 그대가 미처 깨닫기도 전에 난관을 통과한 것입니다.

반론. 지금까지 이야기한 대로 그리스도 예수와 친밀한 관계를 맺었으면서도 여전히 영적으로 빈약하고 결실이 없다고 불평하는 이들이 많습니다. 그 때문에 제 마음도 믿음이라는 그 의무에 비중을 덜 두게 됩니다.

답변. 위에서 말한 것처럼 그리스도를 믿는 게 하나의 의무임을 확신한다면, 그대는 아마 어떤 핑계로도 그 의무를 거부하지 않을 것입니다. 그리스도를 좇으면서도 사람은 각각 그 열매로 판단해야 함을 인정하지 않고 불평하는 사람들에 대해 저는 다음과 같이 말하겠습니다.

1. 하나님의 사랑에 대한 의심 때문에, 그리고 자기의 불신앙 때문에, 하나님과 언약을 맺은 뒤 여러 가지 소중한 것들이 전달되는 걸 차단하는 이들이 많습니다. 그렇게 하지 않았더라면 많은 것이 이들에게 전해졌을 텐데 말입니다. "그들이 믿지 않음으로 말미암아 거기서 많은 능력을 행하지 아니하시니라"(마 13:58).

2. 누구든 마음으로 그리스도를 좇는 사람은 "광야에 처하지 않을 것입니다"(렘 2:31). 이 사람들은 다음 두 가지 일들과 관련해 자기 영혼을 하나님 쪽으로 향하게 만드는 무언가가 있다는 것을 발견하게 될 텐데, 두 가지 중 하나는 그 심판의 날 하나님 안에서 발견되는 방법입니다. "또한 모든 것을 해로 여김은 내 주 그리스도 예수를 아는 지식이 가장 고상하기 때문이라 내가 그를 위하여 모든 것을 잃어버리고 배설물로 여김은 그리스도를 얻고 그 안에서 발견되려 함이니 내가 가진 의는 율법에서 난 것이 아니요 오직 그리스도를 믿음으로 말미암은 것이니 곧 믿음으로 하나님께로부터 난 의라"(빌 3:8-9). 그리고 또 하나는 살아 있는 사람들의 땅에서 주님을 찬양하는 방법입니다. "주의 종을 후대하여 살게 하소서 그리하시면 주의 말씀을 지키리이다"(시 119:17). "주께서 나로

하나님 앞, 생명의 빛에 다니게 하시려고 실족하지 아니하게 하지 아니하셨나이까"(시 56:13). 이 사람들은 자기 영혼 높은 곳에서 이 두 가지 방법을 발견합니다. 그것도 아주 풍성하게. 그리고 더듬어 살펴서 올바로 판단하기만 한다면, 피조물 안에는 피조물의 풍요로움으로 채울 수 없는 큰 공허가 있다는 것도 알게 될 것입니다. 모든 게 다 공허할 뿐이어서 오직 하나님만이 그들 마음의 그 빈 방을 채울 수 있습니다. 하나님께서 잠깐 숨결을 불어넣으시기만 해도 충만해져서, 다른 피조물에게서 또 다른 위로를 받을 여지가 없습니다. 이 사실이 무얼 말해 주느냐면, 하나님께서 인간을 사로잡으사 구원과 관련된 원리들을 납득시키시고 그의 마음에 이 원리를 심어 주신다는 것입니다. "여호와 외에 누가 하나님이며"(시 18:31). "너희 신들아 여호와께 경배할지어다"(시 97:7). 더 나아가, 위에서 이야기한 대로 그리스도 안에서 자기 마음으로 하나님께 응한 사람은 이따금 자기 영혼이 실족하려 하면 그때마다 이를 막아 주고 정신을 차리게 해주신다는 사실을 부인하지 못할 것입니다. "주의 선하심의 은혜로 그를 막아 주시고"(시 21:3, 개역개정판에는 "주의 아름다운 복으로 그를 영접하시고"로 번역됨). "여호와여 나의 발이 미끄러진다고 말할 때에 주의 인자하심이 나를 붙드셨사오며 내 속에 근심이 많을 때에 주의 위안이 내 영혼을 즐겁게 하시나이다"(시 94:18-19). 그러므로 열매가 따르지 않는다 말하는 이가 없도록 하고, 그 누구도 다른 이들의 부당하고 근거 없는 불평 때문에 자기 의무를 소홀히 하는 일이 없도록 합시다.

반론. 언약이라고 하는 하나님의 구원 방책에 응하는 것이 저의 의무라고 생각하기는 하지만, 그 의무를 어떤 식으로 이행해야 할지는 전혀 모르겠습니다. 하나님께서 어떤 때는 그리스도에 대한 언급이 전혀 없이 우리의 하나님이 되어 주시겠다고 하고, 또 어떤 때는 우리를 그리스도와 결혼시키겠다고 하시기도 하니까요. 성경 또 다른 곳에서 우리는 그리스도께 나오라고 부름받습니다. 그리스도가 우리의 신랑이시라고 말입니다. 또한 하나님께서 어떤 때는 자신을 일컬어 우리의 아버지라고도 하시고 어떤 때는 남편이라고도 하십니다. 그리고 그리스도께서도 어떤 때는 남편이라 불리고 어떤 때는 형제라 불립니다. 앞뒤가 안 맞는 관계인 것 같고, 그래서 하나님의 말씀에 동의하고 그분께 응하고 싶은 마음이 있어도 도무지 하나님을 어떤 분으로 이해해야 할지를 모르겠습니다.

　답변. 사람이 하나님께 나아가고, 혹은 하나님께 응하고, 역시 그리스도께도 나아가고 그리스도께 응하는 것이라고 해도 전적으로 옳은 말입니다. 사람이 자기에게 남편, 아버지, 형제이신 하나님과, 그리고 그리스도와 혼인 관계를 맺는 것이라 말해도 좋습니다. 그리고 이 관계는 일부 사람이 생각하는 것처럼 그렇게 애매하지 않습니다.

　이 관계를 더 잘 이해하기 위해 다음 몇 가지 내용을 생각해 봅시다.

1. 하나님께서는 태초에 인간을 완전하게 만드시고 어떤 일이든 하나님과 직접 대면하여 처리할 수 있는 어떤 능력을 주셨습니다. "하나님은 사람을 정직하게 지으셨으나"(전 7:29). "여호와 하나님이 그 사람에게 명하여 이르시되 동산 각종 나무의 열매는 네가 임의로 먹되 선악을 알게 하는 나무의 열매는 먹지 말라 네가 먹는 날에는 반드시 죽으리라 하시니라"(창 2:16–17). 그런데 인간은 타락으로 말미암아 하나님과 멀어져 이제 하나님과 직접 계약을 맺거나 교섭할 수 없는 전적 무능력 상태가 되었습니다.

2. 주님께서는 아담의 타락 후 새 언약을 반포하사, 한 중보자 안에서, 그리고 그 중보자를 통해 기꺼이 인간과 다시 관계를 맺으시겠다는 뜻을 나타내셨습니다. 그리하여 인간이 그리스도를 통해 하나님께 나아오도록 정하셨습니다. 그는 "자기를 힘입어 하나님께 나아가는 자들을 온전히 구원하실 수 있으니"(히 7:25). 그리고 오직 그리스도 안에서만 하나님께 받아들여질 것을 바라라고 하셨습니다. "이는 그가 사랑하시는 자 안에서 우리에게 거저 주시는 바 그의 은혜의 영광을 찬송하게 하려는 것이라"(엡 1:6). 이렇게 해서 인간은 하나님이 오직 그리스도 안에서만 기뻐하시는 것으로 알고 그리스도의 말씀을 들어야 했습니다. "이는 내 사랑하는 아들이요 내 기뻐하는 자니 너희는 그의 말을 들으라 하시는지라"(마 17:5).

3. 이 사실은 성경에 아주 명쾌하게 나타나 있고, 또 중요한 사실로 두드러져 보이며, 하나님의 규례 아래 있는 모든 사람에게 아주 명백하게 드러나게 되어 있기에, 주님께서 중보자에 대한 언급 없이 하나님 자신과 친히 관계를 하는 것으로 이야기하시는 경우가 많습니다. 이제 중보자 그리스도 예수로써, 그리고 예수를 통해서가 아니면 하나님과의 관계

도 없다는 것을 교회에 속한 사람이라면 누구나 다 안다는 사실이 전제되는 것입니다.

4. 그리스도 예수는 신인(神人)이시기에 하나님과 인간이 만나기에 적합한 만남의 지점이요 이제 불화하는 사이가 된 두 당사자 사이에서 화해 조건을 타결하는 데 딱 어울리는 중보자시라는 사실을 생각해 보십시오. "하나님께서 그리스도 안에 계시사 세상을 자기와 화목하게 하시며"(고후 5:19). 그리고 또 우리가 말할 수 있는 것은, 그리스도는 그 자신이 신랑이시며, 그래서 우리가 하나님께 응하는 것 혹은 하나님과 언약을 맺는 것은 '임금의 아들의 혼인'이라 일컬을 수 있고, 택자는 어린양의 신부라 칭할 수 있다는 것입니다. 그리스도 예수는 하나님께서 인간에게 내미는 손이요, 인간은 하나님과 언약을 맺을 때 그 손을 잡습니다. 그렇게 그리스도를 통해, 그리고 그리스도로써 우리는 우리의 하나님 되신 하나님과 언약을 맺으며, 하나님은 우리 영혼이 그리스도를 통해 최종적으로, 그리고 궁극적으로 도달하는 종착지입니다. "너희는 그를 죽은 자 가운데서 살리시고 영광을 주신 하나님을 그리스도로 말미암아 믿는 자니 너희 믿음과 소망이 하나님께 있게 하셨느니라"(벧전 1:21).

5. 성경에서 언급된 다양한 관계들은 하나님과 그분의 백성들 사이의 확실하고도 확고부동한 교통을 상징하기 위해 정해진 것임을 생각해 보십시오. 머리와 지체 관계, 뿌리와 가지 관계, 임금과 신하 관계, 목자와 양 떼 관계, 아버지와 자녀 관계, 형제와 형제 관계, 남편과 아내 관계 등 모든 관계가 다 이 교통 안에 있습니다. "아버지께서 내 안에, 내가 아버지 안에 있는 것같이 그들도 다 하나가 되어 우리 안에 있게 하사 세상으로 아버지께서 나를 보내신 것을 믿게 하옵소서 내게 주신 영광을 내가 그들에게 주었사오니 이는 우리가 하나가 된 것같이 그들도 하나가 되게

하려 함이니이다 곧 내가 그들 안에 있고 아버지께서 내 안에 계시어 그들로 온전함을 이루어 하나가 되게 하려 함은 아버지께서 나를 보내신 것과 또 나를 사랑하심같이 그들도 사랑하신 것을 세상으로 알게 하려 함이로소이다…내가 아버지의 이름을 그들에게 알게 하였고 또 알게 하리니 이는 나를 사랑하신 사랑이 그들 안에 있고 나도 그들 안에 있게 하려 함이니이다"(요 17:21-26). 그러므로 성경에서 어떤 표현을 쓰든 그것은 하나님께서 사람들을 부르사 그리스도를 통해 하나님과 화해하게 하시고 오직 그리스도 안에서 하나님 자신을 그들의 하나님이요 남편으로 주신다는 것을 사람들로 하여금 알게 하기 위해서입니다. 따라서 사람은 그리스도 안에서 하나님을 자기들의 하나님으로 받아들이며, 가련한 인간을 위해 하나님께서 마련하신 그 구원의 길을 기뻐하고, 그리스도 안에서 하나님께 자신을 드리며, 오직 그분 안에서만 하나님께 받아들여질 수 있음을 알아야 합니다. 그리스도께 응하는 사람은 하나님께 응하는 것이며, 하나님은 그리스도 안에 계셔서 "세상을 자기와 화목하게"(고후 5:19) 하십니다. 우리는 하나님 혹은 그리스도와 사람 사이에 관해 성경에서 언급한 여러 가지 관계들을 적정 수준 이상으로 파고들어서는 안 됩니다. 즉, 다양하게 표현된 그 관계들은 그리스도 예수를 통해 하나님과 하나 되고 하나님과 교통하며, 혹은 하나님께 가까이 가는 것을 나타내고, 그렇게 해서 우리가 유익을 얻음을 말해 주는 것이라고 알면 됩니다.

이는 아주 명쾌한 사실들이므로 여러 말을 하지 않겠습니다. 하지만 그리스도를 믿는다는 것은 이 복음을 듣는 모든 이에게 요구되는 의무이므로, 이 소식을 듣게 될 모든 이에게 주님의 이름으로 간청합니다. 자기가 잃어버린 바 된 상태에 있음을 지체없이 명심하고, 하나님께서 그리스도 예수로써 마련하신 구제책을 마음에 새기며, 그 구제책을 흡족해하고 그 방법으로 구원받고자 하는 모든 이에게 이것을 값없이 주셨음을 알고, 다가올 진노를 피할 다른 길은 없다는 것을 알라고 말입니다. 이생에서 그리스도를 멸시하는 사람들은 마지막 날 그 진노를 피하기 위해 차라리 납이 녹아 못을 이룬 곳에 뛰어듦으로써 어린양의 얼굴에서 자기를 가리려 할 것입니다. 다시 말하거니와 이 모든 사항을 고려하여 모두에게 간청하기는, 이 일에 힘쓰기로 마음을 먹고, 하나님 앞에 자기 자신을 열어 보이며, 복음이 제안하는 대로 그리스도를 통해 하나님을 받아들이고, 그리스도를 유일하게 가치있고 만족할 만한 선으로 알고 묵종하여 자기 자신의 안전을 도모하라는 것입니다. 신속히 성경으로 가서, 평강과 구원의 제안을 찾아보십시오. 그리고 마음과 뜻을 다하여 그 제안에 응하고, 그 제안 속에 계신 그리스도, 그리고 그리스도 안에 계신 하나님께 응하십시오. 그리하여 이렇게 말할 수 있도록 하십시오. 어떤 일이든 나를 두렵게 하는 일을 대할 때 늘 그랬듯 진지하고 간절하게, 그리고 성심으로 이 일에 임했으며, 잘은 모르지만 그리스도는 내 마음의 선택이고, 적어도 다른 선택은 알지도 못하고 허용하지도 않는다고 말입니다. 그 사실을 바탕으로 마음으로 하나님께 호소하기를, 뭔가 잘못된 것이 있는지 찾아보고 시험해 보시어 이를 바로잡아 주시고 나를 바른 길로 인도해 달라고 하십시오.

자, 이렇게 그분의 방식으로 구원받기 위해 마음으로 그분을 붙좇으며 마음을 그분께 내맡기는 것, 믿는다는 건 바로 이런 것입니다. 실로 이렇게 믿는 것이 다가올 진노에서 사람을 구해 줍니다. 이제 이 사람은 그리스도를 영접했고, 그분을 믿으며, 그래서 성경에서 말하는 것처럼 심판에 이르지 아니할 것이기 때문입니다.

반론. 그리스도 예수를 믿는다는 게 어떤 건지 들으면서 저에게도 믿음이 있다고 가끔 생각합니다. 두렵지만 감히 말하거니와 저는 그리스도 예수로써 죄인을 구원하는 방식을 기뻐하고, 제 마음은 그분을 따르며, 그분을 만족스러운 보화로 알아 저의 종착지로 여기고, 또한 그리스도 안에서 하나님을 나의 하나님으로 받아들이기 때문입니다. 그런데 내가 과연 그랬는가, 지금도 그러한가 자주 의문이 생깁니다. 내가 정말 믿는지, 혹은 구원에 이를 만큼 하나님과의 언약 안에 있는지 단언하기를 거의 늘 주저하고 의심하기 때문이지요.

답변. 복음 안에서 마음으로 그리스도를 좇고 그리스도를 영접한 많은 사람이 다시 그와 같은 의심을 하는 게 보통입니다. 그래서 믿음을 유지하고 하나님과의 관계를 유지하는 데 흔들림이 없도록 탁월한 도움을 주는 조언을 한 가지 하겠습니다. 그것은, 사람은 지금까지 말한 대로 그리스도 안에서 하나님께 진심으로 응할 뿐만 아니라, 입에서 나오는 말로써 명백히, 명시적으로, 구두로, 공식적으로 그리스도 예수께 응하며 그리스도를 통한 구원이라는 하나님의 제안을 받아들이고, 그렇게 해서 하나님과 언약을 맺는다는 것입니다. 하나님의 은혜로 이는 구원에 이를 만큼 하나님과 관계를 맺는 문제와 관련해 자기 입장을 확립하는 데 적지 않게 기여합니다.

하나님과 이렇게 명백히 언약을 맺는 것에 대해 직접 설명하기 전, 다음과 같이 몇 가지 사실을 전제하겠습니다.

1. 여기서 제가 말하는 하나님과의 언약은 하나님과 가시적 교회 사이의 언약, 계시된 뜻 가운데 주님께서 제시하신 그 언약과 본질적으로 다르지 않습니다. 또한 제가 말하는 언약은 앞에서 말했던 것, 즉 그리스도

안에 계신 하나님과 마음으로 계약을 맺는 것과 본질적으로 다르지 않습니다. 제가 말하는 언약은 이와 동일한 언약이고 다만 특별한 정황 면에서만 다릅니다. 즉, 언약을 실행하기 전 마음으로 언약 내용을 공식적으로 표현했다는 게 다릅니다.

2. 하나님과 이렇게 명시적으로 언약을 맺고 관계를 맺는 게 사람의 구원에 절대적으로 필요하지는 않다는 걸 인정합니다. 어떤 사람이 진심으로, 그리고 성실하게 하나님께 가까이 다가가서 복음이 말하는 그리스도 안에서 자기 자신을 바친다면, 입으로 그 내용을 명시적으로 표현하지 않는다 해도 성경에 따라 그 사람의 영혼과 그 사람의 상태는 구원받습니다. 하지만 그 사람 상태의 안녕을 위해서는, 그리스도 예수와의 관계를 더 안정되게 유지하기 위해서는 이렇게 명시적인 말로 하나님과 언약을 맺는 게 아주 편리합니다.

3. 이렇게 입에서 나오는 말로써 명시적으로 하나님과 언약을 맺는 것은, 이 행위와 더불어 거짓 없는 마음으로 그리스도 안에 계신 하나님께 가까이 나아감이 없으면 아무 가치도 없습니다. 이것이 없으면 이 언약 맺기는 주님의 이름을 모독하는 일일 뿐이고, 주님의 얼굴에 대고 주님을 조롱하는 행위이며, 그래서 이런 사람은 입술로는 주님께 가까이 다가가되 마음은 주님에게서 멀리 있습니다(마 15:8).

4. 명시적인 말로, 그리고 진심으로 하나님과 언약을 맺었다고 해서, 증언하시는 성령님이 함께 계시지 않아도 아무 의심 없이 그 사람이 은혜로운 상태에 있고, 또한 보존되고 있다는 것이라고 말할 수는 없습니다. 성령의 증언이 있어야 우리는 이렇게 명시적인 방식으로 하나님과 언약을 맺음으로써 하나님께서 무엇을 우리에게 값없이 주시는지를 알 수 있습니다. 여기에 그리스도 안에 계신 하나님과 마음으로 가까이 나

가는 일이 더해지면 그 사람의 상태, 즉 하나님과 그 사람 사이에 확고한 계약이 이뤄졌음을 명쾌히 밝히는 데 크게 도움이 되며, 더 나아가 불안정한 마음과 생각에서 비롯되는 여러 가지 근거 없는 경계와 반론을 물리치는 데도 큰 역할을 할 것입니다. 그런 불안정한 마음과 생각에서 사람은 기왕에 실제로 타결되고 이행된 사실을 부끄럽게도 이제 와서 부인하곤 합니다. 이 명시적 언약 맺기는 하나님과 사람 사이에 진행되는 일의 한 도구이며, 그래서 믿음을 굳게 하는 데 나름대로 이롭습니다.

이 명시적 언약 맺기에 대해 우리는 1) 이것이 매우 정당하다고 인정되는 관행임을 설명하겠습니다. 2) 그렇게 하나님과 언약을 맺는 사람에게 요구되는 사전 준비사항이 뭔지 짤막하게 설명하겠습니다. 3) 사람이 어떻게 그 의무를 이행하는지 설명하겠습니다. 4) 그리고 그 후 어떤 과정이 뒤따라야 하는지 설명하겠습니다.

1) 명시적으로, 말로써 하나님과 언약을 맺는 건 정당성이 인정되는 관행이며, 의무의 한 부분으로서 꼭 필요합니다. 그 근거는 다음과 같습니다.

① 성경에서 믿음의 범위를 어떻게 한정하고 있으며 믿음을 어떻게 비유하고 있는지를 중심으로 그 구절에 함축된 의미를 유의해서 보면, 하나님께서는 여러 구절에서 그렇게 명시적으로 말할 것을 명령하셨고, 이를 사람들에게 하나의 의무로 남겨 두셨습니다. "한 사람은 이르기를 나는 여호와께 속하였다 할 것이며"(사 44:5). "내게 대한 어떤 자의 말에 공의와 힘은 여호와께만 있나니"(사 45:24). "네가 이제부터는 내게 부르짖기를 나의 아버지여 아버지는 나의 청년 시절의 보호자이시오니"(렘 3:4). "그들은 말하기를 여호와는 내 하나님이시라 하리라"(슥 13:9). "그날에 네

가 나를 내 남편이라 일컫고"(호 2:16). 이 밖에도 여러 구절에서 이같이 말합니다. 하나님께서 문자로 이렇게 명백하게 인간에게 명령하셨으므로, 사람은 이것이 하나님께서 정당성을 인정하시고 하나님께서 허용하신 관행이며 하나님을 기쁘시게 하는 일임을 납득할 수 있을 것입니다.

② 이렇게 명시적으로 하나님과 언약을 맺는 게 성경에서 인정된 성도의 관행이며, 성도는 나중에 그 의무에서 많은 위로를 발견합니다. 다윗은 하나님께 자주 명시적으로 말했습니다. 하나님이 자신의 하나님이시요, 자신의 분깃이며, 다윗 자신은 하나님의 종이라고 말입니다. 도마도 이 문제와 관련해 모든 의심을 버리고 확실히 관심을 표현했습니다. "도마가 대답하여 이르되 나의 주님이시요 나의 하나님이시니이다"(요 20:28). 네, 제 말씀은, 성도는 하나님과 자기 사이에 그런 식으로 진행된 일을 기억하면서 많은 위로를 받는다는 것입니다. "하늘에서는 주 외에 누가 내게 있으리요 땅에서는 주밖에 내가 사모할 이 없나이다"(시 73:25). "여호와여 내가 주께 부르짖어 말하기를 주는 나의 피난처시요 살아 있는 사람들의 땅에서 나의 분깃이시라 하였나이다"(시 142:5). 성경 아가에서도 이 같은 표현을 자주 봅니다. 자, 하나님께 가장 합당한 것이 하나의 의무에 이렇게 풍성히 담겨 있어 많은 경우 신자들에게 엄청난 평강과 만족을 주는데, 신약시대의 우리, 곧 영원한 나라에 들어감을 넉넉히 얻으며(벧후 1:11) 감람나무의 진액을 함께 받는 자들(롬 11:17)인 우리가 명시적 말로써 이렇게 공인된 방식으로 하나님과 교통하는 일에 뒤처져야 할까요? 다른 일들, 예를 들어 믿음·열심·오래 참음 같은 것을 증거하는 수많은 증언을 본받으려고 애쓰는 것처럼 이 일에서도 성경의 이 증언들을 본받도록 합시다.

③ 우리가 여기서 하는 말은 세상에서 가장 중요한 문제에 관한 이야

기입니다. "이는 너희에게 헛된 일이 아니라 너희의 생명이니"(신 32:47). 아, 사람은 다른 모든 중요한 일에서는 명시적이고, 솔직하고, 분명하고, 확정적 태도를 취하려 애쓰지 않습니까? 왜냐하면 그 일이 중요한 일이니까 말입니다. 더욱이 사람은 자기에게 가장 중요한 일에는 훨씬 확고부동하고 명확한 태도여야 하지 않을까요? 하나님과 언약 맺은 것을 자기 입으로 소리내어 밝히지 않을 뿐만 아니라 손으로 기록하여 단언하고 증명하지 않으며 성경이 보증하다시피 그리스도 안에서 하나님을 확실하게 자기 소유로 삼고 자기 자신이 하나님의 소유임을 확실히 하기 위해 자기가 할 수 있는 모든 일을 다 하지 않는 사람들이 많다는 게 저로서는 참 기이합니다. "한 사람은 이르기를 나는 여호와께 속하였다 할 것이며 또 한 사람은 야곱의 이름으로 자기를 부를 것이며 또 다른 사람은 자기가 여호와께 속하였음을 그의 손으로 기록하고 이스라엘의 이름으로 존귀히 여김을 받으리라"(사 44:5).

하나님과의 언약을 명시적으로 밝히는 일은, 이런 식으로 하나님과 언약 맺기를 강조하는 하나의 논점으로서 나름대로의 중요성을 지닙니다. 즉, 그리스도와 관계를 맺는 일, 그리스도와 실제적이고 정직하게 약속을 맺는 일은, 성도의 경험으로 볼 때 아주 빈번히 논쟁과 반론을 불러일으키는 일입니다. 그러므로 생각이든, 말이든, 행동이든, 할 수 있는 한 모든 방법을 동원해 핵심을 제시할 필요가 있었던 것입니다.

하나님과의 언약을 명시적으로 밝히기를 촉구하는 것은 이것을 하나의 의무로서 강조하기 위해서입니다. 하나님은 인간 구원과 관련된 모든 문제에서 아주 형식을 중시하시고, 명확하시며, 분명하시고, 법에 입각해 말씀하시는 분이시기 때문입니다. 바꿔 말하면, 그리스도는 기업을 무를 자(룻 3:9; 레 15:25)여야 했습니다. 구속의 권리가 그분께 속해 있어야 하는 것입니다. 그리스도는 선택되어, 부름받고, 권한을 부여받고, 보냄받아야 했습니다. 언약은 공식적으로 성부와 그리스도 사이에 맺어진 것으로, 성부께서 죄의 값을 지불받으시고 공식적으로 무죄방면해 주시되 이 모든 일을 명백하고 명시적으로 하셨습니다. 주님께서 이 일의 모든 면에서 그렇게 명시적이고 분명하고 확정적이실진대, 상대방인 우리가 혼란스러운 생각 가운데 머물며 그분 앞에 꿀 먹은 벙어리로 있어야 하겠습니까? 남자와 여자가 결혼한다고 할 때 여자 쪽에서 이 결혼에 마음으로 동의했고 남자 또한 이를 알더라도 여자가 그 마음을 말로 표현할 능력이 있음에도 이를 제대로 표현한 적이 없다면 이 결혼이 그걸로도 충분히 진행될 수 있다고 판단할 수 없습니다. 하나님과 사람 사이의 언약은 성경에서 남자와 여자의 결혼으로 표현됩니다. "내가 네게 장가 들어 영원히 살되 공의와 정의와 은총과 긍휼히 여김으로 네게 장가 들며 진실함으로 네게 장가 들리니 네가 여호와를 알리라"(호 2:19-20). "내가 하나님의 열심으로 너희를 위하여 열심을 내노니 내가 너희를 정결한 처녀로 한 남편인 그리스도께 드리려고 중매함이로다"(고후 11:2). 성경 아가는 처음부터 끝까지 이 결혼에 대해 이야기합니다. 주님께서는 비유를 사용하셔서 당신의 의도가 무엇인지를 우리에게 알려 주십니다. 즉, 아내 될 사람이 이 결혼에 명시적이고 분명한 동의 의사를 밝히는 것이 확실히 결혼의 특별한 필요조건이라는 것입니다. 남편 될 사람은 "이에 그대를 나의 합법적 아내로 맞이하여 남편으로서 본분을 다할 것을 약속한다"고 화답합니다. 아내 쪽도 이 결혼에 동의한다는 뜻을 명시적으로 밝히고 "나도 그대를 합법적인 남편으로 맞이하여 아내의 본분을 다하고 순종할 것을 약속한다"고 말해야 합니다. 그래서 주님께서는 말씀하십니다. "내가…진실함으로 네게 장가 들리니…네가 나를 내 남편이라 일컫고." 네가 "다른 남자를 따르지"(호 3:3) 않으면 나는 너에게 머리이자 남편이 될 것이라고 하십니다. 사람은 대답해야 합니다, '아멘'이라고 해야 합니다. 당신은 나의 하나님, 나의 머리, 나의 주님이 되시고 나는 당신의 소유일 것이고, 당신의 소유가 될 것이며, 다른 신을 따르지 않을 것이라고 말입니다. "나는 내 사랑하는 자에게 속하였고 내 사랑하는 자는 내게 속하였으며"(아 6:3). 이렇게 하나님과 언약을 맺는 것을 일컬어 '하나님께 손을 드린다'고 합니다. 무슨 말이냐면, "그런즉 너희 조상들같이 목을 곧게 하지 말고 여호와께 돌아와 영원히 거룩하게 하신 전에 들어가서 너희 하나님 여호와를 섬겨 그의 진노가 너희에게서 떠나게 하라"(대하 30:8)는 것입니다. 이는 아주 명시적, 공식적, 적극적으로 하나님과 계약을 맺는 것을 암시합니다. 그래서 우리는 이것이 우리에게 지워진 의무요 확실히 공인된 관행으로, 사람의 마음을 안심시키고 좀더 편안한 마음으로 하나님과 언약을 맺으며 "나는 너의 하나님이 되고 너는 나의 백성이 되리라"는 그 엄청나고 으뜸가는 약속에 담긴 하나님의 겸손과 하나님의 그 제안에 좀더 온전히 화답하는 데 이 관행이 꼭 필요하다고 결론을 내립니다.

사람은 자기 마음을 확정하기 위해 이렇게 명시적으로 그리스도 안에서 하나님과 언약을 맺을 수 있고, 때에 따라서는 이 구두 언약을 갱신할 수도 있습니다. 시험을 받아, 자기가 정말로, 그리고 진실하게 하나님과 언약을 맺었는지 의문이 생길 때 특히 그렇습니다. 이럴 때는 새로운 믿음의 행위로, 그리스도를 자기가 소원하는 분깃이요 보화로 알고 받아들여야 하며, 때에 따라서는 특히 이 문제와 관련해 어떤 의심이 남을 경우에는 '구두로', 그리고 명시적 언어로써 그 의혹을 종결시키고 "여호와를 향하여 말하기를 그는 나의 피난처요 나의 분깃"(시 91:2; 142:5)이시라고 말하는 게 좋을 수도 있습니다. 성경 속 성도들도 그렇게 하는 것을 볼수 있습니다. 우리는 그들을 본받을 수 있습니다. 특히 다음과 같은 경우에 말입니다.

① 크나큰 영적 퇴보가 있을 때 사람들은 보통 하나님과 언약을 새롭게 하는데, 우리도 그렇게 해야 합니다. 하나님과 화목케 하신다는 약속을 믿고 그리스도를 따라야 합니다. 그리스도는 그럴 때 우리의 평강이되시고 우리의 대언자가 되시기 때문입니다. 또한 죄를 범할 때도 우리는 그리스도를 그런 분으로 알아야 합니다. "만일 누가 죄를 범하여도 아버지 앞에서 우리에게 대언자가 있으니 곧 의로우신 예수 그리스도시라"(요일 2:1). 그리고 성도들이 공식적으로 언약을 갱신할 때 그러했듯 우리도 말로써 이 사실을 충분히 드러내야 합니다.

② 위험이나 난관을 만날 때, 혹은 예상될 때는 마음을 그리스도 쪽으로 향해 자신이 그분을 충실히 따르고 있음을 명시적으로 표현하여 마음을 안전하게 지키는 게 좋습니다. 가나안 땅에 정착해야 했을 때 여러 가지 덫 앞에서 여호수아도 그렇게 했습니다. "그러므로 이제는 여호와를 경외하며 온전함과 진실함으로 그를 섬기라 너희의 조상들이 강 저쪽과 애굽에서 섬기던 신들을 치워 버리고 여호와만 섬기라 만일 여호와를 섬기는 것이 너희에게 좋지 않게 보이거든 너희 조상들이 강 저쪽에서 섬기던 신들이든지 또는 너희가 거주하는 땅에 있는 아모리 족속의 신들이든지 너희가 섬길 자를 오늘 택하라 오직 나와 내 집은 여호와를 섬기겠노라 하니 백성이 대답하여 이르되 우리가 결단코 여호와를 버리고 다른신들을 섬기기를 하지 아니하오리니 이는 우리 하나님 여호와께서 친히우리와 우리 조상들을 인도하여 애굽 땅 종 되었던 집에서 올라오게 하시고 우리 목전에서 그 큰 이적들을 행하시고 우리가 행한 모든 길과 우

리가 지나온 모든 백성 중에서 우리를 보호하셨음이며 여호와께서 또 모든 백성과 이 땅에 거주하던 아모리 족속을 우리 앞에서 쫓아내셨음이라 그러므로 우리도 여호와를 섬기리니 그는 우리 하나님이심이니이다 하니라 여호수아가 백성에게 이르되 너희가 여호와를 능히 섬기지 못할 것은 그는 거룩하신 하나님이시요 질투하시는 하나님이시니 너희의 잘못과 죄들을 사하지 아니하실 것임이라 만일 너희가 여호와를 버리고 이방 신들을 섬기면 너희에게 복을 내리신 후에라도 돌이켜 너희에게 재앙을 내리시고 너희를 멸하시리라 하니 백성이 여호수아에게 말하되 아니니이다 우리가 여호와를 섬기겠나이다 하는지라 여호수아가 백성에게 이르되 너희가 여호와를 택하고 그를 섬기리라 하였으니 스스로 증인이 되었느니라 하니 그들이 이르되 우리가 증인이 되었나이다 하더라 여호수아가 이르되 그러면 이제 너희 중에 있는 이방 신들을 치워 버리고 너희의 마음을 이스라엘의 하나님 여호와께로 향하라 하니 백성이 여호수아에게 말하되 우리 하나님 여호와를 우리가 섬기고 그의 목소리를 우리가 청종하리이다 하는지라 그날에 여호수아가 세겜에서 백성과 더불어 언약을 맺고 그들을 위하여 율례와 법도를 제정하였더라"(수 24:14-25). 다윗도 곤경에 빠졌을 때 그렇게 합니다. "내 영혼이 주께로 피하되 주의 날개 그늘 아래에서 이 재앙들이 지나기까지 피하리이다"(시 57:1).

③ 하나님을 자기와 멀리 떨어져 계신 분으로 알며 자기 영혼이 점점 시들어 부패하고 있다 생각하는 사람은 진심으로 그리스도께 응하여 믿음으로 그분을 받아들여 자기 영혼을 지키는 게 가장 안전합니다. 그리고 이 일을 명시적으로 드러냄으로써 모든 의심을 벗어버리는 게 좋습니다. 이렇게 하는 게 뿌리이신 그리스도에게서 진액을 흡수해 영혼의 건강을 회복하고 주님 앞에서 마음을 확실히 하는 신속한 길입니다. 성경

아가의 그 여인도 이 같은 상황에서 이 방법으로 그분과의 관계를 단언하고, 그분이 자신이 사랑하는 분임을 고백하고 맹세했습니다.

④ 성찬을 거행할 때 사람은 이렇게 그리스도 안에서 성심으로 하나님께 응해야 하며 그 사실을 말로써 충분히 드러내고 표현해야 합니다. 성찬은 사랑을 나누는 잔치이기 때문입니다. 그때 그곳에서 우리는 그리스도 안에서 개별적으로, 그리고 공개적으로 하나님과 언약을 맺었다는 것을 엄숙히 고백하며, 그에 대한 인증을 받습니다. 그러므로 성찬 때는 마음과 입을 다 동원해 우리의 그 고백에 동의하고 화답하여 우리 자신을 하나님께 위탁하고 그분의 처분에 맡기는 게 바람직합니다.

하나님의 백성들이 이 의무를 행하는 데 때와 시기의 제한을 받는다고 말하지는 않겠습니다. 주님께서 자신의 뜻에 따라 사람들에게 이를 명하실 수는 있습니다. 한 가지 위험은, 하나님과 언약 맺은 것을 너무 자주 말로 표현함에 따라 이 일에 너무 형식적인 태도를 갖게 될 수도 있다는 점입니다. 그러므로 하나님과의 그 명시적 언약을 날마다 처음부터 끝까지 장황하게 갱신하는 것은 그다지 적절하지 않고, 다만 하나님과 맺은 언약을 고수한다는 사실, 그 언약을 계속 유지하고 있으며 그걸 무효로 하거나 취소하는 일은 절대 없으리라는 사실을 하나님께 밝히는 것 정도가 적당합니다. 또한 그리스도 안에서 하나님은 나의 하나님이라 주장함으로써 그 언약의 골자만을 넌지시 밝힐 수도 있습니다. 하나님과 대화를 할 때마다 자주 그렇게 해도 됩니다. 성경을 보면 이 일은 성도들이 일상 속에서 늘 하는 일로 정해져 있었던 것을 알 수 있습니다. 일상 속에서 늘 하나님을 자기 하나님이요 자신의 분깃으로 고백하며 그 하나님과의 관계를 단언하는 것입니다. 사람은 일상의 행보 가운데 그리스도 안에 계신 하나님을 마음으로 붙좇음으로써 이 일에 계속 마음을 두는 게 옳습니다. "내가 육체 가운데 사는 것은…하나님의 아들을 믿는 믿음 안에서 사는 것이라"(갈 2:20).

2) 두 번째는, 명시적으로 하나님과 언약을 맺으려는 사람에게 요구되는 사전 준비사항이 무엇인가 하는 것입니다. 사람이 그리스도 예수와 언약을 맺기에 앞서 예비되어 있어야 할 것으로 전에 언급한 것 외에 몇 가지 추가할 것은, ① 하나님과 명시적으로 계약을 맺고자 하는 사람은, 앞에서 설명했다시피 이 일이 하나님께서 정당하다 하시고 허용하신 일이라는 사실을 알아야 합니다. 이것을 알지 못하면 믿음으로 하나님과의 언약을 단언하지 못하며, 그래서 이는 하나님께 죄가 됩니다. "믿음을 따라 하지 아니하는 것은 다 죄라"(롬 14:23). ② 이 사람은 이 일에 마음을 다하려고 애를 써서, 입으로 하는 말과 모순되지 않도록 해야 합니다. 입으로 하는 말과 속마음이 다른 건 하나님을 크게 조롱하는 짓이 될 것이며, "입으로는 나를 가까이 하며 입술로는 나를 공경하나…마음은 내게서 멀리 떠"(사 29:13)나는 게 될 것입니다.

3) 명시적 언어로 하나님과 언약을 맺는 이 일에서 세 번째로 생각해 봐야 할 것은, 이 일을 어떻게 이행하고 해나갈 것이냐 하는 것입니다. 마음으로 그리스도와 언약을 맺는 것과 관련해 앞에서 이야기한 것 외에 몇 가지만 덧붙이겠습니다.
① 명시적 언어로 하나님과 언약을 맺으려는 사람은 '확신을 가지고' 이 일을 해야 합니다. 이 언약을 맺으면서 내가 내 의무를 행한다고 믿을 뿐만 아니라, 이렇게 형편없이 불완전한 방법으로나마 의무를 행하고 있는 것을 그리스도 예수 안에서 하나님께서 받아들여 주실 것이라 믿어야

합니다. 그 사람에게 "할 마음만 있으면" 하나님께서는 "있는 대로 받으실" 것입니다(고후 8:12). 가난한 과부가 바친 작지만 정성어린 돈을 주님께서 받으시는 것은, 그게 그 여인이 가진 전부였기 때문입니다(막 12:44). 더 나아가, 할 수만 있다면, 이 언약 맺기의 결말과 결과가 자기에게 위로가 되는 것으로 밝혀질 것이며 모든 게 다 만족스러울 것이라고 믿어야 합니다. 언약의 모든 내용을 보증하시는 하나님께서(왜냐하면 사람이 이 선택을 결심하게 하셨으므로) 어느 정도 그 사람을 적극적으로 만드시고, 이 일이 이 사람에게 중요한 의미가 있는 일인 만큼 끝까지 완료시켜 주실 것을 믿어야 합니다. "너희를 부르시는 이는 미쁘시니 그가 또한 이루시리라"(살전 5:24). 이런 확신이 부족하면 이 일은 많은 두려움과 의심으로 진행되든지 혹은 그보다 더 나쁜 상황이 될 것이며, 더 나아가 이 사람을 불안하게 만드는 일이 되어 버릴 것입니다.

② 명시적 언어로 하나님과 언약을 맺는 일은 '거룩하게' 이뤄져야 합니다. 이 언약은 "거룩한 언약"(눅 1:72), "다윗의 거룩한 은사"(행 13:34)라고 일컫습니다. 하나님과 명시적 언약 맺기의 모든 과정은 그냥 지나가는 일처럼 대충 진행되어서는 안 되고, 하나님께 드리는 특별한 말씀으로 이뤄져야 합니다. 주님께 이 일을 말씀드려야 합니다. "여호와여 내가 주께 부르짖어 말하기를 주는 나의 피난처시요…나의 분깃이시라 하였나이다"(시 142:5). 이 일은 상당히 중요한 일인 만큼 하나님 앞에 고백하고 간구하는 시간을 따로 갖는 게 옳습니다. 그리고 그렇게 하나님과 언약을 맺는 사람은 하나님의 크심과 하나님의 주권에 대해 깊이 이해하도록 노력해야 합니다. "주 여호와여 이러므로 주는 위대하시니 이는 우리 귀로 들은 대로는 주와 같은 이가 없고 주 외에는 신이 없음이니이다"(삼하 7:22). 하나님을 이렇게 높고 거룩한 분으로 생각하면 사람은 당연히

자기를 낮추고 자기를 보잘것없이 여길 것입니다. 그래서 비록 하나님께서 이렇게 "스스로 낮추사 천지를 살피"(시 113:6)실지라도, 그리고 그 높은 위엄 앞에 들어가는 것을 허락받았을지라도 "다윗 왕은 여호와 앞에 들어가 앉아서 이르되 주 여호와여 나는 누구이오며 내 집은 무엇이기에 나를 여기까지 이르게 하셨나이까"(삼하 7:18)라고 말했습니다. 하늘의 크신 하나님, 그 아들 그리스도에게 연합하는 것, 하나님과 그리스도와 연합하는 것은 작은 일이 아닙니다. 그래서 다윗은 사울 왕이 자신에게 딸을 주었을 때 이렇게 말했습니다. "왕의 사위 되는 것을 너희는 작은 일로 보느냐 나는 가난하고 천한 사람이라"(삼상 18:23). 네, 더 나아가 하나님과 언약을 맺는 일에는 특별한 감시와 경계가 있어, 마음이 늘 신령함을 유지할 수 있게 해야 합니다. 이 의무를 이렇게 거룩한 태도로 이행해야 하는 데는 중요한 이유가 있습니다. 사람은 언제라도 자기 자신을 착각할 수 있고, 자기가 만들어 낸 환상에 따라 주님을 생각하며, 주님과 언약을 맺는 이 일이 아가에서 보는 것처럼 남녀가 결혼하여 부부가 되는 일에 비유되어 온통 사랑을 표현하는 일상 언어로 제시된 까닭에 사람이 이 일을 언제라도 육적인 일로 만들어 버릴 수 있기 때문입니다.

4) 네 번째로 우리가 이야기할 것은, 하나님과 이렇게 명시적으로 언약을 맺는 일에 어떤 결과가 따르냐는 것입니다. 즉, 믿음의 결과로 그리스도 안에서 하나님과 연합하고 교통하는 것 외에, 사람이 말로써 명시적으로 하나님과 언약을 맺으면 어떤 일이 생기는가 하는 것입니다.

① 이 사람은 그 순간부터 모든 행실에서 하나님과의 언약을 지키려고 눈에 띄게 노력합니다. 하나님과 명시적 언약을 맺은 사람에게 어울리지 않는 어떤 일을 할 경우, 하나님 앞에서 자기 말이 거짓임을 입증하게 되

고, 이는 그의 양심에 큰 고통을 끼칠 것이며, 하나의 덫이 될 테니 말입니다. 하나님과 명시적 언약을 맺은 후로 사람이 하나님을 버리고 자기 마음대로 자기 태도를 정한다면 이는 "거룩한 것으로 구별하겠다고 서원해 놓고 나중에 따져보고 삼키는"(잠 20:25) 행위입니다. 그 사람은 자기 자신의 것이 아니고, "여호와를 향하여 입을 열었"(삿 11:35)기 때문입니다.

② 명시적으로 하나님과 언약을 맺은 사람은 그 결정과 결단을 확고히 유지해야 합니다. 마음으로 하나님과 언약을 맺었고 입으로 그 사실을 하나님 앞에 엄숙하게 재가하고 확인한 사람이 스스로 이와 모순되는 행동을 하고 어떤 것이든 이와 모순되는 걸 용인한다면 이는 그 사람에게 수치입니다. 이 사람은 모든 대적 앞에서 자기가 약속한 사실을 담대히 주장해야 할 것입니다.

이제, 하나님과의 관계라는 이 문제에서 자기 태도를 확고히 하고자 하는 그대에게 한 가지 간청하는 것은, 형편이 닿는 한 최선을 다해 하나님 앞에 기도하는 시간을 따로 정해 두고, 마음을 모아서 진지하고 뜨겁고 신실하게 그 의무를 행하여, 명시적인 말로 하나님과 언약을 맺고, 계약을 맺으라는 것입니다. 다음과 같은 방식으로 말입니다.

여호와여, 저는 본성적으로, 그리고 헤아릴 수 없이 많은 실제적 범죄로 길 잃고 타락한 피조물이니, 이날 주님 앞에 특별히 이를 고백하나이다. 가시적 교회 안에서 태어나 어머니의 태 속에서부터 주님과 언약을 맺었고 세례로써 그 언약이 저에게 인 쳐졌음에도 저는 저의 의무가 뭔지 분별하지 못하고 알지도 못한 채, 그 언약 덕분에 세상에서 하나님 없이 오랜 시간 살았습니다. 그런 저를 주님께서 마침내 발견하시고, 본디 비참하기 그지없는 저의 상태를 제 마음에 각인하시고, 하나님께서 그리스도 예수로써 마련하신 그 확실한 구제책을 제 마음에 밝혀 주사 제가 그 구제책을 기꺼이 받아들이고 그리스도 안에 계신 하나님이신 당신과 언약을 맺는다는 조건으로 그 구제책을 값없이 제게 주시며 제가 극한 위험에 처해 있을 때 이 제안을 받아들여 그리스도 예수께 피할 수 있음을 보증해 주시고 또 그렇게 할 것을 명하셨습니다. 두렵거니와 이제 하나님께서는 주권적으로 제 마음을 정해 주시고 그리스도 예수의 형상을 본받게 하셨으며 복음의 제안을 따라 그분을 따르게 하시고 살아 계신 하나님께 다가가 언약을 맺게 하시고 그 어떤 속임수도 없이 하나님의 제안에 순종하게 하셨습니다. 그리하여 제가 이 문제와 관련해 태도를 확고히 할 수 있게 하시니 이것이 제게 위로가 되고 주님의 영광스러운 은혜를 찬미하게 하나이다.

그러므로 제가 이날 하나님의 뜻에 따라 하나님 앞에 제 입으로 그 언약을 확실히 하여 이 문제와 관련해 모든 의문을 일소하고자 이 자리에 있나이다. 비록 아무 쓸모없는 자이지만 하나님 앞에 단언하옵는 것은, 그리스도 예수 곧 예루살렘에서 죽임당하신 분이 하나님의 아들이요 세상의 구주이심을 제가 믿는다는 것입니다. 그리스도 안에, 오직 그리스도 안에만 사람을 위한 영원한 생명이 있다는 그 말씀을 제가 믿나이다. 제가 이날 그리스도 예수로 죄인을 구원한다는 그 방식을 제 마음으로 흡족해하고 묵묵히 순종하며, 제 영혼을 그리스도께 의탁합니다. 그리스도를 통한 하나님과의 화목을 받아들이며, 그리스도 안에 계신 내 하나님으로서 하나님께 가까이 다가갑니다. 그리스도의 전 존재 그대로, 그리고 그리스도에게 수반되는 그 모든 것과 함께 그리스도를 원하고, 저 자신과 저의 전 존재, 혹은 제가 가진 모든 것을 하나님께 맡기며, 하나님께 가증스러운 그 모든 것, 제가 아는 한 모순되는 것, 의도적으로 역행하는 것과는 예외없이, 무조건 절연하게 되기를 소원합니다. 여기 저의 손을 하나님께 드리오며, 저에 관해 증거하는 모든 것들, 즉 제가 어떤 사람이든, 지금까지 어떤 사람이었든 있는 대로 증명하는 모든 말을 그대로 인정하며, 그리스도 예수를 통해 하나님께서 제안하시는 평강을 받아들입니다. 그리고 이날 하나님과 더불어 절대 번복할 수 없는 확실한 언약을 맺으니, 하나님께서 저에게나 하나님에게나 언약의 모든 부분이 확실히 밝혀지게 하기를 바라오며, 또 제가 구원받기를 바라는 만큼, 제 모든 부패한 모습이 억제되며 모든 일에서 제 목에 하나님의 부드러운 멍에가 메이며, 이 목적을 위해 하나님께서 제게 혹은 저와 더불어 무슨 일을 하시든 기쁘게 묵종할 수 있게 해주시기를 간절히 청하옵니다.

영광이 하나님께 있사오니, 아버지께서는 그 구원의 방책을 마련하시고 이를 이루기 위해 아들을 보내셨나이다. 영광이 또한 그리스도 예수께 있는 것은, 그토록 비싼 값을 치르고 아버지의 품에서 나오는 그 사랑을 사셨으니, 오직 그리스도 예수만을 통해 그 사랑에 다가갈 수 있고, 그리스도 안에서만 제가 하나님과 화목하며 영광스럽게 그분과 연합하여 이제 더는 하나님의 원수도, 나그네도 아니옵니다. 영광이 또한 성령께 있는 것은, 제가 저 자신을 파멸시키고 있을 때 경종을 울려 주셨고, 제가 위험에 처해 있음을 납득시켜 주셨을 뿐만 아니라 제 눈을 열어 주사 그리스도 안에서 주어진 해결책을 보게 해주셨습니다. 또한 저의 사악한 마음을 설득하시고 마음을 정해 주사 저의 삶을 풍요롭게 하시는 보화이신 그리스도와 사랑에 빠지게 하셨습니다. 그리고 이날 하나님과 언약을 맺는 법, 다윗이 누린 모든 확실한 자비와 아브라함이 받은 복을 저의 것으로 삼는 법을 가르쳐 주사 하나님의 은총과 하나님과의 교제를 영원히 보장받게 하셨습니다. 이제 저의 영혼과 마음과 머리, 그리고 저의 전인(全人) 등, 할 수 있는 한 모든 것을 다하여 이날 저의 선택을 이후로 묵묵히 따르며 저 자신의 것이 아니라 하나님의 소유로서 살기를 결단합니다. 그리고 무엇이든 저에게 중요한 일에 대한 염려는 다 저의 머리이시요 주님이신 하나님께 맡길 것입니다.

겸손히 부르짖나니, 제 편에서(하나님도 아시다시피 저의 결단에 반하여) 부족한 점이 있다 하여 이 언약을 무효로 돌리지는 마옵소서. 이는 하나님께서 그렇게 말씀하신 까닭이며, 저는 그 말씀을 오용할 생각이 아니라 그만큼 하나님께 더 가까이 붙어 있고자 함입니다. 저는 필요할 때마다 이 언약을 갱신하고, 실증하며, 핵심 내용을 발췌할 자유가 있어야 합니다. 하나님께서 이 계약에 동의하셨다는 사실이 성경에 기록되어 있음을 저는 알고 있습니다. 그래서 이 언약과 그 의미를 새로 알릴 필요는 없을 것입니다. 그리고 저는 하나님의 제안을 하나님께서 제시하신 조건으로 받아들였으므로 이제 선한 결과를 기다릴 것이며 종국에는 하나님의 구원을 기다릴 것입니다. 하나님은 신실하신 분이므로 이 언약과 관련한 저의 행실에 서투른 부분이 있었다면 용서하여 주시고, 친절하신 주 예수님 안에서 저를 받아들여 주시옵소서. 오직 주 예수님 안에서만 사하심을 바라옵나이다. 이에 대한 증거로 저는 하나님이 참되시다는 인을 쳐서(요 3:33), 하나님을 능력 있는 구원자로 선언할 것입니다.

많은 말로든 적은 말로든 하나님께서 마음 내키게 하시는 대로 하나님과 언약을 맺도록 합시다. 우리는 어떤 사람을 향해 어떤 정확한 형식의 말을 하려는 게 아니기 때문입니다. 다만 우리 자신이 본디 잃어버린 바 된 상태임을, 구원은 오직 그리스도로써만 얻을 수 있음을 하나님 앞에서 인정하는 게 바람직합니다. 또한 복음에 제시된 그대로 그리스도를 받아들임을 선언하고, 감사하는 마음으로 그분께서 주시는 구원에 만족하고 안식하면서, 앞으로 자기 자신을 전적으로 하나님께 의탁하고, 하나님의 신실하심에 따라 그분의 방식으로 구원받기를 기다리는 게 옳습니다.

사람이 진심으로, 그리고 성실하게 이 일을 행하면, 하나님의 은혜로 많은 두려움과 의심에 맞서 자기 태도를 확실히 하는 데 도움이 될지도 모릅니다. 그리고 이 사람에게는 이날 이 시간부터 어떤 선한 일이 시작될지도 모르고, 훗날 어둠 가운데 넘어질 때나 어쩌면 죽음을 앞두고 많은 실패가 우리의 얼굴을 정면으로 응시할 때 그 선한 일이 우리에게 위로가 될지도 모릅니다. "이는 다윗의 마지막 말이라…내 집이 하나님 앞에 이같지 아니하냐 하나님이 나와 더불어 영원한 언약을 세우사 만사에 구비하고 견고하게 하셨으니 나의 모든 구원과 나의 모든 소원을 어찌 이루지 아니하시랴"(삼하 23:1, 5). 사람이 하나님께 '주님께서 어느 날 어느 시 어떤 장소에서 제가 그리스도를 통해 주시는 화평을 받아들이고 제 마음을 주님께 드려 그 마음 위에 주님의 율법을 단 하나의 예외도 없이 다 기록하였음을 천지가 증거하나이다'라고 말할 수 있고 호소할 수 있다면 더욱 그러할 것입니다. "주의 종에게 하신 말씀을 기억하소서 주께서 내게 소망을 가지게 하셨나이다"(시 119:49).

반론. 저는 하나님께 감히 그런 말을 하지 못하겠습니다. 왜냐하면 제 마음이 애착이나 진지함 면에서 그 정도 수준에 이르지 못하기 때문입니다. 그런 상태에서 하나님과 그런 식으로 언약을 맺다가는 하나님께 거짓말을 할 수밖에 없을 것입니다.

답변. 사람의 마음이 강도 높은 소원과 애정으로 그 복된 제안과 분깃을 포용하고 환영하지 않는다면 이는 나중에 후회할 일로 남을 것입니다. 그래도 위의 반론에 답변하자면, 다음과 같은 사실을 기억하십시오.

1. 주님께서 새 마음을 주사 그리스도의 형상을 이루게 하시는 사람이라고 해서 그 안에서 온 마음이 다 새로워지지는 않습니다. "육체의 소욕은 성령을 거스르고 성령은 육체를 거"슬러 둘이 서로 대적하기 때문에 사람이 선이나 악을 행하고자 해도 자기가 원하는 만큼 마음껏 행하지 못합니다(갈 5:17). 자기 마음 대부분이 그리스도를 좇으며 그분이 제시하는 조건에서 그분과 언약 맺기를 소원한다면 그 정도로도 좋습니다.

2. 사람의 마음에는 그리스도 예수께 대한 이성적 사랑이 있어, 그분의 명령을 존중하는 것으로 모습을 드러냅니다. "하나님을 사랑하는 것은 이것이니 우리가 그의 계명들을 지키는 것이라 그의 계명들은 무거운 것이 아니로다"(요일 5:3). "내가 사랑하므로 병이 생겼음이라"(아 2:5)는 말씀이 있다시피, 영혼으로 하여금 병을 앓게 만드는 사랑, 지각할 수 있을 정도로 우세한 사랑이 없는 경우엔 자기 안에서 언제라도 즉각 그 사랑을 찾을 수 있기를 기대해서는 안 됩니다. 이 경우, 마음이 다소 주춤거리더라도, 그리스도가 없으면 나는 잃어버린 바 된 상태임을 확신한다고 말할 수 있다면, 나에게는 죄책을 덮어 가려 줄 의가 없으며, 죄에 맞설 수 있는, 혹은 하나님 앞에서 그분을 기쁘시게 하는 일을 할 능력이 없다고 말할 수 있다면, 그리고 그리스도 안에서 충만함을 본다고 말할 수 있다면, 그리고 이와 관련해 내 안에는 그리스도께서 제시하신 조건으로 그리스도를 기꺼이 끌어안으려는 마음, 칭의를 위한 의와 성화되기 위한 능력 두 가지를 다 갖고자 하는 마음이 어느 정도 있다고 말할 수 있다

면, 내 안에 이런 소원과 상충하는 부분이 있다는 게 나로서는 어느 정도 짐이자 속박이라고 말할 수 있다면, 그렇다면 그대의 마음은 하나님께 충분히 용인될 만한 범위 안에 있습니다. 그러니 가서 의무를 이행하십시오. 하나님과 언약을 맺음으로써 문제를 해결하십시오. 그리고 입으로 소리 내어 말하십시오. "공의와 힘은 여호와께만 있나니"라고. 주님께서 다음과 같이 그대에 대해 말씀하신 것처럼 말입니다. "내가 나를 두고 맹세하기를 내 입에서 공의로운 말이 나갔은즉 돌아오지 아니하나니 내게 모든 무릎이 꿇겠고 모든 혀가 맹세하리라 하였노라 내게 대한 어떤 자의 말에 공의와 힘은 여호와께만 있나니 사람들이 그에게로 나아갈 것이라 무릇 그에게 노하는 자는 부끄러움을 당하리라"(사 45:23-24). 내 안에 많은 불신앙이 있고 그래서 마음이 나뉠 때는 "내가 믿나이다 나의 믿음 없는 것을 도와주소서"(막 9:24)라고 하나님께 말씀드리는 것이 성경을 따르는 것입니다. 마찬가지로, 자기 마음의 상황이 어떤지 하나님께 알리십시오. 그래서 하나님 앞에 거짓이 없도록, 하나님께 아무것도 숨기는 게 없도록 하십시오. 자기 마음을 있는 그대로 하나님의 손에 드려, 언약에 따라 하나님의 법이 그 마음에 기록되게 하십시오. 사람이 자기 마음을 하나님께 드려 하나님의 온전한 뜻을 단 하나의 예외도 없이 그 마음에 새기실 수 있게 하는 것이 하나님께서 사람들에게 구하시는 바이기 때문입니다. 그리고 진심으로 그에 동의하여 그리스도의 보혈을 인간의 죄에 대한 충분한 속전이요 속죄로 생각한다면, 가서 명시적으로 하나님과 언약을 맺을 수 있습니다. 그대의 마음과 정서는 이미 그 일에 착수했으니 말입니다.

반론. 저는 제가 하나님과의 언약을 파기하지 않을까 해서 감히 그런 식으로 하나님과 언약을 맺지 못하겠습니다. 어떤 시험 거리가 생겨 이렇게 저렇게 상황을 설명하며 유혹하면 저는 그 앞에 넘어져 그 말을 따를 게 분명합니다. 그러므로 그렇게 될 것을 뻔히 알면서 하나님과 언약을 맺는 건 제가 받을 심판을 가중할 뿐입니다.

답변. 1. 그대는 가시적 교회의 일원이므로 이미 하나님과 언약을 맺는 길에 접어들었습니다. 지금 그대에게 촉구하는 것은, 좀더 진심으로, 성실하게, 구체적으로, 그리고 명시적으로 하나님과 언약을 맺고 하나님께 응하라는 것입니다. 이미 그대에게는 그리스도 안에서 하나님께 응할 의무가 있으며, 마음을 다해 그렇게 할 경우, 지금 그렇게 한다고, 혹은 그렇게 했다고 명시적으로 말하면 그대가 걱정하는 그런 위험은 그렇게 크지 않을 것입니다.

2. 그리스도 안에서 성실하게 하나님께 응하기를 거절하고 그대에게 제시되는 하나님의 평강을 받아들이지 않는다면 도대체 어떻게 할 것입니까? 구원의 다른 수단은 없습니다. 이대로 하든지 아니면 영원히 멸망당하든지 둘 중 하나입니다. 마음을 다해 이대로 한다면 입으로도 그렇게 말할 수 있을 것입니다.

3. 나중에 분명히 죄를 지을 것이기 때문에 하나님과 언약 맺기를 두려워한다면 하나님과 언약 맺을 사람이 하나도 없을 것입니다. 언약을 맺은 뒤 길든 짧든 계속 삶이 이어진다면 누구나 다 죄를 지을 게 분명하기 때문입니다. 그리고 사람이 실족하지 않게 해주는 안전장치로서 이 방법 말고 다른 건 없다는 걸 우리는 알고 있습니다. 정직한 태도로 하나님과 언약을 맺으면 하나님께서 그 사람에게 새 마음을 주실 뿐만 아니라 하나님에 대한 두려움과 하나님의 율법을 그 마음에 심어 주시고, 성령을 부어 주사 그 사람이 하나님의 길로 행하게 하십니다. 하나님과 언

약을 맺을 때 그대는 자기 자신을 하나님께 드려, 성결케 되고 그분의 뜻에 순종하게 됩니다. 이는 하나님의 도를 지키고 악을 피하겠다고 사람 편에서 공식적으로 약속하는 것이라기보다 만사에 하나님의 길로 인도를 받겠다고 자기 자신을 내어드리는 것입니다. 그러므로 언약을, "네가 얼마나 오랜 후에야 정결하게 되겠느냐"(렘 13:27)는 말씀을 두려워할 필요가 없습니다. 하나님과 언약 맺기를 두려워하는 모든 이는, 그렇게 두려워함으로써 자신은 정결케 되기를 바라지 않는다고 선언하는 것과 마찬가지입니다.

4. 어떤 시험 거리가 생겨 이렇게 저렇게 상황을 설명하며 유혹하면 나는 필연 범죄하고 말 거라고 확신있게 말하기란 어려운 법입니다. 나에게 시험이 틈타지 못하게 하나님께서 지켜 주실 것이라거나 감당할 능력을 벗어나는 시험은 당케 하시지 않든지 혹은 피할 길을 주실 것이라 믿기 때문입니다. "하나님은 우리의 피난처시요 힘이시니 환난 중에 만날 큰 도움이시라"(시 46:1). "사람이 감당할 시험밖에는 너희가 당한 것이 없나니 오직 하나님은 미쁘사 너희가 감당하지 못할 시험 당함을 허락하지 아니하시고 시험 당할 즈음에 또한 피할 길을 내사 너희로 능히 감당하게 하시느니라"(고전 10:13). 그러므로 문제는, 내가 나중에 할지도 모르는 어떤 행동이 아니라 지금 무엇을 결단할 것이냐 하는 것입니다. 너는 속임수를 쓰고 있다, 너는 나중에 죄를 저지를 생각이다, 라고 내 마음이 나를 고발한다면, 하나님과 언약을 맺기 전에 그 속임수를 내려놓아야 합니다. 그러나 나에게 그런 의도가 있다고 내 마음이 나를 비난하지 않는다면, 나는 모든 죄를 대적하기로 결단한다고 용기내어 말할 수 있습니다. 이런저런 시험 앞에 넘어지고 말 거라는 생각이 든다 해도, 그 생각은 죄를 대적하겠다는 그 결단, 주님께서 허용하시고 승인하신 그 결

단에서 나오는 생각이 아니라 나 자신의 부패함을 아는 데서 나오는 생각, 하나님을 진노케 해 나를 버리게 만들기 위해 내가 어떤 일을 저질렀는지 알기 때문에 하는 생각입니다. 하지만 주님께서는 아십니다. 내가 범죄하지 않기로 결단했다는 것, 그런 죄 쪽으로 마음이 기울어지려는 은밀한 성향을 허락하지 않을뿐더러 그런 경우 죄에서 보호받는 것을 나에게 주어진 독특한 은혜로 여기기로 결단했다는 것을 말입니다. 그리고 내 안에 있는 사망의 몸, 나를 위협해 범죄하게 만드는 그 사망의 몸 때문에 나 자신을 곤고한 사람으로 여기기로 결단했음을 말입니다. 그런 경우 나는 이렇게 말합니다. "만일 우리 마음이 우리를 책망할 것이 없으면 하나님 앞에서 담대함을 얻고"(요일 3:21). 그대에게 말합니다. 상황이 이럴 경우, 나중에 여러 가지 면에서 실족할지라도, 그 실족으로 말미암아 일시적으로 지독한 타격을 받고 한동안 하나님께 대한 사랑을 표현하지 못할지라도, 그래도 그대를 사해 달라고 아버지께 탄원하실 "대언자"가 계십니다(요일 2:1). 우리가 약속을 불이행한 대가를 이 대언자께서 치르십니다. "그가 찔림은 우리의 허물 때문이요 그가 상함은 우리의 죄악 때문이라 그가 징계를 받으므로 우리는 평화를 누리고 그가 채찍에 맞으므로 우리는 나음을 받았도다 우리는 다 양 같아서 그릇 행하여 각기 제 길로 갔거늘 여호와께서는 우리 모두의 죄악을 그에게 담당시키셨도다"(사 53:5-6). 그리고 그분 때문에 하나님께서는 사람이 범죄한 뒤에도 사람과 한 언약을 굳게 유지하기로 결단하십니다. "만일 그의 자손이 내 법을 버리며 내 규례대로 행하지 아니하며 내 율례를 깨뜨리며 내 계명을 지키지 아니하면…그러나 나의 인자함을 그에게서 다 거두지는 아니하며 나의 성실함도 폐하지 아니하며 내 언약을 깨뜨리지 아니하고 내 입술에서 낸 것은 변하지 아니하리로다 내가 나의 거룩함으로 한 번 맹세하였은즉"(시 89:30-35). 성경 다른 곳에서 주님은 또 이렇게 말씀하실 수 있었습니다. "내가 네게 장가들어 영원히 살되"(호 2:19). "내 집이 하나님 앞에 이같지 아니"할 때조차도 언약에서 위로를 얻는다는 근거가 없다면 어떻게 언약에 대해 "하나님이 나와 더불어 영원한 언약을 세우사 만사에 구비하고 견고하게 하셨"(삼하 23:5)다고 말할 수 있겠습니까?

실로, 하나님과 이 언약을 맺은 사람이 다시 그분을 떠나 자신에게 그 언약을 무효로 만들고 그 언약을 맺기 전보다 더 못한 상태로 자기 자신을 몰아넣는다면 이 언약은 행위 언약보다 나을 게 없습니다. "내가 그들에게 복을 주기 위하여 그들을 떠나지 아니하리라 하는 영원한 언약을 그들에게 세우고"(렘 32:40). 이 말씀을 히브리서 8장 6절과 비교해 보십시오. "그러나 이제 그는 더 아름다운 직분을 얻으셨으니 그는 더 좋은 약속으로 세우신 더 좋은 언약의 중보자시라." "나는…미워하노라"(말 2:16). 정직한 사람이라면 이 말씀에 걸려 넘어지지 않을 것입니다. 오히려 이 말씀에 더 힘을 받고 본분을 다하게 될 것입니다. "내가 그들의 반역을 고치고 기쁘게 그들을 사랑하리니 나의 진노가 그에게서 떠났음이니라…누가 지혜가 있어 이런 일을 깨달으며 누가 총명이 있어 이런 일을 알겠느냐 여호와의 도는 정직하니 의인은 그 길로 다니거니와"(호 14:4, 9). 성실한 아내는 이혼에 대한 두려움, 죽음이라는 징벌에 대한 두려움 외에, 두 사람을 묶는 끈과 연대를 위해 아내의 본분을 다하지 않을 수 없습니다. 마찬가지로 이 문제에서 사람도 "여호와를 경외하므로 여호와와 그의 은총으로 나아"(호 3:5)갑니다.

반론. 성찬식 때나 다른 어떤 경우에 저는 명시적으로, 그리고 말로써 하나님과 언약을 맺습니다. 그러나 하나님의 길로 행하는 일에 아무 열매가 없고, 제가 은혜 상태에 있는지에 대해 자꾸 의심이 생겨서 내가 정말 진실하게 하나님과 언약을 맺은 것인지 묻게 됩니다. 게다가 또 기회가 주어져도 달리 어떻게 하지 못할 거라고 생각합니다.

답변. 1. 그리스도께 피하여 그분 안에서 하나님과 명시적으로 언약을 맺은 직후 자기의 욕구에 따라서 열매를 기대하거나 하나님의 은혜에 대한 완전한 확신을 기대해서는 안 됩니다. 그런 기대를 갖다가는 평생을 애써야 할 것입니다. 성경 속 성도들은 그리스도 안에서 아주 진지하고 성실하고 명시적으로 하나님과 언약을 맺은 뒤에도 실족했고 부족한 모습을 보였으며 위험한 불신앙이 한 번씩 격발할 때마다 배역할 때가 많았습니다.

2. 자기가 가는 길에서 열매를 바라고 신앙이 든든히 서기를 바라되 주 예수의 영을 의지해서가 아니라 하나님과 언약을 맺을 때 자신의 성실성에 근거해서 그런 소원을 품는 이들이 많습니다. 이들은 그리스도 예수라는 복된 뿌리가 아니라 자기의 정직함과 결단에 집착합니다. 그리스도가 아니면 우리는 아무것도 할 수 없고, 최고의 상태에 있을지라도 전적으로 무가치한 존재인데 말입니다. 사람이 기억해야 할 것은, 어떤 하나의 은혜가 그다음 단계의 어떤 은혜를 낳지는 않는다는 사실입니다. 더 나아가 여호와의 팔이 아니면 그 무엇도 은혜로운 일을 이룰 수 없습니다(사 53:1). 사람이 그리스도를 향하고자 하고 그리스도와 언약 맺는 것을 절대적 의무로 알고 결과가 어떠하든 합당한 열매를 위해 그분만을 바라본다면, 이 사람에게는 상황이 잘 되어 나갈 것입니다. 사람이 그리스도와 언약에 관심 갖기를 거부할 생각으로 자기에게 과연 그런 열매와 확고한 신앙이 뒤따르는지 확인하고, 이 정도 시간이 흘렀으니 이러이러

한 열매가 나타나야 한다고 확인하는 한 하나님께서는 사람이 그리스도께 의지하고 그리스도와 언약 맺는 것을 한동안 기뻐하지 않으십니다. 이는 하나님의 도를 시험하는 것이고, 하나님을 매우 불쾌하게 만드는 행동입니다. 사람은 절대적으로 그리스도께 응하고 그분과 언약을 맺어서, 이에 어떤 일이 뒤따르든 이런 일들이 자기 의무요 신앙의 열매를 손에 넣는 신속한 길이라 주장하기로 결단해야 합니다. 이들은 자기 안에 증거를 갖고 있으니, 만사에 하나님의 계시된 뜻을 따르기로 진지하게 계획하며 그 목적을 위해 하나님과 언약을 맺었다는 것입니다. 그리하여 구원받는 것은 물론이고 말입니다.

3. 사람은 자기가 입증할 수 있지 않은 한, 혹은 대단한 근거가 있지 않은 한 하나님과 언약을 맺을 때 자신의 진실성에 쓸데없이 의문을 품어서는 안 됩니다. 하나님과 언약을 맺는 일에 어떤 속임수나 거짓이 발견되면 언약 맺기를 거부하고 이 속임수나 거짓을 바로잡아야 하며, 속임수 없이 정직하게 하나님과 언약을 맺어야 합니다. 그러나 언약을 맺을 당시 자기에게 있는 속임수나 거짓을 전혀 눈치채지 못한다면, 그날 하나님을 정직하게 대하게 해달라고 하나님께 호소했으며 하나님을 기만할 의도는 전혀 없었다고 말할 수 있다면, "하나님이여 나를 살피사 내 마음을 아시며 나를 시험하사 내 뜻을 아옵소서 내게 무슨 악한 행위가 있나 보시고 나를 영원한 길로 인도하소서"(시 139:23-24)라는 말씀처럼, 나의 태도에 어떤 비뚤어진 부분이 있는지 찾아보고 시험하시며 만약 그런 부분이 발견되면 고쳐 달라고 하나님의 신실하심을 의지해 간청했으며 그 후에 '자신의 행위가 드러날 수 있도록 빛으로 갔다면'(요 3:20), 그리고 자기가 이해할 수 있는 한, 말씀을 통해 내게 온 하나님의 답변이 화평을 이루는 답변이요 나의 진실성을 확증해 주는 답변이었다 말할 수

있다면, 더 나아가 삶과 죽음을 걸고 다시 하나님과 언약을 맺어야 한다고 할 때 전과 다른 어떤 방법으로는 할 수 없고 전보다 더 성실하고 진지하게 할 수도 없다고 감히 말할 수 있다면, 그렇다면 내가 주님의 이름으로 그대에게 말하니, 하나님과 언약을 맺을 때의 자신의 성실성에 의문을 품어서는 안 되며, '그대의 마음이 그대를 책망할 것이 없으니 하나님 앞에서 담대함을 얻고'(요일 3:21), 하나님은 "완전한 자에게는 주의 완전하심을 보이시며 깨끗한 자에게는 주의 깨끗하심을 보이시"(시 18:25-26)는 분이심을 믿어야 합니다. 사람이 정직하게 행할 생각을 품으면 하나님께서는 그가 하나님을 기만하는 일을 겪게 하지 않으실 것입니다. 네, 주님께서는 어느 누구도 하나님을 기만하는 일을 겪게 하지 않으십니다. 그 사람에게 하나님과 사람들을 기만할 의도가 없는 한 말입니다.

4. 그러므로 열매가 없는 것은 그대의 부주의함과 그대의 불신앙 탓으로 돌리십시오. 완전한 확신이 없는 것은 불신앙이라는 악한 마음 탓으로 돌리십시오. 불신앙의 그 악한 마음이 사탄의 도움을 받아 영광스럽고 값없는 하나님의 은혜에 대적하는 행위를 하게 만듭니다. 그러니 열매나 확신이 없는 것을 그리스도와 언약을 맺을 때 진실함이 없었던 탓으로 돌리지 마십시오. 그리고 이후로는 그리스도와의 언약을 철저히 지키기로 결단하십시오. 그러면 많은 열매를 맺게 될 것입니다. 그리고 많은 열매로써 그대는 성령의 증거 앞에 자신을 내보이게 될 것이며, 성령께서는 그대가 성실하고 정직하게 하나님과 언약을 맺었으며 그대의 그 외 공로들은 하나님 안에서 이뤄진 것들이요 하나님의 인정을 받은 것들임을 그대의 영과 더불어 증언하실 것입니다. 이렇게 성령과 물과 피의 증언이 어우러지면(요일 5:8), 그 위에 자기 영혼과 양심의 무게를 내려놓아야 합니다. 오직 거기에만 자기의 모든 죄, 그리고 최선의 모습 가운

데서도 나타나는 결함들에 대한 율법의 저주를 파묻어야 합니다. 성령과 물과 피는 합하여 하나입니다. 즉, 이것이 생명과 평강에 이르는 길이요, 그대는 이 길과 관계를 맺었으며, 그래서 고요와 완전한 확신에 이릅니다. "내 안에 거하라 나도 너희 안에 거하리라 가지가 포도나무에 붙어 있지 아니하면 스스로 열매를 맺을 수 없음같이 너희도 내 안에 있지 아니하면 그러하리라 나는 포도나무요 너희는 가지라 그가 내 안에, 내가 그 안에 거하면 사람이 열매를 많이 맺나니 나를 떠나서는 너희가 아무 것도 할 수 없음이라"(요 15:4-5). "나의 계명을 지키는 자라야 나를 사랑하는 자니 나를 사랑하는 자는 내 아버지께 사랑을 받을 것이요 나도 그를 사랑하여 그에게 나를 나타내리라…사람이 나를 사랑하면 내 말을 지키리니 내 아버지께서 그를 사랑하실 것이요 우리가 그에게 가서 거처를 그와 함께하리라"(요 14:21, 23). "성령이 친히 우리의 영과 더불어 우리가 하나님의 자녀인 것을 증언하시나니"(롬 8:16). "증언하는 이가 셋이니 성령과 물과 피라 또한 이 셋은 합하여 하나이니라"(요일 5:7-8).

오, 새 언약이라는 이 복된 계약, 그리고 심히 복되신 그 언약의 중보자여! 그분이 위엄을 세우시고, 열방과 언어를 항복시키시며, 자기 모든 보화를 거둬들이셔야 할 터이니, 그 명예로운 장자들의 무리, 그 위풍당당한 왕과 제사장 부대는 그 흠 없는 어린양의 피에 옷을 씻는 것을 자기 영광으로 삼을 것이고, 그분이 어디를 가든 그분을 따르며 옛적부터 항상 계신 이의 친밀한 무리 가운데 있음으로 이들의 만족은 계속 커져 갈 것이며, 그분의 얼굴을 한 번 보는 것만으로도 이들은 자기들이 땅에 살았다는 것조차 잊을 것입니다. 오, 이 일은 예나 아니요를 선택할 수 있는 일이 아님을 믿으라고, 그러니 서둘러 그분을 향해 나아가라고 사람들을 설득할 수 있다면 좋으련만! 그분은 세상을 심판하셔야 하고, 특히 이 복음을 진작시키는 일과 관련해 사람들을 불러 회계하셔야만 하리니. "주 예수여 오시옵소서"(계 22:20).

문1. 사람이 세상에서 해야 할 가장 중요한 일은 무엇입니까?

답. 구원에 이를 만큼 그리스도 예수와 관계를 맺고 있는지 확인하고, 그 관계를 향해 올바르게 가는 것입니다.

문2. 가시적 교회의 모든 회원은 다 구원에 이를 만큼 그리스도와 관계를 맺고 있지 않습니까?

답. 진실로, 그렇지 않습니다. 다만 아주 일부는 그런 관계를 맺고 있습니다.

문3. 제가 구원에 이를 만큼 그리스도 예수와 관계를 맺고 있는지 어떻게 알 수 있습니까?

답. 보통 하나님께서 부끄럽게 하시는 역사를 통해 한 영혼에 하나님 고유의 길을 예비하시고, 사람의 죄와 비참한 상태를 그 사람에게 밝혀 보여 주시며, 그렇게 하나님의 능력을 행사하사 그 사람으로 하여금 의원이신 그리스도 예수를 갈망하게 하십니다.

문4. 제가 저의 죄와 비참한 상태를 제대로 깨달았는지 어떻게 알 수

있습니까?

답. 자기 죄와 비참한 상태를 제대로 깨달으면 그 사람은 이 세상에서 다른 무엇보다도 구원 문제를 진지하게 고민하게 됩니다. 또한 자신이 최선의 상태에 있을 때도 자기 안에서 자기에게 위로를 주는 모든 것을 다 거부하게 됩니다. 구속주이신 그리스도가 그 영혼에 아주 소중한 분이 됩니다. 또한 이후로 죄를 크게 두려워하게 되고, 하나님께서 기뻐하시는 어떤 조건으로든 기꺼이 구원받으려 하게 됩니다.

문5. 구원에 이를 만큼 그리스도와 관계를 맺고 있는지 분별할 수 있는 다른 방법은 없습니까?

답. 내 마음이 진지하고 뜨겁게 복음에 제시된 그리스도를 향하는지를 보면 알 수 있습니다. 이것이 바로 신뢰 혹은 믿음입니다.

문6. 제 마음이 올바로 그리스도를 향하고 있는지, 그리고 내 믿음이 참으로 구원에 이를 만한 믿음인지 어떻게 알 수 있습니까?

답. 구원에 이를 만한 참 믿음 가운데 올바로 그리스도를 향하는 마음이 있으면 그 사람은 세상 모든 것을 초월해 그리스도만으로 기뻐하며, 세 가지 직분, 곧 다스리시고 가르치시고 구원하시는 일을 행하시는 그분을 기뻐하며, 어떤 불편이 따르든 기꺼이 그리스도를 붙좇으려 합니다.

문7. 구원에 이를 만큼 그리스도와 관계를 맺고 있는지를 알려 주는 다른 표지는 없습니까?

답. 구원에 이를 만한 수준으로 그리스도 안에 있는 사람은 새로운 피조물입니다. 이 사람은 전인이 어느 정도 은혜롭게 변화되고 새롭게 되어, 삶의 모든 면에서 하나님께서 알려 주신 그분의 계명에 주목합니다.

문8. 이따금씩 죄가 저를 압도하는 것을 볼 때는 어떻게 해야 합니까?

답. 모든 죄는 다 영원한 보응을 받아 마땅하지만, 자기 죄 때문에 괴로워하고 부끄러운 얼굴로 하나님께 그 죄를 고백하면서 이후로는 성실하게 그 죄에 맞서 싸우고 그리스도께 피해 죄사함을 구한다면, 그 사람은 자비를 얻을 것이고 그리스도와의 관계도 확고히 유지될 것입니다.

문9. 구원에 이를 만큼 그리스도 예수와 관계를 맺고 있다고 주장하지 못하고, 그런 관계를 보여 주는 표지를 갖고 있다고 말할 수 없는 사람은 어떻게 해야 합니까?

답. 구원에 이를 만큼 그리스도와 관계를 맺고 있음을 스스로 확신할 때까지 마음을 편히 가져서는 안 됩니다.

문10. 지금까지 구원에 이를 만큼 그리스도와 관계를 맺지 못한 사람은 어떻게 해야 그리스도와 확실히 그런 관계를 맺을 수 있습니까?

답. 자기 죄에 대해, 그리고 죄 때문에 야기되는 큰 위험에 대해 진지하게 생각해 봐야 하며, 그리스도 예수를 통해 하나님께서 주시는 죄사함과 평강을 마음 깊이 새기고, 은혜로운 피난처이신 그리스도께 의지함으로써 하나님의 그 제안에 진심으로 응해야 합니다.

문11. 제 죄가 평범한 수준을 크게 넘어서는, 유독 가증스러운 죄일 경우엔 어떻게 해야 합니까?

답. 그대의 죄가 어떤 죄든, 믿음으로써 그리스도 예수와 언약을 맺고 자 한다면 절대 정죄받지 않게 될 것입니다.

문12. 사람에게는 오직 그리스도를 믿는 믿음만 요구됩니까?

답. 믿음은 하나님께서 사람에게 평강과 죄사함을 주시는 조건일 뿐입니다. 그러나 이 믿음이 참되고 구원에 이를 만한 믿음일 경우 그 사람에게는 그 믿음만 있는 게 아니라 참된 회개가 수반될 것이고, 감사하는 마음으로 하나님의 형상을 닮고자 애쓰는 자세가 있을 것입니다.

문13. 제 마음이 하나님의 제안을 받아들이며 그리스도 예수와의 언약에 응한다는 걸 확실히 하기 위해서는 어떻게 해야 합니까?

답. 명시적으로 언약을 맺고, 분명한 말로써 이 일을 하나님께 말씀드리십시오.

문14. 어떤 방법으로 그렇게 합니까?

답. 시간을 따로 정해서 그 시간에 자기 자신의 잃어버린 바 된 상태에 대해, 그리고 그리스도 예수께서 제시하시는 구제책에 대해 생각해 보고, 그 제안을 기뻐하고 그 제안에 응하기로 마음을 정한 뒤, 그 제안을 받아들이며 그리스도 안에서 하나님을 나의 하나님으로 받아들인다고 하나님께 명시적으로 말씀하십시오. 그리고 어떤 경우든 조건 없이, 혹은 예외 없이 그대 자신을 하나님께 드려, 하나님의 방식으로 구원받기로 한다고, 이제부터 하나님께서 정하신 방법으로 구원받기를 기대할 것이라고 말씀드리십시오.

문15. 그 후에 제가 하나님과의 약속을 어기면 어떻게 됩니까?

답. 약속을 어기지 않겠다고 하나님의 능력 가운데 결단해야 하며, 자기 태도를 경계하고, 하나님의 손에 자기 마음을 맡겨 그 손이 그 마음을 지켜 주시도록 해야 합니다. 만약 약속을 어길 경우, 그 사실을 하나님께 고백하고, 스스로 판단하여 대언자에게 피해 사하심을 구해야 하며, 더는 그렇게 하지 않기로 결단해야 합니다. 실족할 때마다 이렇게 해야 합니다.

문16. 어떻게 해야 구원에 이를 만큼 그리스도와 관계를 맺었음을 완전히 확신하고, 그래서 모든 논란을 벗어날 수 있을까요?

답. 모든 무거운 것을 그리스도의 보혈 위에 내려놓는 법을 배우고, 모든 행실에 정결하고 거룩하기를 힘쓰십시오. 그리고 성령께서 물과 피와 더불어 증언해 주시기를 기도하십시오. 물과 피에 성령의 증언이 더해지면, 구원에 이를 만큼 그리스도와 관계를 맺었다는 확신에 굳게 서게 될 것입니다.

문17. 마음과 입으로 그렇게 그리스도 안에서 하나님과 언약을 맺으면 어떤 결과가 따릅니까?

답. 이생에서 하나님과 연합하고 교통하게 되며, 후에 천국에 가서 영원히 그분과 복된 교제를 나누게 됩니다.

문18. 제가 이 모든 일을 소홀히 여기고, 마음에 새겨서 실천에 옮기지 않는다면 어떻게 됩니까?

답. 주님께서 타는 불 가운데 천사들과 함께 오셔서, 이 복음을 따르지 않는 자들에게 보응하십니다. 그대가 받을 심판은 소돔과 고모라가 받은 심판보다 클 것입니다. 그리고 이 책을 읽은 그대에게 임할 심판은 더더욱 클 것입니다. 그날 이 책이 그대의 잘못을 증언할 것이기 때문입니다.

참된 구원의 확신

펴 낸 날　2016년 12월 1일 초판 1쇄

지 은 이　윌리엄 거스리
옮 긴 이　오현미

펴 낸 이　한재술
펴 낸 곳　그 책의 사람들

편　　집　서금옥
디 자 인　참디자인

판　　권　ⓒ **그책의사람들**, 오현미 2016, *Printed in Korea*.
　　　　　저작권법에 의하여 한국 내에서 보호를 받는 저작물이므로 무단 전재와 복제를 금합니다.

주　　소　경기도 수원시 권선구 여기산로 42, 101동 313호
전　　화　0505－273－1710　　　**팩　　스**　0505－299－1710
카　　페　cafe.naver.com/thepeopleofthebook
메　　일　tpotbook@naver.com　　　**페이스북**　www.facebook.com/tpotbook
등　　록　2011년 7월 18일 (제251－2011－44호)
인　　쇄　불꽃피앤피

책　　값　12,000원
I S B N　979－11－85248－19－6　03230

이 도서의 국립중앙도서관 출판시도서목록(CIP)은
서지정보유통지원시스템 홈페이지(http://seoji.nl.go.kr)와
국가자료공동목록시스템(http://www.nl.go.kr/kolisnet)에서 이용하실 수 있습니다.
(CIP제어번호: CIP2016027411)

· 이 책은 출판 회원분들의 섬김으로 만들어졌습니다.